競争戦略論

青島矢一＋加藤俊彦[著]

東洋経済新報社

はしがき

　本書の目的は、「企業間で業績の違いはなぜ生まれるのか」という問いをめぐって展開されてきた経営戦略（主として事業戦略・競争戦略）の理論的な考え方を、なるべくわかりやすい形で整理することにある。

　本書で重視したのは、個々の理論の詳細を正確に記述することではなく、理論的な考え方の全体像を把握した上で、現実に生じる物事を考える姿勢である。実際に経営戦略を組み立てる際に基本となる「概念的な」道具立てを提供したいというのが、本書の基本的な立場である。

　このような立場から記された本書には、次の3つの特色がある。1つは、理論に関する詳しい説明は本論ではなるべく省く代わりに、理論の骨子やその背景に遡ることに重きを置いた点。第2に、現実に近い比喩や実例をできるだけ併用して説明したり、考えてもらうためのエクササイズを挿入したりすることで、現実を理解するための「レンズ」としての理論を具体的に示そうとした点。第3に、ちょっと見ただけではわかりにくい経営戦略論の全体像を明らかにするために、我々なりの枠組みに沿って主要な理論を整理した点である。

　特に3つ目の、「内－外」と「要因－プロセス」の2軸で戦略論を分類する枠組みは、既存の理論を整理するためだけではなく、

はしがき

私たちの中にある「物事の考え方」の基本的なくせを相対的に位置づけ、確認するための手段としてもとらえている。

1990年代以降、多くの日本企業は低迷した状況にある。このような日本企業の不振の原因は、金融問題に代表されるマクロ経済政策だけの問題ではなく、多分に企業自身の内にある。

その重要な要因の1つは個別企業における経営戦略の欠如や誤謬にあるのではないか、というのが筆者らの見解である。経営戦略の基本的な考え方がもっと広く理解されていれば、日本企業はよりよい状況に向かうのではないか。自社の戦略のくせについて、もう少し見直す機会があれば、より有利な戦略も展開できるのではないか。そのための一助を提供したいというのが、本書を執筆した1つの理由である。

ずいぶんとおこがましいようだが、少なくとも筆者らの心意気はこのようなものである。筆者らの意図が少しでも実現しているのであれば、望外の喜びである。

本書は『一橋ビジネスレビュー』誌、2000年夏号から2001年秋号まで連載された「競争戦略論(1)～(5)」を大幅に加筆修正したものである。同誌への連載を始めるにあたっては、その頃に筆者らが参加していた経営戦略論の研究会での議論を参考にさせていただいた。研究会のメンバーであった上智大学の網倉久永氏と一橋大学の軽部大氏には、この場を借りてお礼を申し上げたい。一橋大学大学院商学研究科の斎藤靖氏には、索引作成とともに校正においても大変貴重な意見をいただいた。

また、本書執筆のきっかけを作っていただいた東洋経済新報社出版局の大貫英範氏、遠藤康友氏、勝木奈美子氏には、改めて感謝したい。特に、延び延びとなる執筆の過程で、多大なご負担を

かけてしまった勝木氏には、心からお礼を申し上げる次第である。

2003年1月

青島　矢一
加藤　俊彦

競争戦略論・目次

はしがき／1

第1部 戦略理論の基本

第1章 ― 経営戦略の理論とは 8
1. はじめに／8
2. 経営戦略論の分類軸／16
3. 戦略論の4つのアプローチ／26

第2部 競争戦略の4つのアプローチ

第2章 ― ポジショニング・アプローチ 42
1. ポジショニング・アプローチの基本的発想／42
2. ポジショニング・アプローチの枠組み／50

　　　　　　　　column　企業数と規模の分布の指標・58
　　3．ポジショニング・アプローチの適用と問題
　　　　——テレビ放送業界のケース——／75

第3章 ── 資源アプローチ 85
　　1．資源アプローチの理論的背景／86
　　2．資源アプローチの現象的背景／89
　　3．競争優位を生み出す資源／96
　　4．資源、先にありきの戦略策定／107
　　5．曲解された資源アプローチ／110

第4章 ── ゲーム・アプローチ 113
　　1．ゲーム・アプローチの特徴／115
　　2．ビジネスゲームの構造／126
　　　　　　　　column　明示的ルールと暗黙の認識・136
　　3．ゲームの構造を変える／137

第5章 ── 学習アプローチ 147
　　1．学習アプローチの特徴／149
　　2．学習アプローチのポイント／154
　　3．学習の罠／172

第3部 複眼的戦略アプローチの応用

第6章 ── 戦略思考のバランス..................180
1. デジタルカメラ産業の場合／181
2. 情報化の進展と戦略論／194
3. 日本企業の持つ戦略的バイアス／209

第7章 ── 全社戦略..................214
1. 事業領域から見た全社戦略／214
2. 全社戦略の4つの考え方／217
3. 日本企業と全社戦略／233

　　　　column　製品ポートフォリオ・マネジメント・241

終章 ── 日本企業の問題と戦略の重要性..........245
1. 日本企業の戦略的課題／245
2. 戦略的課題の位置づけ／247

補論 ── 企業の「一般戦略」..................253
1. 市場シェア至上の戦略／254

　　　　column　経験曲線効果・259

2. 3つの一般戦略／261
3. 「二兎を追う」戦略の可能性／265
4. 「二兎を追う戦略」と日本企業／269

参考文献／274
索引／279

第1部

戦略理論の基本

Chapter 1
経営戦略の理論とは

1. はじめに

　町の個人商店からトヨタ自動車やIBMのようにグローバルに展開する企業まで、この社会には、多彩な企業が、数多く存在する。その中には、高い業績を上げている企業もあれば、ほとんど儲かっていない企業もある。景気が低迷する中でも増収増益を維持したり、高い利益率を誇ったりする企業もある。逆に、世の中が好景気で沸き立っているときでも、倒産で消滅してしまう企業もある。

　なぜそのような違いが企業の間で生じるのだろうか。どのようにすれば、他社よりも優れた業績を上げることができるのだろうか。

　このような問いは、ビジネスにたずさわる人々にとって、常に中心的な関心事である。世にある数多くのビジネス雑誌も、業績の伸びた企業を取り上げては、こぞってその理由の分析を繰り返している。それを手にしながら、自分でも「なぜなのか」と考える。「やはりトップの力量か」、「技術力が優れているからか」、「巧妙なビジネスモデルか」、「幸運に恵まれただけなのか」、「組織が活性化されているからか」等々、様々な要因が頭に浮かんでくる。

本書で扱う経営戦略論というのも、ビジネスマンが日常行っているこのような思考と本質的には何ら変わりはない。理論と呼ぶ分、その思考が少し体系だっているだけである。「なぜ、ある企業は儲かるのに、別の企業は儲からないのか」この一見単純な疑問に答えるための様々な論理の体系。それらを総称したのが、経営戦略論である。

　企業の業績を分ける理由がいくつもあるように、経営戦略の理論も様々存在する。業績を左右する要因のどれに注目して論理を組み立てるのかによって、理論の内容は異なってくる。

　世にある戦略論のテキストというのは、これら異なる複数の理論のどれか特定のものに焦点を当てて書かれる場合もあるし、いくつもの理論をちりばめて書かれることもある。これが戦略論を学習する人にとってしばしば混乱のもととなる。個別の話は理解できるのだけれど、戦略論の全体像と個別の位置づけが見えにくい。だからなかなか頭に入ってこない。このような問題を少しでも解消したいという思いが本書の背後にはある。

　本書の役割は、経営戦略に関する様々な理論を、できるだけわかりやすい統一的な枠組みの下に位置づけることによって、経営戦略論の全体像をなるべく単純な形で描き出すことにある。

　詳しくは後で述べることになるが、経営戦略論、なかでも事業戦略・競争戦略の全体像を描き出すために、本書は以下の２つの分類軸に注目している。この分類軸は本書の中核的な要素となる。

　その１つは、企業の「内」と「外」の区別である。企業利益の源泉が企業内部の能力にあるのか、それとも企業外部の構造にあるのかという分類である。業績の良い企業は他社にない優れた能力を持っているのだ、という一見当たり前の論理を展開するのが、「内」に注目する戦略論である。それに対して、儲かっている企業というのは儲かるような環境のもとでビジネスをしているのだ

と考えるのが、「外」に注目した戦略論である。たとえば、セブン−イレブンが儲かるのは、セブン−イレブンが他のコンビニよりも優れた能力を持っているからだと考えるのが「内」、コンビニ業界自体がそもそも儲かりやすい業界だと考えるのが「外」である。

もう1つの分類軸は、「要因」と「プロセス」の区別である。「内」の能力にせよ「外」の構造にせよ、それらがどのような要因によって自社に利益をもたらすのか、という点を明らかにするのが、「要因」に注目する戦略論である。それに対して、利益の源泉となる「要因」自体がいかにして生み出されるのか、という点に焦点を当てるのが、「プロセス」に注目する戦略論である。前者が"What"を、後者が"How"をそれぞれ基軸とする考え方だと言うこともできる。

これら2つの分類軸によって、既存の経営戦略論は、ポジショニング・アプローチ、資源アプローチ、ゲーム・アプローチ、学習アプローチの4つに分類される。こうした分類を通じて、経営戦略論の全体像を描いていくというのが、本書の大きな流れである。

経営戦略に関する各々の理論は、利益が企業にもたらされる理由を、独自の論理によって説明する一貫した体系を持っている。ただし、現実に戦略を描くとなると、特定の理論の一貫性自体はあまり役に立たない。企業の業績を左右する要因は様々に存在する。それらの要因を複合的に勘案して初めて、よい戦略を描くことができる。だから、複数の戦略論もしくは戦略的視点をバランスよく取り込むことが重要となる。統一した枠組みで複数の理論を描き出すことの意味はここにある。

●本書のスタンス：経営戦略の「論理」の提供

　この2つの分類軸について詳しく説明する前に、本書のとるスタンスについて、少々記しておきたい。ここで、わざわざ寄り道をするのは、読者の中に生じるかもしれない本書への期待と筆者らのスタンスとのギャップを最初に埋めておきたいからである。

　業績向上のための「秘策」や「即効薬」を求めて本書を手にしている人は案外多いかもしれない。しかし、本書は、すぐに役立つ経営手法なりツールを紹介することを主眼に置いていない。そもそも、記帳や登記の仕方のようにテクニカルな知識が必要なものはともかく、実際に企業を経営する上では、当てはめるだけで済むような簡便な方法は世の中に存在していないと、筆者らは考えている。

　特定の経営手法に代わって、私たちが重視するのは、経営戦略に関する「論理」もしくは「ものの考え方」である。

　2人の筆者は大学に籍を置く経営学者である。この経営学者という人種に対して次の2つの見方があることを感じることがしばしばある。

　1つは、「経営学者だったら、絶対に経営がうまくいく秘訣を教えてくれ」という見方である。「これから就職活動するにあたって、一番いい会社を教えてください」という学生がよくいるが、自分が知らないがどこかに存在する「正解」を、簡便に知りたいと思っている点で、同じタイプに属する。経営学者の知見に相当な信頼を置いている人々である。「ナレッジ・マネジメント」とか、「サプライ・チェーン・マネジメント」といった題目を売り物とする、ハウツー的経営書が書店に並んでいることからも、こういうタイプの人々は相当数いるように思われる。

　逆に、経営学者にまったく信頼を置かない見方もある。「経営の理論を知っているというのなら、自分で会社を経営してみろ。

自分で経営したこともないのに、そんな輩の言うことなんか信頼できるはずがない」といったことを考えている人が、その典型である。そのような人は、定義的に本書を手に取っている可能性は少ないだろうが、世の中では決して少数派ではない。

　本書の立場はどちらでもない。あえていうならこれらの中間である。経営という現象は、簡単に「正解」を導き出せるほど単純ではない。唯一絶対の秘策などない。だからといって、その場その場に応じた経験的な知識だけで対応し尽くせるものでもない。経営戦略は、絶対的な法則がないという点でサイエンスとはいえないが、完全なアートでもない。少なくとも論理はある。なぜ企業に利益がもたらされるのかを説明することはできる。ただしその論理が複数存在する。

●枠組みとしての理論

　経営戦略を学習するというのは、それら複数の論理を自分のものにすることである。「利益が生まれる」という経営現象を理解するための、異なる複数の「概念レンズ」を身に付けることと言い換えてもよい。

　このことをもう少し噛み砕いて理解するために、次の問題を考えてみよう。

Exercise 1-1
図1-1はどのような図形を示しているか。

図1-1

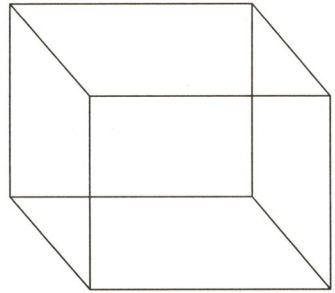

　あなたにはどのような図形が見えただろうか。ある人には、立方体を横から見た図に見えたであろう（図1-2A）。立方体を上から見た図に見えた人もいるかもしれない（図1-2B）。あるいは、図の外延部を辺とする平面の六角形として見えた人もいるだろう。

　このエクササイズが示すように、私たちは常に特定の枠組みに依拠して、物事を認識している。枠組みを持って物事を見ることは、色眼鏡をかけているようなもので、偏った見方につながるだけだと考える人もいるかもしれない。そういう人は、いっさい視点を固定せずに、図1-1で何が見えるかを試してみるといい。このことを真面目にやれば、この図がよく見えるどころか、いかなる図形もそこには現れてこない。単なる線の集合体にしか映らないはずである。枠組みを持たなければ物事を理解することは難しい。

　ただし、物事を理解する上で、唯一の正しい枠組みがあるわけ

ではない。ここでの図で言えば、立体図形であることを前提とすると、その際の視点の置き方によって、図1-2のAが見えたり、Bが見えたりする。いずれの図が見えたとしても、どちらか一方だけが正しいわけではない。どちらも正しい。

そして、物事をより深く理解するためには、なるべく多くの枠組みを持った方が望ましい。図1-1を1つの視点からしか眺められない人よりは、複数の視点を移動しながら眺めることができる人の方が、図形に関してより豊かな情報を得ることができる。

経営学における理論とは、このエクササイズでの図形の見方のような、物事を理解する上での枠組みである。企業経営の問題に限らず、私たちを取り巻く現象は、図形の問題とは比べものにならないぐらい複雑である。残念ながら私たち人間の限られた能力では、そのような現象を複雑なまま理解することはできない。理解するには何らかの枠組みが必要となる。その枠組みが理論である。

本書があつかう経営戦略の理論とは、「儲かる企業と、儲からない企業がいる」という現象を理解するための概念枠組みなのである。そして、より多くの枠組み（理論）を身に付けることによ

図1-2　回答例

A　　　　　　　　B

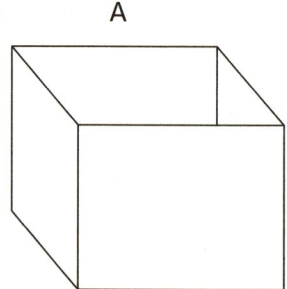
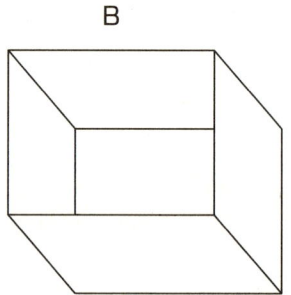

って、この「儲かる企業と、儲からない企業がいる」という現象を、今まで以上に深く理解することができるようになる。

　実は、私たちは日常生活をおくる上で、既にこうした枠組みのいくつかを身に付けている。経営学や経済学などの社会科学の領域で「考案」された知見が時間の経過と共に社会に定着して、知らないうちに使っていることが少なくない。

　たとえば、自分が住んでいる町の青果店の品物が高い価格で売られているとして、「この種の店がこの町には少ないから、暴利をむさぼっているに違いない」などと考えたりするのは、その1つである。買い手の数に比べて売り手の数が少なければ、売り手の相対的な交渉力が高まるため、高い値付けが可能となる。これは、ポジショニング・アプローチやゲーム・アプローチとして紹介する戦略論に含まれる1つの要素だが、専門的な教科書を紐解くまでもなく、私たちに自然に身に付いているものである。

　また、通りで行列のできているラーメン店を見かければ、「他のラーメン店が真似できないような秘伝のスープがあるに違いない」などと考えることもある。これも、資源アプローチとして第3章で紹介する戦略論の中心的な考え方であるが、誰も理論など意識していないはずである。

　これら、私たちに自然に身に付いている経験則あるいは「日常の理論」はもちろん役に立つ。しかし2つの点で不十分である。第1に、背後にある論拠にまで立ち返って意識的に理解していないために、応用が効かない。たとえば、自分の町に青果店が2軒。対して、隣町には青果店が4軒あるのにもかかわらず、隣町の野菜の方が高い。こうなると、とたんに説明がつかなくなる。しかし、なぜ競争が激しくなるのか、なぜ売り手が強い立場に立てるのかということを深く理解していれば、自分の町の青果店は似たような規模で互いにしのぎを削って激しい競争をしているとか、

自分の町は世帯数が少なく大量の買い物をする大家族が多いため顧客の立場が強いのだとか、いろいろと考えることができる。

第2に、経験則は、無意識のうちに身に付いていることが多いため、特定の固定的な枠組みとして、理解のバイアスを生み出す可能性が高い。たとえば、通りのラーメン店で行列ができているのは、近くに他のラーメン店がないだけかもしれないし、単に調理の手際が悪くて顧客を待たせているのかもしれない。実は、サクラを雇って並ばせているのかもしれない。特定の経験則に縛られるとこうした発想を妨げてしまう。

理論を学ぶというのは、物事を理解するのに必要な枠組みを、「なぜなのか」という論拠に立ち返って会得すること、そして、そうした枠組みのレパートリーを意識的に広げることに他ならない。経営戦略論を学ぶということに限定するなら、それは「儲かる企業と、儲からない企業がいる」という現象を理解するための「複数の」枠組み、もしくは概念「レンズ」を、その論拠に立ち返って習得して、臨機応変にレンズを掛け替えることができるようになることである。もちろん、その結果として、自社の戦略を適切に描く能力を身に付けることが最終的なゴールであることは言うまでもない。

2. 経営戦略論の分類軸

●経営戦略の定義

今でこそ一般的に使われている「戦略（strategy）」という言葉が、企業経営のキーワードとして用いられるようになってから、それほど時間が経っているわけではない。軍事用語である「戦略」が経営学に転用されてから、本家のアメリカですら、たかだか三十余年しか経過していない。ましてや日本では、経営戦略論が経

営学の一領域としてその存在が広く認められるようになったのは、ここ十数年のことである。

　このような事情もあり、「経営戦略」という言葉が指す意味は、一般的にはもちろんのこと、学者の間でも統一的ではない。そのためか、経営戦略論の解説書を開くと、様々な経営戦略に関する定義が一覧表となっていることも少なくない。

　本書では、経営戦略をなるべく包括的にとらえておきたい。ここでは、経営戦略を「企業の将来像とそれを達成するための道筋」として定義する。より平易な表現をすれば、個々の企業が「どうありたいか」と考え、その理想とする状態に「いかにしてたどりつくか」ということだと、言い換えることもできる。

　これは、私たち個人の生き方に置き換えると理解しやすい。人生を過ごす上で、私たちが常に悩み考えることは「自分は将来何になりたいのか」とか「自分は何をしたいのか」ということである。自分の将来像をどれだけきちんと描けるか、また、どれだけの覚悟を持って自分の将来像に責任を持てるか、ということが人生を大きく左右することは少なくない。企業経営の領域でビジョン経営などと呼ばれているものの本質もこの部分にある。

　覚悟を持って自分の将来像を描けたら、次は、いかにそれを実現するかのシナリオを考えることになる。「いかにしてたどりつくのか」である。たとえば、「ベンチャー企業の社長になる」と心に誓ったら、起業のノウハウを勉強しようとか、とりあえず大企業に入って人的コネクションを作ろうとか、あれこれシナリオを考える。もちろん偶然の要素は大きいけれど、そのシナリオの良し悪しが自分の将来像の実現に少なからず影響を与える。

　このように「戦略」は、私たち個人の人生の成否もしくは充実感に影響を与える重要な位置を占めている。企業でも同じである。責任を持って企業の将来像を描き、将来像を実現するための筋の

1 経営戦略の理論とは

良い長期的なシナリオを作ること。これが経営戦略であり、企業経営の成否を大きく左右するものである。

上記の包括的な定義に表されているように、戦略を立てて行動するということは、その場の状況に応じて場当たり的に行動することと根本的に異なっている。たとえば、日常生活では、策略めいたことに長けている人を「戦略家」と呼ぶことがあるが、ここでの定義からすると、そういった人が行うことは戦略とは言わない。一般的には、その種の具体的な行動計画は「戦術（tactics）」と呼ばれることが多い。戦略と戦術は両立しうるし、優れた戦略の実現には優れた戦術を必要とする。しかし具体的な戦術があるからといって、戦略に基づいているとは限らない。戦略とは、時間的にも空間的にも、戦術よりも広い領域をとらえたものである。

● 地図としての戦略

経営戦略とは、企業経営に関する「地図」のようなものである。知らない町を歩くとき、地図がなければ、どこを歩いているのかわからない。目的地の方向もわからずふらふらとさまようだけである。そんなとき、「地図」が示してくれるのは、目的地の場所とそこまでの行き方である。企業経営も同じである。経営戦略という「地図」がなければ、無駄な迷走をすることになる。場当たり的な手を繰り返して、結局のところ目標にたどりつけない。

地図という比喩が示すことの1つは、企業戦略には複数の視点があるということである。地図と呼ばれるものには、道路地図や鉄道地図といった様々なものがある。地図は地表の状況を捨象して表す手段であるために、用途に応じて簡略化の方法は変わってくる。したがって、同じ地域を描いていても、その表し方は地図によってまったく異なる。

新宿から横浜に電車で移動しようとしている人にとって広範囲

な道路地図は必要ない。鉄道で移動する際に必要なのは、鉄道網という構成要素であり、せいぜい駅周辺の道路に関する情報があれば十分である。また高速道路で移動したい人にとっては、通常の道路地図より、高速道路網だけを取り出した地図のほうがずっと使いやすい。

このようにたとえ目的地が同じであっても、そこに到達するまでの道筋として何に注目するかによって必要となる地図は異なってくる。

このことは経営戦略にもあてはまる。たとえ企業の将来像もしくは目標が同じであっても、そこへたどりつく方法として、どの点に着目するのかによって、戦略論は異なってくる。何を経営戦略にとって本質的に重要な要素と考えるかという「視点」が大きく異なるのである。

このような視点の違いから経営戦略論を分類するために、ここでは2つの軸に注目する。1つは、「内」と「外」の区別。もう1つは、「要因」と「プロセス」の区別である。これら2つの軸に沿って、既存の経営戦略論は大きく4つのアプローチに分類される。

ここで注意していただきたいのは、一般に経営戦略論では、企業全体にかかわる「全社戦略（corporate strategy）」と、個別事業にかかわる「事業戦略（business strategy）」ないし「競争戦略（competitive strategy）」は、分けて議論される点である。以下で説明する枠組みに沿って展開される第2章から第6章までの議論は、基本的には事業戦略・競争戦略に関するものである。全社戦略については、枠組みを準用する形で、第7章でまとめて触れる。

●「内」と「外」

4つの「アプローチ」の詳細に移る前に、次のエクササイズを考えてほしい。

> *Exercise 1-2*
> 「儲かっている企業」と「儲かっていない企業」の間には、どのような違いがあるだろうか。思いつきで構わないので、できるだけ多く挙げること。

表1-1	儲かる会社と儲からない会社の違い
• 技術力	• 政府などの規制の有無
• 経営者のリーダーシップ	• 中国など海外企業が強いかどうか
• 組織文化の違い：進取の気風	• 競合企業の数
• 製品の性能	
• 社員のやる気	
• 効率性…	

ある企業の人たちに同じ問いを出したときには、表1-1のような答えが挙がった。

　この一覧の中には、読者が考えた答えと類似したものもあるかもしれないし、思いつかなかったもの、あるいは納得できないものがあるかもしれない。

　ただし、ここで重要なのは、それぞれの答えの妥当性ではなく、これらの項目が挙げられた背景である。どうして経営者のリーダーシップが企業の利益に影響を与えると考えるのか。政府の規制があると、なぜ利益が上がると思うのか。

　じつは、この一覧表の左と右には、企業間で利益の差が生まれる理由について、それぞれ異なる視点が隠されている。左側では、利益格差の原因を企業内部に求めようとしているのに対して、右側では、それを企業の外部環境に求めようとしている。環境というと、自然環境や経済環境といったマクロの環境を想像する人がいるかもしれないが、ここでいう環境とは、顧客や競合相手、供給業者、資金提供者なども含めて、企業の境界の外部にあって企業活動に影響を与える様々な外部の力を指している。

　このことは、一覧の左側では企業の「内」に視点があり、右側は企業の「外」に視点を置いた見方と言い換えることもできる。この「内」と「外」という違いは、経営戦略論、とりわけ事業戦略・競争戦略を考える上での最も基本的な区分けである。

　「内」と「外」という区分けは、人生の目標を達成するための個人の行動を戦略と考えるとわかりやすい。たとえば、結婚式などのスピーチで、「私がここまでくることができたのは、皆さんのようなすばらしい人々に出会えたおかげです」といったフレーズが、お決まりのように聞かれる。これは、自分の人生の成功を支えている要因が自分の外部にあるのだという言明である。他人の成功を見て、「運がよかっただけだ」と言ったりするときにも、

「外」に視点を置いて考えている。当の本人の力量や努力は無視して、置かれた環境に成功要因を求めているからである。

その一方で、多くの人々は、心の中で「でもやっぱり自分もがんばったよな」と思っているだろう。「自分で自分を誉めてあげたい」と思ったりするのは、最大の成功要因は自分の内部にあるという考えである。

「内」と「外」の区分けが重要になるのは、個人の場合でも、企業の場合でも、いずれから考えるかによって、戦略的行動が変わってくるからである。個人の行動で言えば、プロ野球選手になりたいという「将来構想」を持った少年は、走り込みをしたり素振りをしたりして、まず自分を鍛えようと考えるであろう。「内」に注目した戦略である。同時に、甲子園に出場できそうな高校に行こうとか、親のサポートを得ようといった行動も考えられる。こちらは「外」に注目した戦略である。

● 「要因」と「プロセス」

経営戦略を考える際には、視点を「内」に置くか、「外」に置くかという問題に加えて、もう1つ考えておいた方がよいことがある。それは「要因」に着目するのか、「プロセス」に着目するのか、という区分である。

前者は、企業間の業績の違いが「いかなるもの」によって生じているかという、その要因自体に着目する。それに対し、後者では、その重要と思われる要因が「いかにして」生み出されるのかというプロセスに力点が置かれる。

この2つの区分は単に理論上の便宜的な区分ではなく、ふだんから私たちが親しんでいるものである。たとえば、あるラーメン店がおいしくて評判だというときに、その理由を「ダシにカツオと豚骨が絶妙なバランスで組み合わされているから」などと説明

するのは、「要因」から説明しようとする立場である。それに対して、「あの店の主人は、○○軒で10年修行して、さらに独自の改良を重ねたから、うまいラーメンができる」などとウンチクを語ったりするときには、「プロセス」から説明していることになる。

　別の例で言えば、VHSが支配的な家庭用VTR規格として確立していった理由を説明する際に、初期段階で採用した企業の数とか、録画時間の長さが決め手になったと考えるのは、「要因」からの説明である。他方、NHKの「プロジェクトX」ばりに、いかにして有力企業を自社陣営に取り込んでいったのかとか、対抗する規格との競合の中で「3倍モード」が生み出されていった点を重視するのであれば、「プロセス」からの説明である。

　この「要因」と「プロセス」という区分は、第1の分類軸である「内」と「外」のいずれの視点からも考えることができる。

　たとえば、「内」の「要因」に着目するなら、企業間の業績の差異を説明する上で、他社との差別化につながるような独自の経営資源の分析に焦点が当てられる。他方、「外」の「要因」に注目するなら、市場、競合企業、供給企業など、企業を取り巻く重要な外部要因が、当該企業に対してどのような影響を与えているかということが分析の主眼となる。両者とも、ある時点における、企業内部ないし外部環境の「要因」に焦点があてられる一方で、そのような「要因」が生み出されるプロセス自体は、捨象されないまでも簡略化されて扱われることになる。

　一方「プロセス」に着目する場合でも、「内」に視点を置くか、「外」に視点を置くかによって、分析の内容が異なってくる。

　「内」に視点を置く場合には、差別化につながる独自の経営資源や組織能力が、組織によって獲得され定着するプロセス自体が分析の対象となる。たとえば、ある半導体企業にとって、次世代

の超高速マイクロプロセッサ技術が、自社の命運を左右する重要な差別化要因であるとしよう。この技術を早期に確立するために、とにかく研究開発で傾斜的な投資をしなければいけないと言っているうちは、「要因」分析の域を出ていない。

しかし、たとえば海外の○○研究コンソーシアムに参加すべきであるとか、競合する△△企業と技術提携すべきだとか、デバイス技術の習得を加速するために当面利益にならない最終製品事業へ参入すべきだ、などと考えるのは、「プロセス」に視点をおいた思考である。そこには、自社が必要とする独自の経営資源の獲得に向けた、より複雑で間接的な「学習」プロセスの分析がある。

対して、「外」を基点として「プロセス」を考えるというのは、自社にとって都合のよい外部環境を自らの行動によって作り出していく、複雑で間接的なシナリオを考えることである。たとえば、供給業者が独占状態であるために、非常に高価な材料の購入を余儀なくされている状況があるとする。ここで、高い材料費でも競争力を維持できるように必死にコストダウンの努力をするのは「内」に注目した思考である。それに対して、当面は競争相手と連携して新しい供給業者を育てようとするのは、「プロセス」に着目して「外」を変化させようとする思考である。

また、競合相手が極めて強力な特許を保有しているために、市場で不利な戦いを強いられているとしよう。ここで、競合相手の特許を凌いだり、それを回避したりできるような技術開発に注力したりするのは、「内」に注目したアプローチである。「外」に注目するアプローチは、より間接的なプロセスを考える。たとえば、直接の競合相手が今後参入しようとしている別の市場があるとする。仮に自社がその市場に全く参入する気がないとしても、その市場で利用可能な特許を先回りして押さえてしまえば、将来、包括的なクロスライセンスを結ぶ際に有利に立つことができる。競

合相手の持つ強力な特許の威力はこうして間接的に軽減することができる。

　「要因」に着目する場合には、分析の焦点を当てる対象をスナップショットのように切り取って、静態的（static）に分析しようとする志向性が強い。それに対して「プロセス」に着目するということは、そこにいたるまでの過程を考えるということであるから、時間軸、つまりある時点からある時点までの変化が入った、より動態的（dynamic）な分析となる。また、動態的な分析では、「風が吹けば桶屋が儲かる」的な間接的経路を考えることになり、そこでは、自社に影響を与える様々な他社との相互作用を考慮する必要が出てくる。さらに、このような特性から、企業内部や外部環境の変動といった問題が、より多く取り上げられる傾向にある。

　「要因」と「プロセス」という違いは少々わかりにくいかもしれないので、前に挙げたプロ野球選手になりたい少年の例で考えてみよう。プロ野球選手になりたければ、1つには野球の実力が高くなければならない。そこで、今の実力を自分で分析したり、自分で練習して実力を上げようとするのは、「内」における「要因」を中心とする見方に立っている。

　それに対して、甲子園への出場実績がある高校へ進学することも、プロ野球選手になるための1つの戦略である。ただし、野球の名門高校に入ろうとする場合でも、その意図は1つではない。そのような実績を上げてきた高校であれば、優れた監督・コーチの指導や、高い能力を持ったチームメートが存在するから実力を磨けると考えるのであれば、「内」を基点とする「プロセス」を中心とした見方に基づいている。

　また、甲子園に出場することによって、スカウトの目に留まりやすくなると考えたり、さらに出場するためには、比較的競合が

少ない県の名門校に野球留学をするのが有利だと考えたりするのであれば、「外」の「要因」を中心に考えている。また、野球のうまい仲間を同じ高校に誘って甲子園出場の可能性を高めようとしたり、野球の名門であるけれども同時に進学校であるような高校を選んで親の反対をかわしたりするのは、自分に都合のよい「外」の環境を作りだす「プロセス」に注目した考え方である。

3. 戦略論の4つのアプローチ

　前節での議論に則すと、経営戦略論、とりわけ事業戦略・競争戦略に関する考え方は、目標達成の要因が「内」にあるか「外」にあるのかという区分と、分析の主眼が「要因」にあるのか「プロセス」にあるのかという2つの区分にしたがって、大きくは整理できることになる。

　この2つの分類軸に基づいた、4つ（＝2×2）のアプローチ

図 1-3　戦略論の4つのアプローチ

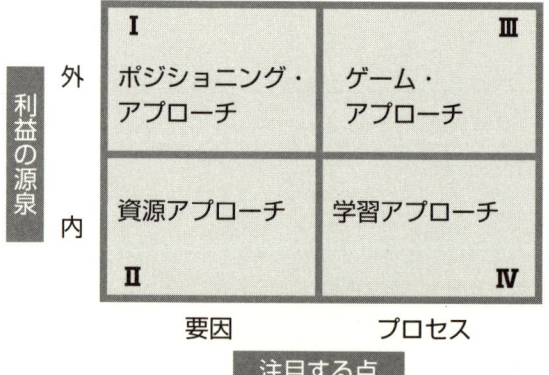

は、図1-3のようにまとめることができる。これら4つのアプローチには、その特性に基づいて、それぞれ次のようなラベルをつけることにしよう。

- 「外-要因」に着目：ポジショニング・アプローチ
- 「内-要因」に着目：資源アプローチ
- 「外-プロセス」に着目：ゲーム・アプローチ
- 「内-プロセス」に着目：学習アプローチ

次章以降では、この4つのアプローチを順に紹介していくことになるが、ここでは、細かい議論に入る前に、まず各アプローチの概略について簡単に見ておきたい。

●ポジショニング・アプローチ

企業の成功を促す要因を外部に求めるのであれば、目標達成にとって都合のよい環境に身を置くことが、まず重要な戦略となる。都合がよい環境というのは、企業の目標達成を支持してくれる、もしくは目標達成を邪魔する外部の力が弱いような環境である。競合相手が少なくて競争が緩やかな産業、法や規制で守られたような産業、顧客や供給業者との関係が友好的であるような市場セグメントなどは、そういった外部環境の例である。こうした戦略は、環境の中に自社を的確に「位置づける（position）」点を強調するがゆえに、ポジショニング・アプローチと呼ばれる。

たとえば、日本の医薬品業界における大手3社の売上高経常利益率は、平均で20％を超えている（2002年度連結決算、以下同様）。それに対して、石油元売業界における大手3社の経常利益率は1％前後である。あるいは高炉業界では、大手5社平均でマイナスであり、最大手の新日本製鉄であっても、1％を下回って

いる。

　このような利益率の違いから、武田薬品工業の方が新日本石油や新日鉄よりも優れた企業能力を内部に持っているとか、石油会社や鉄鋼メーカーが製薬会社よりも経営能力が劣っているとは判断できないであろう。両者に見られる利益率の差の多くの部分は、個々の企業努力を超えたところにある外部要因に関係している。

　どんな産業においても、個々の企業の個別努力ではなかなか乗り越えられない構造的な力が働いている。とするなら、その構造的な力を体系的に理解して、その知識を参考に自社を位置づけることが必要となる。様々な産業における構造を分析して、その中で自社をどう位置づけるのかを考えるための枠組みを提供するのが、ポジショニング・アプローチである。

●資源アプローチ
　一方「内」に注目する戦略論は、企業業績の差異の源泉を、企業内にある経営資源に求める。「成功している企業とは、内部に優れた能力を蓄積している企業である」という考え方である。

　企業活動に携わっている方々からすれば、これは自明のことかもしれない。しかし、単純に当たり前だと片づけられない側面もある。

　以下で説明するように、「内」に注目する近年の戦略論は、(1) 市場から簡単に調達することができない独自資源に注目することによって、従来と異なった戦略策定のあり方を示唆するとともに、(2) 他社に真似されない企業能力とは何であるのかという重要な問いに注目することにつながっている。

　前者から説明していこう。理論の展開を時間的に追うと、古典的な戦略論は、もともと「内」に注目したものであった。そのような「内」に注目した戦略論に対するある種のアンチテーゼとし

て登場したのが、上でポジショニング・アプローチと呼んだ「外」に注目する戦略論である。この「外」志向の戦略論が脚光を浴びたのは、ハーバード・ビジネススクールのマイケル・ポーター氏が『競争の戦略（Competitive Strategy）』を記した、1980年代以降のことである。さらに、最近になって、資源ベースの戦略論に代表されるように、「内」志向への回帰が生じている。つまり、「内」から「外」へ、そして再び「内」へというように、戦略論は展開されてきた。

「外」に注目する戦略論は、相対的に企業内部の資源や能力の役割を軽視する傾向にある。もちろん企業内部の資源を無視しているわけではない。たとえば、市場の適切なセグメンテーションに基づいて自社の事業を位置づけるためには、自社が得意とするものや自社能力との適合性を考える必要がある。しかし、ポジショニング・アプローチにおける戦略上の重点は、あくまでも「位置づけ」に置かれている。構造的に魅力的な産業・市場領域を見出したら、企業はそれを選択する。もしその事業展開に必要な資源や能力が不足していたなら、それを迅速に市場から調達することが求められる。このように教える。つまり、好ましい外部環境の発見とポジショニングが先にあって、資源は後にくる。「外」から「内」である。

ところが、「内」に注目する戦略論、代表的には資源ベースの戦略論とよばれるものは、市場から簡単には調達できない「固定的資源」の存在に注目してポジショニング・アプローチの問題点を指摘する。「固定的資源」とは、「その保有量を企業が増減させるのに時間がかかり、またその調整のために必ず相当のコストがかかる（吉原他、1981）」ストック的要素である。程度の差こそあれ企業の活動に不可欠である一方で、その時々の事情に応じて企業の外部（＝環境）から簡単に手に入るものではないために、

企業内部に保有しておかねばならない経営資源である。会計上の固定資産も該当するが、それ以外にも、とりわけ多くの日本企業では、従業員（特に正社員）や、あるいは技術といった「見えざる資産（伊丹、1984）」とも呼ばれる無形の資源も含まれる。

その固定的資源の中でも、特に関心を集めてきたのが、「独自能力」とか、「コア・コンピタンス」と呼ばれる、他社との競争において重要な優位をもたらす独自性の高い経営資源である。他社にないノウハウや、強力なブランド、独自の企業文化などは、その代表例である。独自能力の多くは「見えざる資産」から構成されるため、企業外部からの調達がきわめて難しい。

仮にすばらしい事業機会を発見して自社の事業をそちらへ位置づけようとしても、事業展開に必要とされる資源や能力が手に入らないのであれば、どうにもならない。とすれば、企業の競争力の源泉になりえるものは、ポジショニングのうまさではなく、他社が手にできない固定的資源、特に独自能力にあるということになる。これが「内」に注目する戦略論の基本的主張である。

資源アプローチと呼ぶことができるこうした戦略論によれば、企業の戦略的行動の第一歩は独自の資源を蓄積することであり、蓄積された資源にあわせてポジショニングが行われる。あくまで「外」よりも「内」が優先される。

たとえば、デジタルカメラなどの撮像素子として使われているCCDのトップメーカーであるソニーは、1970年代初頭に、トランジスタからICへの転換とともに主導権を失った半導体技術を蓄積するために、当時最も難しいと考えられたCCD開発に着手したといわれている（菊地、1992）。CCD事業自体は、利益のない長い期間を経験することになるが、そこでの技術蓄積が、その後ビデオカメラ市場でのソニーの競争優位に多大な貢献をした。そこには長期的な技術や事業構想はあったにせよ、必ずしも最初

から市場における明確なポジショニングがあったわけではない。むしろ独自の資源蓄積がその後の事業展開を促したといえる。

このように「内」に注目する戦略論に従えば、具体的な事業領域の設定の前に資源の蓄積活動を行うことになるため、資源蓄積に方向性を与えるような長期的なビジョンのようなものが鍵となる。そうしたビジョンは「戦略的意図（strategic intent）」と呼ばれることがある（Hamel and Prahalad, 1989）。

「内」に注目する戦略論の2つ目の貢献は、他社に真似されない企業能力とは何であるのかという重要な問いを投げかけたことである。企業の内部資源がもし他者に簡単に真似されてしまうのであれば、企業目的の達成は他社に邪魔される可能性がある。他社に真似されない資源を持ってはじめて内部資源は価値を持ってくる。この側面からは、戦略論は組織の問題とも強く関係していることが示唆される。

●ゲーム・アプローチ

利益の源泉を「外」の構造的要因に求める点では、ゲーム・アプローチとポジショニング・アプローチは共通している。しかし、ポジショニング・アプローチが、自社の利益を収奪する他社からの圧力が小さい「おいしい」状況を見つけ出して、そこに自社を位置づけることに重点を置くのに対して、ゲーム・アプローチは、そうした「おいしい」状況を自らの行動によって作り出す点に注目する。近年盛んに叫ばれるビジネスモデルの構築の中核にはこうした行動がある。

ポジショニング・アプローチが主張するように、確かに、企業が所属する産業には個々の企業努力を超えた構造的な力が働いている。だから、その構造を分析して、それを所与として戦略を立てるという考え方が出てくる。

しかし、企業の外部に存在する構造的な力に、企業が全く影響を与えることができないわけではない。企業の目標達成に対して外部の構造的圧力が影響を与えるとしたら、企業はその構造をしばしば変えようとする。この点に着目するのが、ゲーム・アプローチである。

たとえば、米国の自動車企業が日本市場に参入しようとしたとき、彼らの関心を引いたのは、日本国内に張り巡らされたディーラー網や商慣行であった。それが構造的な障壁となって日本の自動車企業を守っているというのが、妥当かどうかは別として、彼らの主張であった。そこで、積極的なロビーイング活動を彼らは行った。自動車産業に限らず様々な産業領域で米国企業が行う戦略的な行動である。

その他にも、企業は戦略的な行動によって、「外」にいる競合企業の行動を自分にとって有利な方向に導くことができる。たとえば、戦略的な低価格の設定や、強気の投資を行うことによって、潜在的新規参入者や競合相手の気をくじくというような戦略が考えられる。

また、新製品の発売日を事前に公表して、競合相手の製品を購入しようとする消費者の行動をコントロールすることもある。ゲーム産業やソフトウエア産業ではよくある話である。一般的な言葉で言うなら「駆け引き」である。戦略という言葉からこの「駆け引き」の部分を強く想定される読者も多いかもしれない。よい外部環境にポジショニングをして、自社の独自能力を蓄積すると同時に、企業は自らを取り巻く環境を有利な方向に促すような駆け引きを行う。

サッカーの試合で言うなら、ホームグランドで試合をするのが「外」に注目したポジショニング・アプローチ、チームの能力を高めるのは「内」に注目した資源アプローチ、実際の試合でのや

り取りがこの「駆け引き」に関するところだと理解するとわかりやすい。

　理論的には、このような駆け引きは、戦略的行動（strategic behavior）と呼ばれている。この戦略的行動に関する様々な分析は、特にゲームの理論（game theory）を応用することによって行われてきており、戦略論の領域で近年最も発展した分野だといえるかもしれない。ゲーム理論に基づく議論が進展してきた経緯には、「外」に注目したポジショニング・アプローチが環境との関係を静態的にとらえていることに対する批判として、より動態的な相互作用を考慮できる道具立てが必要とされてきたということがある。

　駆け引きという言葉はどちらかというと敵対的な印象を与える。他社から、より多くの利益を奪おうとする意図を感じる。しかし、ゲーム・アプローチが注目するのは、自社の目標を達成する上で、都合のよい外的環境を作り出すことにあるのであって、他社から多くを収奪することと同義ではない。他社に利益を収奪されないというのは、目標達成にとって都合のよい環境の1つの要素ではある。しかしそれだけではない。より好ましいのは、外部に味方がいるような状況、自社の目標実現に他社が進んで協力してくれるような環境である。つまり、Win-Winの状況を作り出せれば、それが一番よい。

　たとえば、アンパンを2人で取り合う状況を考えてみよう。駆け引きをしてより多くの分け前にあずかろうとする戦略もある。しかし、相手はパンが好きで自分はあんこが好きだということがわかれば、あんこを取り出して分け合うのがお互いにとって好ましい。さらに、お互いに協力し合うことで、1個のアンパンを分け合うのではなく、2個のアンパンを手に入れることができるのであれば、どちらにとっても都合がよいだろう。うまい協調の仕

方を見出せば、熾烈な競争で苦労することはない。

　日本の自動車産業におけるアセンブリーメーカーとサプライヤーの関係は、このような協調的な戦略の例として考えられてきた (Nishiguchi, 1994)。近年注目されているアウトソーシング戦略でも鍵となるのは、Win-Winに基づいた協調的な関係を取引相手との間で築くことであると指摘される。これはまさに、企業目標達成のために、外部の力を自社に対して好意的な方向に促そうとする相互作用の戦略である。

　ゲーム・アプローチでは、ビジネスを価値の創造と配分のゲームと考える。価値の創造の部分では他社と協力して、価値を配分する時には他社と競合する。自社に落ちる利益は、単純に言えば、「創造された価値×分け前」である。だからなるべく多くの価値が創造できるような協調的な関係を作り出す一方で、生み出された価値からなるべく多くを奪えるような構造を作り出す。この2つの適切な組み合わせを通じて、自社にとって最も都合のよい外的状況を作り出すのがゲーム・アプローチである。

●学習アプローチ

　資源アプローチは、企業に利益をもたらす独自の経営資源に注目する。しかし、経営資源をどのように蓄積すればよいのかという指針に関しては、多くを提供しない。それに対して、経営資源、とりわけ知識や情報といった「見えざる資産」が蓄積されるプロセスそのものに注目するのが、学習アプローチである。資源はただやみくもに蓄積すればよいというわけではない。そこには、戦略が必要なのである。

　プロ野球選手になりたい少年の例で考えてみよう。プロ野球で通用するような打撃力や守備力を身に付けなければならないということは、なんとなくわかる。それがどのようなものであり、そ

のためにはどうすればよいのかが事前に明確にわかっていれば、簡単である。その実現のために、努力すればよいからである。

しかし、親が優れた野球の指導者であるなどといった例外を除けば、何をどうすればよいのかは事前に自分ではわからない。だから、甲子園に何度も出場していたりする名門チームに入って、優れた指導者の下で、その力をつけようとしたりする。練習に明け暮れている最中には、その意味づけを何らかの形でしているのかもしれないが、最終的に蓄積される能力にどのようにつながるのかについて、すべてが明らかになっているわけではない。特に少年時代の練習であれば、それがどのような力の育成につながるのかは、後になってわかることが多いのである。

学習アプローチで特に強調されるのは、このような点である。一般に、戦略の基礎となる情報は必ずしも事前にわかっているわけではない。とりわけ外部環境が激しく変動したりしている場合には、先の状況はなかなか見通せない。そこで、事前に獲得した情報に基づく先験的な意図だけに頼るのではなく、その場その場で徐々に知識を獲得していくことも必要になる。

このような点を重視する学習アプローチでは、次のような点が重要になる。1つは、事業を展開する「場」の選択である。そこでは「何を学ぶのか」ということは事前に明確になっていないために、とりあえず「いつ、どのような場で学ぶのか」が大きな意味を持つ。どのような場所で事業を展開するかによって、学習の内容が大きく変わってくるからである。

さらに、選択した「場」において学習した内容を反省(reflection)することも重要になる。学ぶべき内容が事前に理解されているのであれば、それが学べたかどうかを考えるだけでよい。しかし、何を学んでよいのかが明確になっていないのであれば、結果として何を学び、それを振り返りつつ、今後の事業展開

にどのように活かすべきなのかを十分に検討することが重要になる。

この反省がないと、学習アプローチは画竜点睛を欠くことになる。個人でも、事前に立てた計画通りに物事が進むとは限らない。失敗した場合に限らず、成功した場合でも、「最初はあんなことをしても仕方がないと思っていたけれど、結局役に立ったのは、あのときの経験だったよな」などと、しばしば考える。このように考えているときには、自らの経験を事後的に反省して、自分の中に蓄積された何らかの能力を再認識しているのである。

企業経営でも同様である。事業活動を通じて、当初は意図していなかった経営資源が蓄積されたことを認識することで、その後の企業経営において、そのような蓄積された資源を活かしていくようにすることが重要である。仮に意図せざる結果として資源が蓄積されたとしても、そのこと自体が認識されないのであれば、「宝の持ち腐れ」となってしまうかもしれないし、そもそも「宝」を手に入れることができないかもしれない。

企業による学習アプローチに基づく戦略は、たとえば新製品の導入において見受けられる。新製品をどのタイミングで市場に投入するのかは、1つには競合相手の出方に対する読みによって左右される。これはゲーム・アプローチに関係した戦略的行動である。競合相手との間の読み合い、駆け引きである。しかし一方で、なるべく早く製品化を試み、さらに短サイクルで次々と改良した製品を市場に投入することも考えられる。そこでの目的は、製品化によって顧客からのフィードバックを得て、徐々に知識を獲得していくことにある。

1980年代の家電に代表される日本の製造企業の強みは、このような短サイクルで数多くの新製品を素早く導入する点にあったという指摘もある（Hamel and Prahalad, 1992）。そこでは、顧

客との相互作用というプロセスを通じた学習によって、自社の独自能力を向上させることができる。つまり個々の製品を市場に投入することから利益を獲得しようとするのではなく、製品を媒介とした顧客との頻繁なやりとりを通じて、他社より早く製品開発に関する能力を蓄積して、長期的に競争優位に立とうとする戦略である。「コア・コンピタンス」という言葉を広めたプラハラド氏とハメル氏は、こうした行動を探索的マーケティング（expeditionary marketing）と呼んでいる。

　「外」を基点とするプロセスが競争的にも協調的にもなりえたように、「内」を基点とするプロセスも、競争的でも協調的でもありえる。製品や技術開発において他社と提携する場合など、学習を主眼にした協調的なプロセスはしばしば観察されるものである。

　また学習を目的とした競争的なプロセスというのは、少し理解しにくいかもしれないが、競合相手との競争を通じて他社から様々なことを学ぶという事例はそれほど珍しくない。高校球児の例で言えば、優れた選手が集まる学校を選ぶと、高い能力を持った者同士が切磋琢磨して、全体のレベルアップにつながるというようなものである。このような考え方は、「レギュラーを獲得しやすいから『戦力』が手薄な学校を進学先として選ぶ」という発想とは異質である。後者の考え方に近いポジショニング・アプローチによれば、目的を達成するために企業はなるべく競争を避けるような位置取りをすることが求められるが、学習アプローチからすれば、むしろ積極的に競争の場に出ていくという戦略すら考えられることになる。

　事業活動でも、同じようなことは、少なくとも結果としてしばしば生じる。たとえば、カシオ計算機とシャープは電卓での熾烈な競争を通じてお互いに学習を進め、そこでの蓄積がその後の事

業展開に大きな影響を与えたという指摘がある（沼上他、1992）。もちろんカシオ計算機やシャープが「電卓戦争」の渦中にいるときに、その後の事業展開まで織り込んで、激しい競争を展開していたわけではないだろう。しかしながら、結果としては、有力企業が次々と脱落していくような熾烈な競争を勝ち抜いた両社が、方向性は異なるものの、その後の全社的な事業展開を大きく左右していく基盤を形成していったのは、単なる偶然ではない。

「歯を食いしばって」競争を勝ち抜くことは、単なる精神論に留まらず、事後的に合理的な側面も存在している。そして、そのような合理的な結果をもたらすのは、事後的な反省によって、結果として蓄積された資源を意識的に活用しようとする姿勢なのである。

＊＊＊＊＊

以上では、本書の意図と中心的な枠組みについて、記してきた。
これから説明する4つのアプローチには、専門的な雰囲気を匂わすもっともらしい名称がつけられているけれども、その中身をみると、私たちがふだんとっている行動と、なんら変わりがないことがわかるであろう。小難しい表現が散りばめられていたり、素人にとって容易には理解できない数式や計算結果などが並んでいたりする専門書や論文に、秘伝の解答が記されているわけではない。

長期的な目的を持って何かを達成するために行動するとき、私たちは、意識の有無にかかわらず、これら4つの視点に関わった行動をとっている。彼女や彼氏が欲しいと思えば、女性もしくは男性に知り合いやすい場所に出かけるし、他人とは異なった自分を磨こうと努力する。ライバルがいれば駆け引きをし、場合によ

っては協力もする。また、周りの人から情報を得たり学習したりする。あるいは、社内でトップ・マネジメントまで上りつめたいと思う人は、仕事の能力を高めるだけでなく、影響力のありそうな上司のまわりについたり、その上司の業績向上に協力して昇進の可能性を高めたり、自分を伸ばしてくれる人々と頻繁にやりとりをしたりするであろう。

つまり、戦略論を学習することの意味は、私たちがふだん何気なく行っている行動を、より体系的に理解して、よりきちんと行うようになることにある。企業が戦略的に行動するというのは、やるべきことをきちんとやるということである。そのためには、やるべきことの全体像を把握する必要がある。戦略論などというと大仰なように聞こえるかもしれないが、話自体は単純である。

ただし、より重要な問題は、この単純なように見える考え方を、実際の局面で全体的な見取り図の下で使いこなせるのかということにある。一見単純そうな複数の枠組みを使って、自分たちが置かれた状況を多面的に読み解く。このことは意外と難しい。

逆に、一見難解そうな流行りの経営用語を覚えたり、数式に当てはめて計算したりする方が、実際には簡単であるのだが、そうしたからといって、経営上の問題が十分に理解できるようには、必ずしもならない。真面目に考えるほど混沌とする中で方向性を模索しなければならない企業経営は、他人から問題を与えられるクイズやパズルを解くこととは、要求される思考のレベルで本質的に異なるのである。

だから、次章以降で、4つのアプローチをより詳しく見ていくにあたっては、専門用語に過度に目を奪われることなく、あくまでも「ものの見方」として戦略論が存在するという立場から、考えながら読んでいただきたい。

第2部

競争戦略の
4つのアプローチ

Chapter 2 ポジショニング・アプローチ

前章で指摘した競争戦略・事業戦略に関する4つの考え方の中で、最初に見ていくのは、ポジショニング・アプローチである。

このアプローチの特徴は「外-要因」に着目する点にある。しかし、先に見たように「内」から考えがちな私たちの日常感覚からすると、「外」の「要因」から戦略を考えるということは、少々わかりにくいかもしれない。

そこで、この章では、なぜ、どのように「外」の「要因」が問題にされるのかという、ポジショニング・アプローチにおける基本的な考え方を見た上で、このアプローチの具体的な枠組みを考えていくことにしよう。

1. ポジショニング・アプローチの基本的発想

●利益を生み出す条件

ポジショニング・アプローチに関する具体的な問題に入る前に、なぜある企業が儲かるのかという基本的な問題に立ち返って少し考えておこう。

自分がよく知っている商店であれば、「あのレストランは安くてうまいから、客がたくさん入って儲かっているようだ」とか、「あの店はオヤジの愛想がいいから、固定客が結構いて繁盛して

いる」といった具体的な事実を簡単に指摘できるだろう。しかし、「安くてうまい」ことや、「客がたくさんいる」ことがなぜ儲かることにつながるのかということになると、歯切れが悪くなる人もいるかもしれない。

　儲かる、すなわち利益率が高くなる一般的な条件は、(1)その企業が提供する製品やサービスが対象とする顧客に受け入れられ、さらに(2)その製品やサービスによって実現される成果の多くをその企業が獲得する、という2つである。この第1の条件を言い換えれば、製品から何らかの価値がもたらされると顧客が考えて、その製品を買わなければ商売にならないことである。第2の条件とは、競合企業や供給業者や顧客といった他者に利益を「収奪」されない何らかの道具立てが存在している状況を指す。

　この2つの条件は、当たり前のことを言い換えたに過ぎない。にもかかわらず、このことは実際のビジネスで常に考えられているわけではない。

　たとえば、この2つの条件に照らし合わせれば、成長している産業が利益率から見て魅力的な事業には必ずしもならない。成長産業は、顧客がその製品カテゴリーの存在意義を認めていることにはなる。しかし、産業の成長自体が自社製品の購買に直結するとは限らない。だから、成長産業であることは、先の第1の条件を満たす「可能性」しか示唆しない。

　この簡単な点が理解されていないと思われる事例は、意外に多い。近年話題となったインターネット関連事業でも、成長性があるという理由だけで参入した企業は、規模の大小を問わず少なくない。ある時期に大手高炉メーカーが一斉に半導体事業に進出したことがあるが、これも同様である。もしこれら2つの条件を深刻に受け止めていたのであれば、少なくとも大手高炉メーカーが半導体事業に例外なく進出するようなことにはならなかったはず

である。

●競争と利益率

　それでは、「他者に利益を収奪されない」という第2の条件はどのような場合に成立するのだろうか。その典型例としては、顧客を獲得した製品やサービスが競合企業に模倣されない状況が考えられる。真似をされないと利益率は高くなり、逆に真似をされるようだと利益率は低くなる。真似をされることは、他社との間での「競争」の度合いに影響をもたらすと考えられるからである。企業間の競争が激化すれば、利益は他者に移転してしまい、自社の儲けは少なくなる。逆に、競争が緩やかであれば、利益は自社の中に留まることになる。

　企業の間での競争が利益率に影響をもたらすという考え方は、経済学で議論されてきた問題と符合する。近代経済学を少しかじったことがある人なら知っていると思うが、十分に競争的な状況であれば、企業の利潤はゼロになると理論は教える。[1] 原価が50円のキャラメルを100円で売って1個あたり50円儲けている人がいれば、同じものを90円で売って顧客を全て奪った上で1個あたり40円儲けようとする人が参入する。すると次にはそれを80円で売って1個あたり30円儲けようとする人が参入する。というように利益機会がある限り次から次へと参入が続き、最後には利潤はゼロに限りなく近づく。

　ところが実際には、ゼロではない「超過」の利潤を得ている企業が多数存在する。なぜ理論上の想定と現実はかくも乖離してしまうのだろうか。これが近代経済学で長らく考えられてきた問いの1つである。私たちの日常感覚からは少し理解しにくいかもしれないが、経済学の観点からすると、このような状況は何か特別な説明を要する状況となる。

このような問いに対して、ポジショニング・アプローチは「外」の「要因」から説明しようとする。その企業が身を置く状況によって、競争の度合いが左右され、ひいては企業の利益率が左右される。したがって、高い利益率を達成したいのであれば、その企業が身を置く「外部環境」を第1に考える必要があるという構図が、そこでは想定されているのである。

注1）ただし、経済学で言う利潤とは、株主や経営者などに対する「正当な見返り」を引いた後に残るものであり、それらが通常含まれる会計的な利益とは必ずしも一致しない。

●外部環境における「障壁」

　ポジショニング・アプローチでは、外部環境の中でも自社の利益を「収奪」する構造的要件に特に焦点を当てて分析する。外部環境の構造的要件とは、簡単に言えば、利益の「収奪」から守るための障壁の大きさである。もし外部環境の構造によって利益が「収奪」されてしまうのであれば、その企業の利益率は低下してしまう。逆に利益が守られるような構造にあるのであれば、その企業の利益率は高いまま維持されることになる。

　構造的な障壁という問題は、「城」を比喩として考えてもらうと、よりわかりやすいだろう。領主が住む城には、西洋であれば城壁があり、日本であれば堀がある。城壁や堀が存在する理由は、外敵からの襲撃を防ぐことにある。つまり、経営戦略論における構造的障壁とは、城における城壁や堀と同じように、他者からの利益の「収奪」を防ぐように機能する外部環境を指している。

　この比喩は、ポジショニング・アプローチと次章で説明する資源アプローチの考え方の違いを端的に表している。資源アプローチ的な立場から領主の力を分析するならば、家臣の兵がどれだけいて、どのような戦術をとることができるかといった、陣営に抱

える兵力の内容が問題となる。それに対して、ポジショニング・アプローチから考えると、城壁や堀といった外部環境の「障壁」に主たる焦点が当てられる。領主が一人であっても、城壁なり堀がしっかりしていれば、外部から攻め落とすことは難しくなる。そこでは、城壁や堀の内部がどうなっていようと、中心的な問題にはならない。

　このような考え方に基づけば、「高い壁」や「深い堀」に囲まれていれば、その内部にいる企業には、高い利益率が保証されることになる。この典型例は、政府の規制下にある多くの許認可産業に属する企業である。日本で言えば、かつての銀行や保険会社、あるいは高等学校や大学をはじめとする学校などを考えるとよい。当事者からは反論が出るかもしれないけれども、その種の産業に属する企業は、少なくとも最近までは、経営の巧拙が大して問われることもなく、果実を手に入れてきたといえる。

●「障壁」としての産業構造

　以上のように、領主同士の戦闘を考える場合と経営戦略を分析しようとする場合では、外部環境に主たる焦点を当てる際の基本的な考え方は同じである。ただし、若干異なるのは、前者が物理的な構造物が「障壁」を構成するのに対して、経営戦略では常に目に見えるとは限らない社会的な「障壁」から考察を加えようとする点である。

　それでは、経営戦略を分析する際に問題となる社会的な「障壁」とは、何だろうか。

　この問題に対してポジショニング・アプローチで想定されてきた答えは、「産業構造（industry structure）」なるものを想定することである。つまり、各企業が有する個々の事業にとっての「主戦場」である各業界（＝産業）を基本となる単位として、分

析のための枠組みを当てはめることで、一見するだけではわかりにくい、その構造的側面を考察の対象にしようとするのである。

枠組みの内容は次節で説明するとして、ここで見ておきたいのは、産業構造に焦点を当てる見方が背景とする企業活動に関する前提である。

そこでは、産業のあり方が各企業の行動を規定するという因果図式が、議論の前提として置かれている。産業構造がどのようになっているかによって、企業の行動は自ずと決まる。その結果として、当該産業の収益性が予想され、ひいてはその産業に所属する個々の企業の利益率もおおよそ予測できる。このような図式を前提とするために、その大本である所属産業の構造自体に分析の焦点が当てられるのだ。

このような因果経路を整理すると、「産業構造（Structure）」→「企業行動（Conduct）」→「産業（企業）の成果・業績（Performance）」という形で表すことができる（図2-1）。この図式は、3つの要素を英語で表した場合の頭文字をとって、一般に「S-C-Pモデル」とか「S-C-Pパラダイム」などと呼ばれる。

●S-C-Pモデルとポジショニング・アプローチ

じつは、このS-C-Pモデルは、経営戦略論で独自に編み出されたのではなく、もともとは産業組織論という経済学の一領域でかつて展開された考え方である。ついでながら、産業組織論という名称は、経営学の一領域である経営組織論と言葉としては似ているが、内容はまったく異なるものである。

この点と関わることで触れておきたいのは、経済学の一領域である産業組織論で考えられたS-C-Pモデルは、基本的な枠組みを「ひっくり返す」形で、経営戦略論であるポジショニング・アプローチに導入されたということである。

2 ポジショニング・アプローチ

「ひっくり返す」というのは、産業組織論では産業の収益性が高いことは解消されるべきことだとされるのに対して、経営戦略論では収益性が高い状況はむしろ望ましい状態と考えられている点にある。S-C-Pモデルをベースとする古典的な産業組織論では、「高い壁」によって生じる利益は、本来社会に帰属すべきものであり、個々の企業がその利益を得ている場合には、社会に還元すべきだとされる。アメリカの反トラスト法や日本の独占禁止法、あるいはこれらの法律に基づいて出される分割・排除命令は、基本的にはこのような発想に基づいている。それに対して、ポジショニング・アプローチでは、このような障壁の排除ではなくて、企業経営への利用を考えている。この点で、両者ではS-C-Pモデルを利用する目的が「さかさま」なのである。

このような点だけを見ると、S-C-Pモデルを経営戦略論に持ち込む発想は、社会正義に反する「邪悪」なことのように見えるかもしれない。しかし、産業構造上の障壁によって得られる利益が「不当利得」なのか、経営活動に対する正当な利益なのかという点については、一概には結論づけられない。構造上の障壁からの

図2-1　S-C-Pモデル──ポジショニング・アプローチの前提

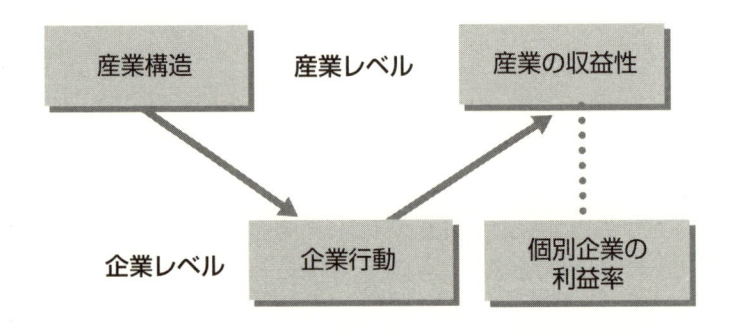

利益獲得は不当なものばかりとは、必ずしもいえないからである。

　たとえば、ある企業が長期にわたって多額の投資を行ってようやく事業化したところに、簡単に真似できるために、それまで何の努力もしてこなかった多くの企業が参入してくるような状況があるとしよう。このような状況で、努力を傾けてきた企業が、構造上の障壁によって、ある程度の利益を確保しようとするのは、社会正義に反するのだろうか。仮にリスクを負って努力しても、その見返りが何ら期待できないのであれば、合理的な意思決定者は、そもそものような投資は行わないことになり、よほど慈悲深い人でも出ない限り、有益な事業でも、その社会では生み出されないことになってしまう。

　努力から生み出された成果を保護するための人為的な障壁の典型例としては、特許制度がある。実際に特許制度が果たす機能については、権利の保護よりも情報公開を促進する点が強調される議論があったりするものの、努力に対してインセンティブを与える側面が存在することは間違いない。あるいは、不当競争防止法などによって、努力の結果として築かれてきたブランドが保護されるのも、同じような理屈に則っている。

　構造から生じる利益が正当なのか不当なのかという問題はいったん置いて、ここで考えておきたいことは、経済学の一領域である古典的産業組織論の考え方を持ち込むことから生じる、この種の見方の特徴である。S-C-Pモデルの因果図式にそのまま則ると、企業収益に最も影響を与えるのは、企業の中身ではなく、企業を取り囲む外部環境だということになる。そのために、ポジショニング・アプローチでは、個々の企業ではなく、それらが所属する産業が基本的な分析単位とされる。

　企業の内部要因ではなく、企業外部の構造的要因が重要であるとすれば、経営戦略を考える上で問題となるのは、「儲かりそう

な」構造を有する場所を探したり、あるいは現時点で事業を営んでいる領域を「儲かる」構造にしたりすることになる。つまりは、各社の事業が身を委ねる「場所（position）」が経営戦略上、最も重視されるべき事柄となる。再三述べてきているように、「外－要因」から戦略を考える発想がポジショニング・アプローチと呼ばれる理由は、そこにある。

2. ポジショニング・アプローチの枠組み

　ポジショニング・アプローチの前提についての概略は理解してもらえたと思うので、次にその枠組みの具体的な内容について入っていこう。
　まずは、次のエクササイズを考えてほしい。

> ### Exercise 2-1
> **自分が勤めている会社を思い浮かべて、自社の事業の利益を奪い取る可能性があるプレーヤー（企業）として、何が挙げられるか。**

　どのようなプレーヤーが浮かんだだろうか。この問いに対して、ポジショニング・アプローチでは、大きくは５つの答えが用意さ

れている。以下では、その内容について、順に見ていこう。

● 5つの要因

　ここで説明する枠組みは、ハーバード・ビジネススクールのマイケル・ポーター氏の議論に基づいている。ポーター氏は1980年にアメリカで出版された『競争の戦略 (Competitive Strategy)』で、ポジショニング・アプローチ的な考え方を戦略分析の中核に持ち込んだ経営学者である。ちなみに、競争戦略 (competitive strategy) という言葉は、英語では書名そのものである。そのことからわかるように、競争戦略という領域自体はポーター氏によって確立されたといってよい。

　ポーター氏によれば、産業の競争状態、ひいてはその産業に所属する企業の利益率に影響を及ぼす要因は大きくは5つに分類される。これらの要因は、「5つの競争圧力 (the five competitive forces)」、あるいは単に「5つの要因 (five forces)」と呼ばれている。

　「5つの要因」とは、表2-1に挙げられる項目である。このうち、真っ先に思いつきそうなのは、①の「産業内での競争の激しさ」である。町の青果店にとっては、同じ町で青果物を扱う他の青果店やスーパーの動向が自分の商売に影響を及ぼす。日産自動車にとっては、トヨタ自動車や本田技研工業といった同業者の動向が自社を取り巻く競争に影響を及ぼす。これらの例を挙げるまでもなく、同業者との競争が最も問題になるのは当然であろう。

　しかしながら、事業からの利益をめぐる競争は、同業者間だけで生じるわけではない。「広義の競合関係」とでもいえる残りの要因も、同業者との競争という「狭義の競合関係」と同様の影響を与える。

　残り4つの要因は大きく2つに分類することができる。その1

つは、製品やサービスをめぐる潜在的な競合関係である。もう1つは、利益をめぐる競合関係である。

製品上の潜在的な競合関係とは、同じ産業として現時点で直接的に競争をしているわけではないが、同業者との競合関係と同種の機能を果たすものである。この枠組みでは、②の「新規参入の脅威」と、③の「代替的な製品・サービスの脅威」という2つの要因にまとめられている。

もう1つの「利益をめぐる競合関係」とは、具体的には④の「供給業者の交渉力」と、⑤の「買い手の交渉力」である。この2つの要因は、先の3つの要因とは色合いが異なる。当該産業の企業は、供給業者や買い手と、製品市場で競合しているわけではない。むしろ、供給業者―当該産業の企業―買い手という流れの中で、お互いに製品の取引を行うことで、共通する利益を大きくしている側面もある。供給業者の商売は、当該産業に製品を買ってもらうことによって成り立っている。また、買い手は、売り手

表2-1　産業の利益率を規定する5つの要因

狭義の競合関係
①産業内の同業者間での競争の激しさ

製品上の潜在的な競合関係
②新規参入の脅威
③代替的な製品・サービスの脅威

製品の利益における競合関係
④供給業者の交渉力
⑤買い手の交渉力

である当該産業の製品を購入することで便益を得ている。

ただし、供給業者や買い手は製品市場では競合しないものの、取引を通じて生じた利益を配分する側面では、争う関係になる。図2-2にあるように、製品の売買によって生じた「パイ」を分けようとする際に、誰かがたくさんとっていけば、残った分け前は小さくなってしまう。当該産業の企業と供給業者や買い手は、最後には「パイ」の争奪戦をするのである。

このような側面は何も珍しいことではなく、ふつうの人でも、これまでに多くの局面で遭遇しているはずである。営業や調達に関わっている方であれば、商談をまとめる際に、仕切値をいくらにするのかといった交渉を行っているだろう。あるいは、消費者として、電器店などの店頭で値引き交渉をする場合もあるだろう。そこでは、商品の売買に伴う「パイ」の分け前が最終的に決定されているのである。

以上の5つの要因を図としてまとめたものが、図2-3である。簡単に言えば、(1)既存企業間の競合の度合いが高まるほど、(2)

図2-2　2つの利益をめぐる競争

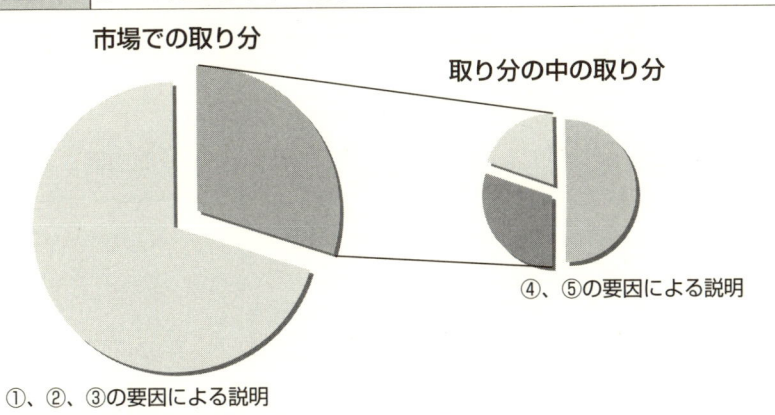

市場での取り分

取り分の中の取り分

④、⑤の要因による説明

①、②、③の要因による説明

新規参入の脅威が高まるほど、(3)代替的な製品・サービスの脅威が高まるほど、(4)供給業者の交渉力が高まるほど、(5)買い手の交渉力が高まるほど、その産業（ひいてはそこの産業に所属する企業）の収益性は悪化する。

さらに、これら5つの要因について、さらに詳細な項目に分解した上で、説明されることが多い。以下では、それぞれの要因での基本的な考え方を、その詳しい項目についても多少触れながら、順に見ていくことにしよう。[2]

注2) ただし、それらの詳細な項目は、相互に矛盾する箇所が散見されるという指摘（沼上、2000a）からも推察されるように、概念的な体系に沿って整理されているわけではない。したがって、詳細な項目については、チェックリスト的に使う程度に止めて、むしろ幹である考え方を大まかに理解する方に重点を置いていただきたい。

図2-3　「5つの競争圧力」

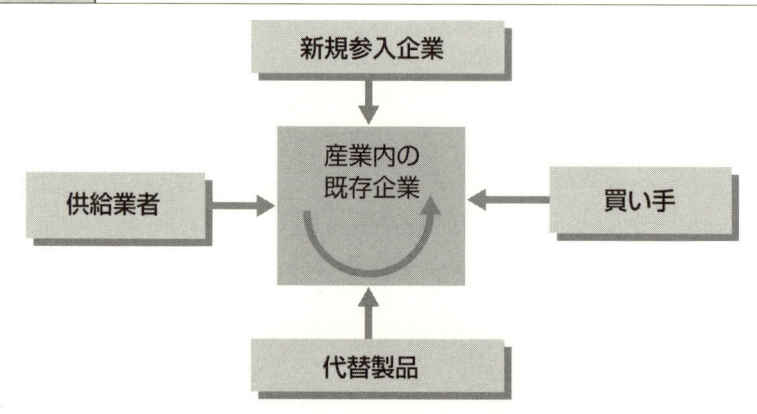

（出所）：Porter（1980）、p.4.

●産業内の既存企業間での競合

　産業内での企業間の競合は、表2-2に挙げられる要因によって主として左右される。

　最も代表的な項目は、〈1〉の「企業数と規模の分布」である。企業数が少なければ、企業間の競合は低下しやすい。その最も極端な例は、1つの企業によってのみ供給が行われる場合である。経済学では、少数の企業によって市場が占有されることによって、企業側が価格決定権を持つことが問題視される。しかし、ポジショニング・アプローチ的には、企業数が少なくなるほど競争が緩やかになり、より高い利益を享受できるという点で、好ましい状況となる。

　ただし、企業の数だけが問題になるわけではなく、産業内で企業の規模がどのように分布しているかによっても競合状況は変わる。たとえば、産業内に5社が存在する場合でも、1社が80％の市場占有率（シェア）を有し、残り20％を4社で分け合っている場合と、5社が均等に20％ずつシェアを有している場合を

表2-2	既存企業間競争の主な規定要因

〈1〉 企業数と規模の分布

〈2〉 産業の成長性の低さ

〈3〉 固定費・在庫費用の高さ

〈4〉 小刻みな生産能力の拡張が困難

〈5〉 製品差別化の難しさ

比べると、一般的には後者の方が競合は激しくなる。

　企業の数だけでなく規模の分布を併せて考えた場合でも、最も規模が集中している場合は、1社しか産業に存在しない「独占」状態である。逆に、最もシェアが広く分布している逆の極は、「完全競争」である。理論的に想定される完全競争の状態では、産業に非常に多くの企業が存在すると共に、特定の企業にシェアが集中しておらず、規模が小さい企業しかない。そのために、経済学の理論からいえば、供給側である個々の企業は一切の価格決定権を持っておらず、市場で決まった価格に一方的に従うことになる。前述のように、完全競争の場合には、超過利潤はゼロである。

　企業数と規模の分布以外の要因も、産業内での競合状態に影響を及ぼす。

　まず、産業の成長性が低下すると〈2〉、競合は激化しやすい。産業が成長している段階では、その成長と共に自社も成長することができる。仮にシェアを失っていたとしても、自社の売上高を伸ばすことができる。しかしながら、産業の成長が低かったり、マイナス成長となったりする場合には、個々の企業が売上高を伸ばそうとすると、他社の売上げを奪うことでしか成長できなくなる。競合企業による売上げの浸食を黙って見ていることは、そうそうないであろうから、低成長下で各企業が成長しようとすると、競合は激化してしまう。

　固定費や在庫費用が高い場合〈3〉や、小刻みな生産能力の拡張ができない場合〈4〉にも、競合は激化しやすいとされる。いずれの場合でも、需要に対して過剰な供給が引き起こされやすいからである。固定費や在庫費用が高ければ、供給量の増加に伴う追加的な費用は相対的に小さい。その場合に、各社が操業度を上げようとしたり、在庫を減らそうとしたりして供給量を増加させ

ると、過剰供給に陥って、競合が激しくなりやすい。あるいは、小刻みな生産能力の拡張ができない場合でも、各社が生産設備の増強に走れば、需要以上の供給がもたらされることになり、需要と供給の均衡がとれるまでの間、過剰供給となってしまう。

　このような過剰供給に陥りやすい場合としては、表に挙げた以外にも、産業から企業が撤退しにくい状況がある。「撤退障壁 (exit barrier)」と呼ばれることもある、撤退にあたっての何らかの障害が存在する場合には、需要が減少していたり成長が鈍ってきたとしても事業を営み続ける企業が多いために、競合は激化しやすい。つい最近までの日本企業では、雇用や、工場がある地域との関係、あるいはメンツといった様々な社会的要因が絡み合って、大きな「撤退障壁」として機能してきた側面がある。

　差別化が難しい場合〈5〉にも、競合は激化しやすい。差別化が図れる場合であれば、価格以外の要素で競争可能である。それに対し、差別化が図りにくい製品では、競争の次元は主として価格となってしまう。そのために、いったん競争が始まれば、泥沼の価格競争に陥ってしまう可能性がある。

　たとえば、ガソリンを考えてみる。多くの人はエネオス、出光、エッソ、シェルといったブランドが存在していることは知っていても、特定のブランドだけを志向する人は少ないだろう。そこで石油元売り各社は、自社のガソリンに名称を付けたり、自社独自の添加物を入れたり、あるいはカードによる顧客の囲い込みを図るなどして、製品の差別化を長年にわたり模索してきた。しかし、状況を見る限りでは、そのような差別化のための努力が意図したような結果を生んできたとは言い難い。

　このような状況から、ガソリンは価格競争に陥りやすい状況にある。同じ地域にあるガソリンスタンドが値下げに踏み切れば、他のスタンドも追随する状況は、よく見受けられる。差別化が効

きにくいガソリンの問題は、ガソリンスタンドが集中する地域に同様に多く存在しがちな外食チェーンで、ガソリンと同じような価格競争が生じるかどうかを考えていただければ、よりわかりやすいかもしれない。

> ### 企業数と規模の分布の指標
>
> 　企業数と規模の分布については、産業の状況を見るための指標がいくつか考えられてきた。最も簡便でよく使われる指標としては、その産業の上位企業のシェアを単純に足し合わせた「集中度」がある。中学や高校で使われる社会科の副読本などにも載っている数値なので、記憶にある方もいるかもしれない。たとえば、上位3社のシェアを足すと、「3社集中度」が計算できる。ただし、何社分のシェアで計算すべきかに関しては統一した基準はなく、5社、7社、10社と様々である。
>
> 　集中度に関して重要なのは、何社で計算しようとも、同じ企業数で計算する限りでは、産業間で比較して、各産業の競争状態を推測するための情報が得られる点にある。集中度が大きいほど、シェアが上位企業に集中していることになり、その数は大きくなる。独占であれば、何社でとっても、1社が市場の全部を押さえているのだから、1（百分率では100）である。
>
> 　ただし、単に足し合わせた集中度は簡便な方法ではあるけれども、とりわけ規模の分布について、それほど正確に計算できるわけではない。産業内に5社存在すると仮定した本文中の2つの例（p.55）では、規模の分布の違いから、競争の度合いが異なりそうであるにもかかわらず、いずれの5社集中度も1となってしまう。
>
> **表2-3　仮想例でのハーフィンダール指数の違い**
>
> **例1**
> 1社が80％のシェアを、残り4社が5％ずつのシェアを、それぞれ持つ場合
>
> $$(R_{h1} =)\ 0.8^2 + 0.05^2 + 0.05^2 + 0.05^2 + 0.05^2 = 0.65$$
>
> **例2**
> 5社が均等なシェア（20％ずつ）を持つ場合
>
> $$(R_{h2} =)\ 0.2^2 + 0.2^2 + 0.2^2 + 0.2^2 + 0.2^2 = 0.2$$
>
> $R_{h1} > R_{h2}$より、他の条件が同じであれば、例2の方が競争が激しくなることが予想される。

> このような問題に対処するために、別の指標も考えられてきた。その中で、一般的によく用いられるのは、「ハーフィンダール指数」と呼ばれるものである。ハーフィンダール指数は、各社のシェアの2乗を足し合わせて計算する。ハーフィンダール指数が小さいほど、競合の度合いが高くなることが想定される。ここでも、最も競合の度合いが低そうなのは独占の場合であり、ハーフィンダール指数は1 ($=1^2$) である。
> 　先の5社の例で、ハーフィンダール指数にどのような違いが出てくるかを見ておこう。表2-3にあるように、1社が80％のシェアを持っており、残りを4社で均等に分け合っている場合には、ハーフィンダール指数は0.65である。それに対して、5社でシェアを均等に分け合っている場合には、0.2である。この結果から、同じ5社によって寡占されている産業であっても、シェアが均等に分布している後者の方が前者よりも競争が激しい可能性が示唆される。

●新規参入の脅威

　第2の要因である新規参入の脅威は、現在は当該産業で事業を営んでいない企業が新たに参入してくることによって、同業者間の競争が激化する状況で生じる。そのために、現時点でその産業で事業を営んでいる企業の分析だけでは不十分として、新たに参入が生じる可能性が問題になる。

　一般に、新規参入は次のようなプロセスで生じると考えられている。当該産業で「超過利潤」が発生している、つまり事業に（過剰な）うまみがある状況であれば、その分け前に授かろうと新たな企業が参入してくる。もしその参入を阻む手だてがないのであれば、理論的には、超過利潤がゼロとなる状況まで、新規参入が続くことになる。簡単に参入できるのであれば、事業を展開するうまみがまったくなくなる点まで、参入しようとする企業が続いてくるということである。

　あるいは、実際に参入が行われなくても、参入の可能性が高いだけで、利益水準は下がりうる。新規参入が容易にできる状況では、既存企業は新規参入者のうまみをなくそうと、自らの利益を

買い手に還元して、新規参入の意欲を減退させようとする。また、先に述べたように、超過利潤が発生している限り、新たに参入しようとする企業は存在する。そこで、もし参入に際して何の障害もないのであれば、新規参入の意欲を完全に衰えさせるには、「超過利潤ゼロ」の状況にする以外に手だてはない。

　このように考えていくと、実際に参入が生じるかどうかはともかく、新たな企業の参入を阻む要因があれば、超過利潤が生じる可能性が高くなる。この参入を阻むための要因は、一般に「参入障壁（entry barrier）」と呼ばれる。

　前節で触れた、ある特定の視点から社会全体の厚生を考えようとする経済学的な立場からいえば、この参入障壁はなるべくない方がよい。参入障壁は、理想である「完全競争」の状態から、遠ざける役割を果たすからである。

　その一方で、経済学的な枠組みを逆手にとったポジショニング・アプローチからすると、参入障壁は大きいに越したことはない。参入障壁の堅固さによって、その産業の収益性、ひいては産業に所属する企業の利益率が左右されるからである。

参入障壁としての「規模の経済」

　具体的な参入障壁として一般に考えられているのは、表2-4に挙げられた要因である。

　Ⅰの「規模の経済（economies of scale）」とは、簡単に言えば、ある時点での規模が大きいほど、効率的な生産や販売ができるという現象を指す。この言葉は聞き慣れない方もいるかもしれないが、経済学や経営学でよく用いられると共に、内容としてはふつうに考えられていることと一致する。平たく言えば、規模が大きいほど、製品1個あたりのコストが安くなるということといってよい。

たとえば、自動車産業を考えていただきたい。今日の自動車産業では、1つの車種を開発するには、何百億円という莫大なコストがかかる。この開発のための費用は売れれば売れるほど、1台あたりにかかるコストは低下する。あるいは生産工程の機械化による合理化にも、莫大なコストがかかる。このようなことからすると、100台しか作らないとすれば、ふつうの人が簡単に買えるような価格にはならない。だから、現代の自動車産業では、ある程度の量産規模を持たなければ、成立しないような構造になっている。

　規模の経済が参入障壁として機能するのは、その産業で必要とされる最低限の生産規模を新規参入者が満たすことが難しい場合である。仮に多額の資金を投入しても、最低限の生産規模を満たせなければ、製品1単位あたりのコストは既存企業と比べてはるかに高くなり、同じ条件で競争することはできなくなってしまう。

　自動車産業でも、光岡自動車のように、大手の自動車メーカーよりもはるかに小さい規模で操業している会社も存在する。しかし、光岡自動車の場合で言えば、すべての部品を自社で開発しているわけではなく、エンジンなどの基幹部品を既存の自動車メーカーや部品メーカーから購入することで、事業化を実現している。仮に部品まで含めて、すべての生産を自社で行ったとすれば、いくら製品の差別化が図れるといっても、少量生産の一般向け乗用車が事業として成立するようなコストには成り得ない。

　「規模の経済」という言葉は仰々しいかもしれないので、もう少し一般的な例で説明しておこう。私たちの周りでは、「将来は小さくてもいいから、自分のお店を持ちたい」などということが、よく聞かれる。この場合の「自分のお店」というのは、飲食店とか生花店とかであることが多いが、そこには自動車産業や鉄鋼産業ほどには規模の経済が働かないという考え方が背景にある。仮

に自分の店と、マクドナルドのように大規模に展開する企業との間にコストの差があったとしても、やり方によってはうまく商売できる。つまり、このような場合、規模の経済は決定的な参入障壁としては機能していないと考えているのである。このことは、「自分の高炉を持ちたい」などという人にはお目にかからないのとは、対照的である。このように考えると、「規模の経済」的な発想は、私たちの日常に入り込んでいるといってよい。

規模と関わる他の要因としては、Ⅱの「投下資本の大きさ」も挙げられる。事業参入にあたって、多額の資金が必要であれば、新規参入者は限られてしまうということである。たとえば、脱サラで起業できる業種は限られていると考える人が多いように、この点は一般的な感覚とも一致する。ただし、資本市場が効率的であれば、参入に必要な資金は資本市場から調達できるために、参入障壁にはならないという意見もある（Barney, 1996）。つまり、参入によって利益を獲得できることがわかっているのであれば、投資家は必要な資金を進んで供給するだろうから、投下資本の大

表 2-4　参入障壁の主な源泉

Ⅰ	規模の経済
Ⅱ	投下資本の大きさ
Ⅲ	製品差別化／スイッチング・コスト
Ⅳ	規模とは独立したコスト劣位
Ⅴ	政府の規制

きさ自体は重大な参入障壁にはならないというのが、そこでの主張である。

参入障壁としての「製品差別化」

製品差別化は参入障壁にもなる。既存企業がブランド・ロイヤリティを確立したりすることで差別化していて、そのことが当該産業で重要な競争上の要因であるならば、新規参入者はそれらを新たに確立しなければならない。もし既存企業と同様のブランドなどを確立するために、参入後に獲得できる利益を上回るだけのコストがかかるとすれば、現時点で超過利潤がその産業にどれだけ生じていたとしても、参入する意味はなくなってしまう。

製品差別化の最も強力な要因としては、スイッチング・コストの存在が挙げられる。スイッチング・コストとは、他企業の製品に切り替えることによって、顧客に生じるコストである。たとえば、現在の日本で携帯電話を他のキャリア（事業者）に切り替えるときには、電話番号が変わる。多くの人にとって、電話番号の変更は、関係者に知らせなければならないといった有形無形のコストを伴う。これはスイッチング・コストの一種である。

スイッチング・コストが大きければ、そのコストを上回る便益を顧客に対して提供できなければ、新たに参入しても顧客を獲得することは難しい。携帯電話の場合、特にビジネスで利用しているような人は、多少電話代が安かろうが、新たな機能が付加されようが、電話会社を変えようという気にはならない。その種の人々にとっては、メリットよりもデメリットの方が大きく感じられてしまうからである。だから、携帯電話では、事業者を切り替えても、電話番号が変わらないような施策を、監督官庁である総務省（旧郵政省）は検討している。海外でしばしば見受けられるこの施策は、スイッチング・コストを低下させることで、圧倒的

な市場支配力を有するNTTドコモと、後で参入した他の通信事業者の間で、同等の競争条件を確保しようとする意図に基づいている。

規模によらないコスト劣位

先に規模の大きさがコスト面で参入障壁となる場合があることを指摘したが、新規参入者にコスト劣位（不利になること）をもたらす要因は、規模に関わるとは限らない。表2-5には、その代表例が示されている。

たとえば、既存企業が生産技術や製品技術を専有している場合には、規模の経済では不利ではなくても、簡単に参入することはできない。模倣して参入を図ったとしても、特許など法的な問題に抵触すると、莫大なコストが生じる可能性もある。かつてメインフレームが主流だった時代に、一部の日本のコンピュータメーカーとIBMとの争いが法廷まで持ち込まれたのは、その一例である。あるいは、かつての普通紙複写機においては、開発企業であるゼロックスが莫大な利益を上げている状況でも、基本特許が切れるまで、多くの日本企業は参入することができず、横目で眺めているだけであった。

参入障壁としての「政府の規制」

具体的な参入障壁として最後に挙げるのは、政府の規制である。じつは、日本企業の人たちに「外－要因」で利益を左右する要因について尋ねると、最も頻繁に挙げられる項目がこの政府規制である。

政府が許認可権限を持っている産業では、収益性が高く魅力的かどうかは別にして、この参入障壁が立ちはだかっている。たとえば、読者が現在の初等教育に大きな不満を持っていて、それに

表2-5　「規模の経済」以外から生じるコスト劣位の源泉の例

- 生産・製品技術
- 原材料へのアクセス
- 流通網へのアクセス
- 立地条件
- 政府の補助金

対抗する新たな教育プログラムを開発したとしても、文部科学省の許可なく「小学校」と名乗る教育施設を開設することはできない。小学校を名乗るためには、詳細な設置基準に則る必要がある。

表2-6には、上場している在京テレビ局4社の利益率がまとめられている。この表からは、テレビ局の利益率は相当高いことがわかる。視聴率で首位を維持する日本テレビの利益率は、18％を超えている。最も低いテレビ朝日でも6％以上ある。

なぜテレビ局が儲かるのかと聞かれると、それはテレビ局自体の内部要因ではなく「政府の規制」という典型的な外部環境と考える人は少なくない。地上波に関しては、テレビ局は総務省から免許の交付を受けなければ開設できない。このような免許制に基づく政府による参入規制が敷かれてきたために、最も放送局が多い東京でも、民間テレビ局は6社しか存在しない。かつてのテレビ放送は、儲かることが約束されたのも同然の事業であり、地方でテレビ放送への新規の電波割当が決まれば、申請者が殺到するような状況であった。このようなことを考えると、テレビ局は、少なくともこれまでは、規制による恩恵を最も受けてきた業界の

1つといっても、過言ではないだろう。

政府の参入規制に対する一般的な見方は厳しくなっている。「規制緩和」がしばしば叫ばれる理由は、そこにある。最近では、世論の後押しを受けた規制緩和政策によって、この種の障壁は徐々に縮小する傾向にある。

ただし、注意しなければならないのは、政府の規制が撤廃されると、重大な参入障壁がすべてなくなり、既存企業と同等の条件ですぐに競争できるとは限らない点である。

ビール産業で、この点を見ておこう。1994年の酒造法改正により、ビールの製造免許に必要な最低酒造量は2000キロリットルから60キロリットルへと大幅に引き下げられた。その結果、サントリーの参入以来途絶えていた新規参入が、小規模企業を中心に相次いだ。「地ビール」という言葉は、この酒税法改正に伴う新規参入から生まれたものである。

ビール産業への新規参入者には、経営を軌道に乗せた例もあるものの、経営状態が芳しくない企業も少なくなく、撤退する企業も既に相当数出ている。ビール産業への参入障壁は、表向きは大規模な設備と販売網を必要とする政府の規制にあったように見え

表2-6 在京大手テレビ局の売上高経常利益率

	利益率（%）
日本テレビ	18.3
TBS	8.0
フジテレビ	11.0
テレビ朝日	6.2

（2000年3月期単独決算）

たが、実際には、ノウハウ、流通チャネル、コスト格差など、事業化への様々な障壁が、当初考えられていた以上に大きく作用していた。

●代替製品の脅威

　当該産業の収益性に影響を及ぼす第3の要因は、代替的な製品・サービスの脅威である。代替製品とは、類似した顧客のニーズを異なった形で満たすものである。砂糖と人工甘味料は、製品としては異なるけれども、食品に甘みを添加するという点では、同じ目的で用いられる。あるいは、家庭で暖房する際には、灯油、ガス、電気といった複数のエネルギー源が用いられている。砂糖と人工甘味料、灯油とガスと電気はそれぞれお互いに代替的な関係にある。

　ポーター氏によれば、次の2つの条件のいずれかを満たす代替製品には、注意を払うべきだとされる。1つは、コスト・パフォーマンス（価格あたりの性能・機能）が急激に向上している代替製品である。代替製品のコスト・パフォーマンスが当該産業の製品よりも急激に向上しているような場合には、当該産業の製品は代替製品にどんどん取って代わられて、結果として産業内の競合が激化してしまう。最悪の場合には、当該産業が消滅してしまう可能性さえある。

　第2に、収益性が高い産業で、代替製品が生産されている場合である。この場合には、その収益性を背景として大幅な価格の引き下げが行われたりすると、当該産業の需要が奪われ、収益性が低下してしまう。

　言われてみれば、あるいは言うまでもなく、当たり前のようなことである。ただし、代替製品に関してより注意しなければならないのは、砂糖と人工甘味料との関係のように、わかりやすい形

で存在しているとは限らない点である。この点を見ていくにあたり、まずは次の問題を考えていただきたい。

Exercise 2-2
携帯電話に代替する製品・サービスとしては、どのようなものが考えられるか。

　ストレートに考えれば、従来からある固定電話やPHS、公衆電話といった一連の「電話」が、携帯電話の代替製品として挙がるだろう。
　しかし、携帯電話に代替するのは、携帯電話の主要機能である音声通話で代替関係にある製品とは限らない。たとえば、携帯電話には、ふつう時刻の表示という、時計と代替的な機能がある。携帯電話では、時刻の表示はあくまでも付加的な機能である。だが、付加的だからといって、代替関係にある他方の側で、小さな影響しかないとは限らない。
　日本の腕時計メーカーの売上げが伸び悩む傾向にある理由は、アジア諸国からの低価格品の流入による競合激化に加えて、携帯電話の普及があるとされる。携帯電話を肌身離さず持っていれば、腕時計を着用していなくても、現在時刻はどこでもわかるからである。筆者らが知る限り、腕時計を日常的に着けている人の比率は、大学生などを中心として、下がっているようである。実際に、

ある調査によれば、個人が所有する腕時計の平均個数はこのところ低下傾向にあるとされる。

　大きな影響が今後生じかねない携帯電話の付加機能として、カメラ機能がある。「写メール」といった名前で知られる携帯電話の撮像機能は、近年になり急激に普及している。今のところ、携帯電話に搭載されている撮像素子の関係で画質が低いために、保存しておくための写真を撮る装置としては、携帯電話はあまり認識されていないようである。ただし、デジタルカメラが急激に画素数を上げることで、ふつうの人が銀塩写真から切り替えていったように、カメラ付き携帯電話が銀塩やデジタルのスチルカメラを代替する可能性は、十分にある。

　あるいは、仮に画素数がそれほど上がらない段階でも、写真を撮ることの一般的な意味づけが変われば、カメラ付き携帯電話は既存の銀塩写真やデジタルカメラの存在意義を脅かすことになる。銀塩写真しか静止画像を撮る手段がない時代には、どのような目的で撮影しようとも、「フィルム購入→写真撮影→現像→印画紙へのプリント」という一連のプロセスを経なければ、人々は撮った画像を見ることはできなかった。ところが、ふつうの人にとって、後にまで残しておくような写真がそれほどあるわけではない。ほとんどの静止画像は「写メール」や「i-shot」のような手段で撮って、電話回線を通じて回し見すれば済むようなものかもしれない。そのように考えると、残す必要がある一部の写真だけに、きれいに撮ることができるカメラを使って、最後にプリントするというプロセスを踏む対象が限られかねない。

　携帯電話事業者にとっては、カメラ付き携帯電話というのは、今のところ、自社の通信網を使ってもらうための手段の1つにすぎないかもしれない。しかし、このような状況が進めば進むほど、既存のフィルムメーカーや銀塩カメラメーカーはもちろんのこ

と、携帯電話を手がけないデジタルカメラメーカーにとっても、死活問題が発生しかねないのである。

また、特に若い人にとって、携帯電話は何らかの用件を伝えるための手段とは限らず、空いた時間を楽しむための道具でもあるようだ。だとすれば、表向きの機能はまったく異なっていても、携帯電話の普及によって影響を受ける製品・サービスが存在する可能性がある。テレビの視聴時間に影響するかもしれないし、CDなどで音楽を聴く時間が少なくなるかもしれない。ゲームソフトや雑誌の売れ行きに影響することがあるかもしれない。

携帯電話の影響について、実際のところはよくわかっていないこともいろいろある。ただ、これらの例の真偽よりもここで重要なのは、製品やサービスでの表向きの機能が類似している製品だけが、主たる代替製品になるとは限らないということである。付加的機能や根本的なニーズのように代替関係が見えにくい場合には、実際に現象が生じてからしか、問題は理解されにくいし、その影響が深刻であったりする。そのような場合、よくわからないうちに厳しい状況に陥って、「ああ、そういえば」と事後的にわかるのだが、その時点では、手の施しようがなかったりする。

代替製品の見えにくさとの関わりで、もう1つ触れておきたいのは、技術革新の影響である。[3] 技術革新は、新しい技術に基づく製品が突如登場して、それまで平穏だった産業であっても、短期間に状況を大きく変えていく可能性がある。しかも、それまで世の中に存在していなかったものが出現することから、技術や製品の開発プロセスやその普及プロセスの不確実性は高い。だから、その影響を前もって正確に織り込んで分析するのは、言うほど簡単ではない。

さらに、技術革新が企業経営の観点から問題となるのは、既存の企業・産業を壊滅的な状況に追い込む可能性さえ存在すること

である。ポーター氏が注意すべきだとした2つの条件のうち、コスト・パフォーマンスが急激に向上している状況は、技術革新とかかわっている場合が少なくない。

　例として、CD（コンパクト・ディスク）の登場を見ておこう。CDはそれまでのレコードの機能をデジタル技術で実現した製品である。相当高価なステレオでも使わない限り、CDの方が既存のレコードよりも音質は優れているとされるし、ディスクの大きさや保管の容易さといった点でも、CDはマニア以外の人々にとって大きなメリットがあった。その結果、ほとんどのレコードはCDに代替されてしまった。

　レコードに直接関わる産業自体では、その存亡に関わるような影響は受けなかった場合も少なくない。レコード会社はCDに切り替えて生産・販売しているし、レコード店はレコード時代と同じようにCDを販売している。

　その一方で、技術が大きく変わったために、大きな影響を受けた企業もある。たとえば、ディスクから音を読みとるピックアップの技術はレコードとCDでは大きく異なる。従来のレコードでは、ダイヤモンドなどで作られたレコード針で溝の形状を読みとって、電気信号に変換して音を再現していた。それに対して、CDでは光半導体でデジタル信号を読みとっている。両者は機能としては共通する一方で、技術的な共通性はほとんどない。そのために、レコード針業界は壊滅的な打撃を受け、当時の国内最大手メーカーですら、企業をいったんは清算して、細々と事業を継続するような状況にまで追い込まれてしまった。

注3）技術革新は企業や産業、あるいは社会全体に多大な影響を与えるために、経営学で近年注目されてきた研究領域である。経営戦略論を中心とする本書では、技術革新に関する議論を細かく取り上げることはできないので、関心がある読

2 ポジショニング・アプローチ

者はこの問題を直接扱った書物（たとえば一橋大学イノベーション研究センター編［2001］）を参照のこと。

●供給業者・買い手の交渉力

産業の収益性に影響を与える要因として、最後に触れるのは、供給業者の交渉力と買い手の交渉力である。先に指摘したように、いずれも製品の生産・販売によって実現される利益の配分に影響を与える要因である。

この2つの要因は、それぞれ独立した要因として考えられる。しかし、供給業者と当該産業の関係は当該産業と買い手の関係をひっくり返しただけ、つまり供給業者にとって当該産業内の企業は買い手であり、買い手にとっては当該産業内の企業は供給業者である。

そこで、ここでは、買い手に絞って、相手側の交渉力に影響を与える要因について見ていくことにしよう。供給業者については、逆にして考えるだけでよい。

表2-7には、買い手の交渉力に影響を及ぼす具体的な要因がまとめてある。このうち、1から3の項目は、売り手である当該産業に対する供給業者のパワーと関係している。わかりやすく言えば、買い手の言い分が当該産業の企業に対して通りやすくなるための要因である。

これらの項目は、「5つの要因」のうちで最初に挙げた、産業内での競合を左右する条件と類似している。その理由は、価格決定権がどこにあるかを規定する要因を共通の問題として考えているからである。産業内での競合が緩やかになるのであれば、その産業に所属する企業はパワーを持つことになり、価格に関する自らの言い分が通りやすくなる。同様に、売り手がパワーを持つのであれば、価格に関する自らの言い分が通りやすくなる。

1の「買い手の集中度が高い」と2の「当該産業の製品が標準化されている」に代表されるような買い手のパワーは、買い手にとっての当該産業の重要度と当該産業にとっての買い手の重要度との間のバランスが崩れていることを意味する。買い手の集中度が高ければ、買い手が提示した価格に不満であっても、代替する顧客を見つけにくい。当該産業の製品が標準化されているのであれば、買い手が購入先を切り替えるのに、大きな障害はない。そのような状況では、供給業者である当該産業の企業は、買い手の言い分をのまざるを得なくなりやすい。

　逆に、2の問題を克服するためには、製品の差別化を図ることになる。差別化された特定企業の製品を買い手が好んで使っている状況では、購入先を切り替えることによって、買い手にデメリットが発生することになるから、買い手は標準化された製品ほどには、強く出ることができなくなるからである。

　3の「当該産業に対して垂直統合する可能性がある」場合には、

表2-7　買い手の交渉力の主な規定要因

1．買い手の集中度が高い
2．当該産業の製品が標準化されている
3．買い手が当該産業に垂直統合する可能性がある
4．買い手が十分な利益を上げていない
5．当該産業の製品が買い手のコストに占める割合が大きい
6．当該産業の製品が買い手の製品の質にあまり影響を及ぼさない

代替的な供給先に買い手自身がなることを意味するために、買い手がパワーを有する。1や2と基本的なロジックは同じだが、買い手自らが供給業者との構造を変えようとする点で異なる。ただし、完全な垂直統合を行うには、大きなコストを伴う場合が少なくない。そのために、実際には、買い手が同じ製品を外部から調達しつつ、自社内で一部生産するという、部分的垂直統合（tapered integration）が、日米の自動車産業などで行われている。

　残りの4から6は、価格を下げることにこだわりやすくなる要因である。これらは1から3までの要因と同様に扱われる場合もあるけれども、交渉力を左右する理屈は別である。1から3のような項目が「価格についての言い分が通りやすくなる要因」である一方で、4から6は「言い分を通したくなる要因」である。前者3項目が「自社の取り分を増やすことができるかどうか」ということだとすると、後者3項目は「自社の取り分を増やしたいと思うかどうか」を左右する項目だといえる。

　したがって、4から6やそれに類する要因は、1から3に類する要因が存在しない状況では、いくら強くても、結果として交渉力を生み出さない可能性が高い。宝飾品や高級時計を欲しいけれども、予算が足りないときに、一見の客としてデパートでいきなり値切ろうとしても、ふつう店員に相手にされないことと同じである。

　逆に言えば、潜在的にパワーがある状況で、利益が低下したり、当該製品が原価に占める割合が高かったりすると、交渉の局面で強く出ようとするインセンティブは高まるし、実際に言い分を相手にのませることが可能になる。

　日産自動車が「リバイバルプラン」において、部品業者からの納入価格の大幅な切り下げが可能になったのは、業績低迷のため

に価格引き下げに対するインセンティブが働くと同時に、以前と比べて縮小したとはいっても、相当な規模で取引が行われているからである。業界関係者の中では、同じように苦況に立たされた自動車メーカーであっても、日産ほどの規模がなければ、日産と同条件で取引することは難しいという指摘もある。ビジネスの世界でも、日常生活でも、自分の置かれた状況を説明するだけで言い分が通るほど、甘くはないということだろう。

3. ポジショニング・アプローチの適用と問題
    ──テレビ放送業界のケース

　前節では、ポジショニング・アプローチの枠組みについて、具体的な要因にまで立ち入りながら見てきた。具体的な項目の説明はこれくらいにして、次に、テレビ放送業界を題材として、この枠組みを当てはめてみることにしよう。

●枠組みの活用
　先に述べたように、テレビ放送業界は「儲かっている」産業である。ここでは、前節で説明した枠組みにしたがって、なぜテレビ放送業界が儲かるのかということを、簡単に考えていこう。以下では、まずは現時点で「儲かる」理由から見ていき、その後で今後の展開の可能性について考察することにしたい。
　まず、第1の要因である「産業内での競争の激しさ」である。先にも触れたように、テレビ放送業界には、政府による免許制の下で、企業数が少ない。NHKまで含めても、在京地上波テレビ局は8つである。また、製造業全般と比べると、巨額の設備投資が必要なわけでもなければ、在庫費用がかかるわけでもない。このような状況から、産業内での競争は相対的に緩やかになる。一

2 ポジショニング・アプローチ

　般には「視聴率競争」などと称して、テレビ局間の競争が激しいようにいわれることがあるが、その程度の製品に関わる企業間競争はたいていの産業で生じるものである。広告料の値下げ競争をしているわけでもなく、生き残りをかけた競争が行われる産業と比較して、激しいとは到底いえない。

　「新規参入の脅威」についても、政府の規制下にあり、これまではきわめて恵まれていた。参入したいと思っている企業は多くても、実際に参入することは容易ではなかった。また、多くの製造業や金融業などとは異なり、外国からの競争圧力は存在しないどころか、外国人による株式の保有制限まである。

　「代替的な製品・サービス」は存在する。メディアとしては、新聞や雑誌や同じ放送であるラジオが有力な代替品として挙げられる。ただし、在京民間テレビ局はすべて有力新聞社の系列にあり、代替的な競合関係にあるというよりも、補完的な要素の方が強い。また、雑誌とは新聞と同様の親密な関係には必ずしもないが、用途は必ずしも一致しておらず、また広告媒体としては、テレビが圧倒的に強い。

　むしろ、テレビ局にとって、より脅威を与えかねない代替品としては、テレビを見る代わりに、人々が行う活動である。ゲームがブラウン管を専有すれば、あるいは人々が携帯電話に熱中すれば、テレビは見なくなる。ただ、昔ほどテレビに執着することはなくなったとはいえ、未だにテレビの影響力は大きい。

　主な「供給業者」としては、放送機材と番組供給がある。放送機材は電機メーカーから購入することになるが、コストに占める放送機材の比率は小さく、利益を大きく奪われるほどではない。また、番組については、製作会社に外注する比率が高まっているが、放送免許の関係で、一般には製作会社の方が数も圧倒的に多いし、テレビ局自体にも製作能力はある。したがって、利益を大

幅に奪うような供給業者は存在しない。

　「買い手」としては、売上げから言えば、広告主ということになる。ここでも、放送免許の関係で、有力媒体であるテレビ局は強い立場にある。また、番組という製品は標準品ではなく、大きく差別化された製品であるために、人気がある番組やチャンネルに提供したければ、値切れない。ただ、直接販売するわけではないが、最終的に売上げを左右することになる視聴者は、別にテレビを見なくても生きていけるので、広告主よりは強い立場にある。ただし、現状では、テレビに代わる安価で手軽な有力メディアや娯楽があるわけではない。

　以上からは、5つの要因すべてに関して、競合を激化させ、利益を収奪する大きな要因は存在しないことがわかる。もちろん企業間や代替品間の競合は存在しているので、理論上の独占企業ほどの価格決定権を握っているわけではない。しかしながら、半導体などのように、内外の企業との激烈な競合の中で事業を展開している企業と比較すると、この産業は「儲かる」ような構造が存在するといえる。

●産業構造の変化

　それでは、テレビ放送のように利益が収奪されていない高収益産業において、その構造は永続的なのだろうか。この問いに対する答えは、もちろん「ノー」である。現時点での産業構造は、明日も明後日も保証されるわけではない。産業構造に大きな変化が生じれば、その産業の収益性は上にも下にも変動する。

　テレビ放送についていえば、技術革新に伴う状況の変化が産業構造に変化をもたらす可能性がある（図2-4）。主としてデジタル技術の進歩により、既存の電波権益の価値が浸食されるかもしれないのである。

2 ポジショニング・アプローチ

　現実に生じていることの1つは、通信衛星を使ったデジタルテレビ放送（CS放送）による多チャンネル化である。地上波しかテレビがなければ、東京でも8局、地方のなかにはNHKまで含めても4局しか見ることができなかったところもある。ところが、CS放送では、日本国中どこでも、300近いチャンネルを見ることができる。そうなると、足りないのは電波ではなく、番組自体ということになる。

　ただし、日本では、CS放送は今のところ地上波に決定的なダメージを与えたわけではない。むしろ、かつて参入したCS放送が統合されたような状況を見ていると、既存のテレビ局よりもCS放送の方が苦戦を強いられている。有料放送であるCS放送の苦戦は、テレビはわざわざ金を出してまで見るほどのものではないという、視聴者側の意識の問題が大きいのかもしれない。その一方で、民間放送局の中には、CS放送の事業会社に出資している企業や、CS放送にチャンネルを持って番組を配信している企業もあり、将来の構造変化の可能性を、既存のテレビ局が無視しているわけでもない。

　むしろ、脅威となるのは、無料放送を行っているBSデジタル放送かもしれない。CSと同様に、BSは中継局を経ずに全国をカバーできるというメリットがあり、広告媒体として地上波に対する強力な競争相手になりうる。ただし、こうした脅威を理解しているからか、現状でBSデジタル放送を実質的に支配しているのは、既存の地上波のテレビ局である。既存のテレビ局からすれば、新規参入を妨げて従来の利益構造を維持するために、BSデジタル放送の枠を先取りしてしまおうとする動機が働く。その一方で、参入したBS事業から収益を上げようとしてBSデジタルを普及させると、逆に既存の地上波ビジネスを浸食するというジレンマに陥る。その点からして、BSデジタル放送が当初の予定よりも

遅れているのは、既存の産業構造を変えないための、テレビ局の合理的な行動の結果ともいえる。

また、構造を置き換える可能性が高い他の要因としては、インターネット環境の整備が考えられる。ブロードバンド化など新たな情報技術が普及すれば、電波を使うことなく、コンテンツ提供側とユーザー側が直接結びついてしまう。この点について、総務省が参入者を規制する法的根拠は電波ほどはないので、電波免許の既得権の価値は低下してしまう。実際に、現在はテレビ局に対して立場が弱い番組製作業界の中には、このような将来の展開に備えている企業もある。また、テレビ局の側でも、一部企業が共同でインターネットを使った映像配給会社を設立するなど、起こりうる変化への対応を模索している。ただし、そのような状況が実現するには、技術面のみならず、多くのユーザーから支持を受ける枠組み作りなど、解決されるべき問題は少なくなく、現時点での見通しは不透明である。

このようなデジタル技術の進歩による産業構造の変化の可能性

図2-4　放送産業における構造変化の可能性

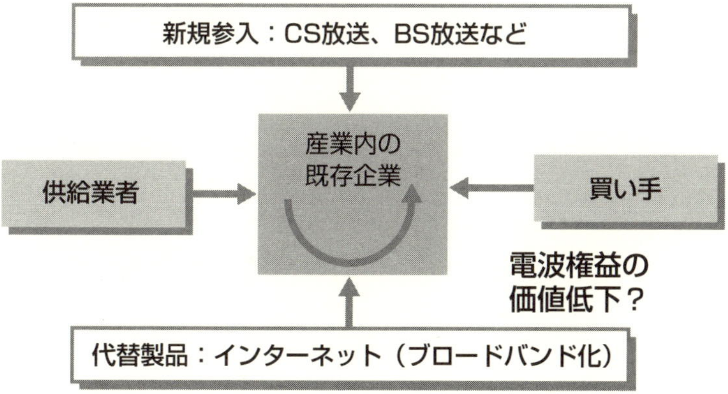

```
         ┌──────────────────────────────┐
         │ 新規参入：CS放送、BS放送など │
         └──────────────┬───────────────┘
                        ↓
┌──────────┐      ┌──────────┐      ┌──────┐
│ 供給業者 │ ───→ │ 産業内の │ ←─── │買い手│
└──────────┘      │ 既存企業 │      └──────┘
                  └──────────┘
                        ↑            電波権益の
                        │            価値低下？
         ┌──────────────┴───────────────────┐
         │ 代替製品：インターネット（ブロードバンド化） │
         └──────────────────────────────────┘
```

2 ポジショニング・アプローチ

は、何も放送業界に限られたものではない。情報技術（IT）が世の中で喧伝されるのは、単にトピックとして人々が飛びついたからだけではなく（"ITバブル"では、そのような側面も多分にあったものの）、様々な産業の構造を大きく変動させる可能性を秘めているからである。

一部の産業では、情報技術による産業構造の変動が既に生じている。たとえば、証券業界では、松井証券をはじめとするインターネットでの取引に特化した企業が急成長している。それに対し、店舗や証券外務員を通じた既存の株式売買の方法に固執した証券会社の中には、株式市況が芳しくないこともあり、業績が低迷する企業も出現している。

あるいは、航空券の販売は、従来の旅行代理店での発券から、航空会社と顧客がインターネットで直接結びつくチャネルへとシフトが始まっている。旅行代理店が航空券から得る手数料収入は少なくない。もともと企業数が1万社程度あり、産業内での競合が激しい旅行代理店業界にとって、情報技術による航空券販売での「中抜き」の影響は決定的だといわれ、とりわけ中小代理店はきわめて厳しい状況にあるとされる。

以上のように考えていくと、ポジショニング・アプローチの枠組みは、現時点での状況を分析するだけではなく、変動する可能性がある要因まで含めて、その将来像を描き出すためにも利用できそうだ。利益が漏れ出す「穴」が現時点であるとすれば、どうやって塞ぐべきなのか。あるいは、現時点では儲かっていても、将来利益が漏れ出しかねない「穴」はどこに出てきそうなのか。このような問題を考える際に、以上で見てきた分析枠組みは、単純ながらも、ある種の問題点を映し出すものとして、意外と便利なのである。

●**戦略グループとその限界**

　ここで、再びテレビ放送産業の現状に戻って、別の問題を考えることにしよう。

　これまではテレビ放送は産業全体で収益性が高いものとして考えてきた。しかし、表2-6（p.66）に戻ってみると、最も収益性が高い日本テレビと最も低いテレビ朝日との間では、利益率で3倍近くの開きがある。あるいは、在京テレビ局でも、全国ネットワークを持たない独立系テレビ局の経営は、大手テレビ局と比べものにならないほど、厳しいとされる。

　産業構造を中心とする分析では、産業の収益性が個々の企業の収益性に反映することが前提となっている。しかし、利益率で大きな格差がある状況を見れば、収益性の高さは何も構造的な要因だけで生じているわけではないと考えてもおかしくはない。ポジショニング・アプローチ的な分析に対して、テレビ業界に所属する人々は「寝ていて儲かるわけではない」と反論するかもしれない。私たち一般視聴者にしても、どこのチャンネルでも内容が同じだとはあまり思えない。

　企業ごとの利益率の差異はどのように説明すればよいのだろうか。詳しくは次の第3章で説明することになるが、このような現象を何に基づいて説明するかという点が、ポジショニング・アプローチと資源アプローチの分かれ目となる。簡単に言えば、「やっぱり個々の企業は違うのだから、外部環境よりも、個々の企業の中身が重要なのだ」と考えるのが、資源アプローチである。

　その一方で、ポジショニング・アプローチの立場からは、同じ産業内で生じる利益率の格差が、別の形で説明される。そこでは、産業内での利益率の差は、産業内部でのポジションの取り方の違いから生じるとして、あくまでも企業の中身よりも、ポジショニングの問題として考える。

2 ポジショニング・アプローチ

ポジショニング・アプローチでは、この差は各企業が所属する「戦略グループ（strategic group）」の違いで、具体的には説明される。戦略グループとは、相互に似通った戦略を追求している産業内の企業で組まれるグループのことである。

たとえば、同じ自動車産業であっても、フルライン戦略を採ってきたトヨタと日産、軽自動車を中心とするスズキとダイハツは、別の特性をそれぞれ共有してきたといえる。そこで、トヨタと日産は（少なくとも以前は）同じ戦略グループに属し、スズキとダイハツは別の戦略グループに所属すると考える。

産業内で戦略グループを分ける際の基軸は「戦略次元（strategic dimension）」と呼ばれる。当該産業で重要となる戦略の違いを生み出す軸が戦略次元であり、その戦略次元によって、各企業は複数の戦略グループに分けられる。

戦略次元は産業によって重要度が異なるとされる。図2-5は戦略グループを図式化した際の仮設例であるが、この産業では「製

図2-5　戦略グループの仮設例

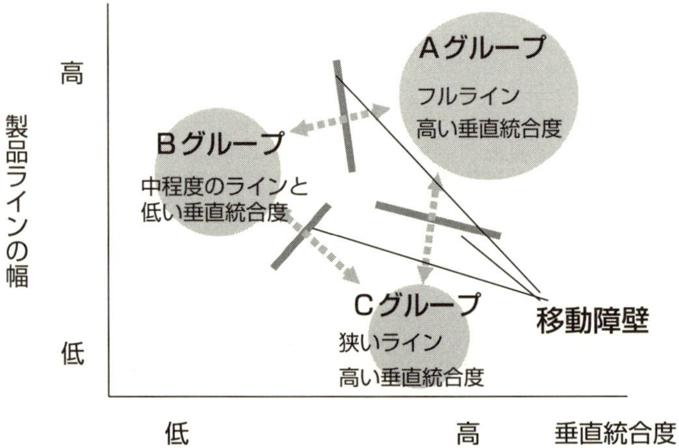

縦軸：製品ラインの幅（低〜高）
横軸：垂直統合度（低〜高）

- Aグループ：フルライン、高い垂直統合度
- Bグループ：中程度のラインと低い垂直統合度
- Cグループ：狭いライン、高い垂直統合度

移動障壁

品ラインの幅」と「垂直統合度」が戦略次元となる。その他の戦略次元としては、ブランドの強さ、プロモーションの方法、販売チャネルの違い、価格政策といったマーケティング的要素から、専門化の度合い、品質、技術的先端性、コスト上の地位、付加的サービスの相違など、様々なものが考えられている（Porter, 1980）。

　戦略次元として考えられてきたこれらの項目を見る限りでは、戦略グループという概念では、外部の構造的要因だけではなく、企業内部の要因がかなり考慮されているように見える。その点は決して間違いではないのだが、ポジショニング・アプローチ的な側面は発想として依然色濃い。

　戦略グループという発想が「外－要因」に基点を置いていることは、グループ間での「位置替え」が「構造的」に難しいと考える点を見るとわかりやすい。戦略グループ間に「位置替え」を阻む強力な要因が存在していれば、同じ産業で事業を営んでいるとしても、他の戦略グループに簡単に移動することはできない。ある戦略グループが儲かっているからといって、別の戦略グループから容易には鞍替えできないのである。そのために、同じ産業の中でも、高い利益率を享受する戦略グループが維持される。戦略グループという概念では、このように考える。

　この「位置替え」を阻む要因は、産業レベルの概念である参入障壁を産業内に適用しているために、「移動障壁（mobility barrier）」と呼ばれている。この移動障壁という概念を使うと、ポジショニング・アプローチの基本である「外」を重視する点を維持しつつ、企業間の業績格差も説明できることになる。

　戦略グループが実際に存在するのかどうかという点に関しては、様々に議論が展開された。また、最近では、戦略グループ自体は存在する一方で、外部環境に確固とした形で存在するという

2 ポジショニング・アプローチ

よりも、各企業内部の認識の問題が大きいとする研究も欧米で近年進められている。

　確かにこのような見方で、企業間の利益率の違いを説明することはできるのだろう。その一方で、戦略グループという概念に基づく説明だけでは、あまりすっきりしない人もいるのではないだろうか。

　続く第3章では、このような問題からスタートして、「内」から考える戦略論について、考えることにしよう。

Chapter 3 資源アプローチ

「企業が優れた業績を上げるのは、他社にはない優れた資源や能力を持っているからである」。これが、ここで資源アプローチと呼ぶ戦略論の基本的な主張である。なんとも当たり前の主張である。私たちは通常、他企業よりも高い業績を上げている企業を見かけると、その企業が他社にはない何か特別の能力を持っているのではないかと考える。トヨタ自動車が1兆円もの利益を上げる背景には、他社にない優れた車作りの能力やマネジメントのノウハウがあるのではないかと推測する。低迷する家電業界の中でソニーの業績が目立てば、他社よりイノベーションやマーケティングの能力に長けているのではないかと考える。こうした直感をそのまま展開した戦略論が資源アプローチである。だから当たり前に感じる。

最近よく聞かれるコア・コンピタンス経営や知識経営といわれるものも、大きな意味では、ここで言う資源アプローチの範疇にあるものと考えて差し支えない。これらの基本的な主張は、他社に真似されない自社独自の能力（コンピタンス）や知識（ナレッジ）の蓄積が競争優位の源泉となるということである。こう単純化してしまうとやはり当たり前に聞こえる。ではなぜ一見当たり前のことを大々的に言い始めたのか。コンサルティング会社の陰謀なのか、などと考えてはいけない。じつは一見当たり前のことでも、突き詰めて考えていくと様々な洞察が得られる。それは本章で追々議論していくことになる。

ただその前に、資源アプローチが脚光を浴びるようになった経緯を少し述べておきたい。そうすることによって、この戦略論の特徴がより鮮明になると考えるからである。

3 資源アプローチ

1. 資源アプローチの理論的背景

　1980年代後半以降に資源アプローチが注目されるようになった背景には、大きく2つの経緯がある。1つは、経済学を基盤とする経営戦略論の発展のごく自然な帰結として資源アプローチが注目されたという経緯である。学問発展の時間的流れの中での位置づけである。もう1つは、1980年代に日本の製造企業が台頭してきたことに対する説明として、資源アプローチが注目されたという経緯である。より実践的なニーズに対応した注目である。以下それぞれ説明していこう。

●資源ベース戦略論（RBV：Resource-Based View）の提起

　第2章で見てきたように、ポジショニング・アプローチは古典的産業組織論という経済学の一領域で用いられていた枠組みを逆手に取っていた。そこでは熾烈な競争をなるべく避けるように自社を「位置づける」ことが戦略の第一歩となる。つまり「競争しない」ことこそ競争戦略の本質となる。「楽して儲けよう」とする他力本願的戦略論ともいえるかもしれない。

　このような分析枠組みは、経済学が理論的な疑問を解決しようとする過程でごく自然に生まれてきたものである。しかしそれは、筆者らのような経営学者や一般の人々にとっては、ある意味で直感に反する新しい発見であった。ただ、どの程度直感に反するのかは人によって違うかもしれないので、次の問題で試してもらいたい。

Exercise 3-1
プロ野球の松井秀喜選手が巨人に在籍していたときに、なぜ高額の年俸を獲得できたのだろうか。

　私たちはこのように問われると、「ホームランを量産できる卓越した打撃力があるからだね」と安易に答えてしまうかもしれない。ところが、ポジショニング・アプローチでは、「それは松井選手がプロスポーツの中で野球を選んだからだね。ちなみにJリーグのサッカー選手で現在何億円も稼いでいる人は1人もいないだろう」というような答えが返ってくることになる。確かに言われればそのとおりである。

　しかし、簡単には納得できない。プロ野球選手の中でも何億円も稼げる人はほんの一握りである。年俸1000万円以下の選手もたくさんいる。やはり松井選手が5億円も6億円も稼げたのは松井選手の卓越した打撃力にあるという考えは捨てきれない。これに対して、ポジショニング・アプローチでは、先に述べた戦略グループという概念が用意されている。プロ野球選手の例で言えば、「松井選手があれだけの高額年俸を獲得できたのは巨人軍の野手だからであって、同じ身体能力を持っていても、たとえば広島の投手だったらこれほどもらえないだろう。また現在の待遇に不満があるからといって、すべてのプロ野球選手が簡単に巨人軍に移

3 資源アプローチ

籍できるわけではない」と説明するようなものである。

それでも、「同じ巨人軍の野手でも人によって年俸に大きな差があるじゃないか」という反論もできるだろう。本当に構造だけで年俸の差がすべて説明できるとは、やはり思えないのである。

資源ベースの戦略論が出てくる過程にあったのも、実は松井選手の年俸に関するこうした説明とほぼ同種の論争であった。企業の利潤を決めているのは産業構造なのか、それとも企業独自の資源や能力なのか、という論争である。戦略グループ内に見られる業績格差を戦略グループの議論は説明することができない。たとえば、同じフルライン戦略をとってきたはずのトヨタと日産の間にあれほどの業績格差があったのをどうやって説明するのか。やはり重要なのは個々の企業の持つ独自の資源や能力であるはずである。

こうした議論の帰結が、資源ベースの戦略論（resource-based view）もしくは資源アプローチである。つまり企業の収益性に格差が生じる原因を産業レベルの構造的要因に求める考え方から、産業内の戦略グループレベルの構造的要因へと注目が移り、最後に企業内部へと注目する戦略論が出てきたわけである（たとえば Wernerfelt, 1984; Rumelt, 1984; Barney, 1986）。1980年代から1990年代にかけて、企業間に見られる共通要因から個別要因へと焦点が下りてきた上記の流れは、経済学的な発想としては自然なものであったのである。

しかし、筆者らのような経営学者や一般の読者の方々にとってみれば、それは逆に、直感に反する発見で始まって、長い論争を経て、ようやく当たり前の考え方に帰着したプロセスとして映る。「企業の収益性が高くなるのは、独自の資源と能力ゆえである」という当たり前のことに気づくのに、なんでこんな回りくどい過程を経なければいけなかったのか、と疑問を持つ人もいるであろ

う。

　ただし、回りくどくやっただけのことはあるものである。この過程を経ることによって、少なくとも私たちは、企業に利潤をもたらす要因として企業の「外」にあるものと企業の「内」にあるものを区別する目を持つようになった。自社の利益が伸びたのを見て、つい「今年は景気がよかったから」とか「今年はヒット商品が出たから」といったレベルで片づけてしまう人も少なからずいるのではないだろうか。そのレベルで考えているうちは、長期的に利益を維持して伸ばしていくための全体像を描くことは難しい。

　自社に利益をもたらしたもののうち、どれだけが「外」にある構造的要因によるものなのか。その構造的要因は今後も維持されるのか、もしくは維持するためにはどうしたらよいのか。自社の利益のうち、どれだけが自社独自の能力や資源によるものなのか。それは今後も維持されるのか、どうしたら維持できるのか。このように考える視点を私たちは持つようになったのである。また企業利益の源泉の内で「外」の要因にどうしても帰着できないものを認識することによって、「企業に利益をもたらす資源や能力とはどのようなものなのか」という重要な問いを改めて考え直すきっかけができたのである。

2. 資源アプローチの現象的背景

●「コア・コンピタンス経営」論の提起

　以上述べてきたように、資源アプローチが近年注目された背後には、主として経済学を基盤とした戦略論の自然な発展の流れがあった。しかし、こうした理論的な流れとは別に、資源アプローチが注目されるようになったもう1つのきっかけがある。それは

3　資源アプローチ

1980年代に注目された日本の製造企業の台頭であった。

　今ではすっかり有名になったコア・コンピタンス経営という概念も、1980年代に急速に競争力を高めた日本企業に対する観察から生まれたものである。コア・コンピタンス経営という概念を世に広めたのは、1990年5-6月号の『ハーバード・ビジネス・レビュー』誌に掲載されたC・K・プラハラード教授とゲイリー・ハメル教授の「企業のコア・コンピタンス（"The Core Competence of the Corporation"）」という論文である（Prahalad and Hamel, 1990）。この論文の中で、優れた経営の例として登場する企業のほとんどは、NEC、キヤノン、ホンダ、カシオ、日本ビクターといった日本企業である。「弱い米国企業と強い日本企業」。その背後にある「SBU（戦略事業単位）経営とコア・コンピタンス経営」。こうした対比がこの論文の基本的な論調となっている。

　SBU経営を単純化して言うなら、企業を独立した複数事業の集合体と考えて、迅速な事業の切り貼りや、事業間の機動的な資源配分を行う経営である。そこでSBU経営の例として取り上げられている企業には、ゼネラル・エレクトリック（GE）がある。「そういえば、GEを目指せ、なんてことが最近社内で言われてるな」と感じた読者もいるのではなかろうか。ただし、コア・コンピタンス経営という概念が登場した当時、そうしたSBU経営は、業績低迷をもたらした悪の根源として語られていたのである。

　それに対して、多角化した日本企業の多くは、個々の事業を独立した投資対象としてはとらえていなかった。多角化は、投資ポートフォリオの最適化の結果ではない。各事業は、中核技術を共有するという点で、相互に密接に関係している。多角化とは、そうした中核の技術なり組織能力を展開した結果である。事業の選択が先にあるのではない。中核能力の蓄積が先にくる。事業はあ

くまで能力を応用した結果である。こうした経営をコア・コンピタンス経営という概念でまとめたわけである。

コア・コンピタンス経営に限らず、「見えざる資産（伊丹、1984）」とか、「情報創造（野中、1985）」、「知識創造（野中、1990）」といった企業の持つ独自の内的資源に注目した経営理論は、1980年代に日本の製造企業が競争優位を確立した理由を説明するための概念として考案されたという経緯がある。それらは資源アプローチという名称を直接使って語られてきたわけではないが、企業の高い業績を企業内部の資源や能力という点から説明しようとする点では同じ視点を共有している。[1]

資源アプローチは、1980年代までに、主として米国のコンサルティング会社や経営学者、企業などで経営戦略の前提とされてきた基本的な考え方とは、異なった基盤に立脚している。具体的に言うなら、それまでの戦略的思考ないし戦略論は、限られた経営資源を所与としてその配分方法を考えるために、「トレードオフ」の認識とその選択に焦点を当てていた。それに対して1980年代の日本企業の行動に基づいて組立てられた議論は、経営資源をいかに蓄積・育成して事業を展開していくべきなのかを中心的な問題として据えている。

注1）ただし、より厳密に本書の枠組みに沿うと、伊丹敬之氏や野中郁次郎氏が展開した議論の中心は、資源アプローチよりも学習アプローチに該当する。

● 「トレードオフ」としての戦略論

「トレードオフ」の認識とその選択とは、「あちらを立てればこちらが立たず」という状況においてどのような選択肢を採用して問題を解決するかということである。たとえば、ぶどうとメロンの両方を食べたいと思ったときに、手元に2000円しかないとす

3 資源アプローチ

る。ぶどうは1200円、メロンは2000円。限られたお金をどちらに配分するのか。これはまさに戦略的な意思決定である。

企業経営においても、こうした単純な例と同様の状況がしばしば発生する。またその選択がその後の企業業績に重要な影響をもたらすことも多い。使える経営資源が限られている限り、企業は無数のトレードオフに直面する。製品コストを下げようと思うと、機能が落ちる。急速に成長しようと思うと、短期的な利益が犠牲になる。既存事業を強化しようと思うと、新規事業の立上げに遅れる。これまで「戦略的行動」としてとらえられてきたのは、これら無数のトレードオフを認識して、あるものに注力する代わりに別のものを切捨てるという企業行動のことである。

1970年代から1980年代にかけて米国で発達してきた戦略論の多くには、こうした考え方が強く反映されている。たとえば、詳しくは巻末の補論で紹介するように、マイケル・ポーター氏はコストリーダーシップと差別化という2つの一般戦略（generic strategy）を提示している。企業はどちらかに特化すべきであって、両方を追求してはいけないと教える。両方を追求すると「中途半端な状況（stuck in the middle）」となって最悪の状況に陥るという。

1970年代に脚光を浴びた多くの戦略分析ツールの背後にあるのも、希少資源をいかに効果的に各事業に配分するのかという考え方である。企業は限られた資源しか持たない。その結果、事業間にトレードオフが生じる。だからそれを所与として、長期的に最も利益を生み出すように各事業へと傾斜的に資源配分を行うことが必要となる。

当時の戦略分析ツールの代表である、ボストン・コンサルティング・グループ（BCG）の製品ポートフォリオ・マネジメント（Product Portfolio Management: PPM、第7章参照）にも、こ

のような発想が色濃く投影されている。PPMは、複数の事業を有する多角化企業において、事業間のトレードオフを認識した上で、全社的な経営資源の配分を「最適化」するために編み出された手法である。コア・コンピタンス経営の筆者らが批判したのは、まさにこうした手法を過度に取り入れた経営だった。希少な財務的資源の投資収益を最大化するように、各々独立した事業体への（短期的に）最適な資源配分を中心に考える経営に対する批判だったのである。

　同様の戦略的発想は、生産コストと製品の多様性をトレードオフとして考える場合にも見受けられる。このような考え方は、古くは大量生産システムによって米国企業の世界的な優位性が確立していった時期から明確に現れている。典型例は、1910年代前後のフォード自動車の生産戦略である。著名な「T型フォード」は、徹底したコスト削減に裏づけられた低価格政策によって、自動車産業におけるフォードの優位性獲得に多大な貢献をしただけでなく、大衆の道具という現在の自動車の社会的意義が確立される上で決定的な役割を果たした。

　その一方で、徹底したコスト削減を標榜するために多様性は犠牲にされた。T型フォードの塗装が黒だけであったことについて、「顧客は好きな色を選ぶことができる。ただし、それが黒である限りは」としたヘンリー・フォード氏の言葉には、このトレードオフの発想が凝縮されている。また、その後のフォード凋落の主要因であるGMのフルライン戦略は、徹底したコスト削減の代わりに製品の多様性を選択した結果である。

　生産上のトレードオフは古典的事例にとどまることなく、1970年代以降に注目された生産戦略にも、同一の論理に則った考え方を見ることができる。そこでは、製品のコストと多様性は両立しないから、1つの工場もしくはラインで生産する製品の種類は絞

らなければならないとされた。「焦点化された工場（focused factory: Skinner, 1974）」といった概念は、その考え方を端的に表現したものである。

●日本企業とコア・コンピタンス経営

　以上のように、従来の経営戦略論の基本的な発想の1つは、重要なトレードオフの発見とその解決策を探ることにあった。ところが躍進していた1980年代の日本の製造企業を見てみると、このようなトレードオフを認識した上で集中的な資源展開をしているとは思えなかった。[2] たとえば、1つの生産ラインにいろんな製品が流れているにもかかわらず、米国企業よりも安いコストで生産している。製品コストの削減をしながらも、新製品を頻繁に導入して、しかも製品差別化も行っている企業が多く見られる。あるいは、各事業への重点的な資源配分などせずに、何年にもわたって赤字事業を抱えているのに、なぜか全体としては成長しているし、利益も出ている。

　当の日本企業が意識していたかどうかにかかわらず、トレードオフを両立させようとするこの種の行動は、先に記した見方に立てば、戦略的に優れているとは到底言えない。明らかに無謀な挑戦である。だから、日本企業礼賛が叫ばれる前に、「日本企業には戦略がない」という意見が出てきたのは、ある意味で当然である。また最近、業績の悪い日本企業に対しても、「戦略がない」という見方は再燃している。

　しかし、一見無謀な行動をしていた日本企業が、少なくともその当時は成功を収めていた。この成功は単なる偶然ではなさそうである。偶然ならば、多少の変動はあるにせよ、1990年代にいたるまで、日本企業が一貫して成長を遂げてきたことの説明がつきにくい。確かに、日本企業はキャッチアップの過程にあり模倣

の対象があったから、「戦略」など持たずとも成長することができたという説は、今も昔も根強い。だが、1980年代に様々な産業で起きた日米逆転が、本当に何の戦略もなく実現されたとは考えにくい。少なくとも、米国の研究者たちは何か戦略があると考えた。古典的な意味での戦略はなくても、別の意味での戦略があるに違いない。戦略論の根幹に関わる「トレードオフ」という点で、日本企業が米国流とは違った行動をとっている。そのあたりにカギがありそうだ。

「コア・コンピタンス経営（Hamel and Prahalad, 1994）」や「見えざる資産（伊丹、1984）」といった内外で新たに提起された議論が注目したのは、この点である。そこでは、経営資源を所与であり制約条件であるとみなすというトレードオフの視点ではなく、経営資源がより可変的であり、企業がより能動的に扱うべきものであるとする視点が、中心的な問題に据えられた。

もう少し噛み砕いて言えば、次のようになる。1200円のぶどうと2000円のメロンが欲しいと思ったとき、手元に2000円しかないからトレードオフになる。もし3200円あればトレードオフは解消されてしまう。日本企業がやってきたようなことは、どうやら2000円を3200円にするようなことではないのか。つまり、多くの日本の製造企業がとってきた戦略とは、希少な資源や能力を所与としていかにそれを効果的に配分するのかということではなくて、いわばトレードオフを解消するような資源や能力を事前に身に付けてしまおうとするものである。そうした能力が、たとえばコア・コンピタンスなどと呼ばれたのである。

この考え方によれば、資源や能力は所与ではなく、時間とともに蓄積されるものである。したがって、戦略上の最重点課題は、蓄積される経営資源となる。資源や能力を所与とした場合の配分問題としての「戦略」に対して、資源や能力自体を向上させるこ

とに重点を置く「戦略」である。こうした考え方は経済学に源流を持つ資源ベースの戦略論とは、出自は異なるものの、内容的に共通している点は多い。

> 注2）このような日本企業の当時の行動をより具体的な事実に基づいて分析した研究としては、たとえば競争戦略については新宅（1994）、全社戦略については加護野他（1983）などを参照。

3. 競争優位を生み出す資源

以上では、資源アプローチの戦略論が出てきた経緯を説明してきた。しかし、その経緯が何であれ、「企業が優れた業績を上げるのは、優れた資源や能力を持っているからである」というような当たり前の話を戦略論などと称して改めて語る価値がどこにあるのか、と疑問に思う人がいるかもしれない。

資源アプローチの戦略論を提唱する人々を擁護するわけではないが、筆者らは、少なくとも2つの点で、これを戦略論として語る価値があると考えている。

第1に、資源アプローチは、「競争優位をもたらす経営資源とは何か」という本質的な問いに光を当ててくれる。それゆえに価値がある。経営資源であれば何でも重要だというわけではない。自社の競争優位に結びつくものとそうでないものがある。資源アプローチは、その区分けをすることを1つの目的としている。

第2に、資源アプローチは、ポジショニング・アプローチとは異なった戦略策定プロセスを示唆する点で価値がある。古典的な事業戦略策定プロセスでは、市場の成長や利益機会を評価した上で事業領域（市場セグメントも含む）の決定を行い、その後に市場競争で勝つために必要な技術やその他の経営資源の検討を行

う。しかし、資源アプローチによれば、競争優位をもたらすような経営資源は一朝一夕には手に入らない。たとえ有望な事業領域が見えても、そこで戦うために必要な資源をすぐに調達することはできない。だとすると、事業機会が明らかになる前に、先取りして、将来の競争優位をもたらすような資源蓄積を行わなければならない。「事業先にありき」ではなく「資源先にありき」という戦略策定プロセスである。ここでは、事業上の明確な必要性が確定する前に、ある一定の方向性を持った技術開発やその他の資源蓄積を進めるという難しいマネジメントが必要となる。

　この問題は後でもう一度議論することとして、まずは第1の点である「競争優位をもたらす資源」とはどういうものなのかを検討することから始めよう。

● 競争優位をもたらす経営資源の条件

　「いかなる資源が競争優位をもたらすのか」という問いに答えるには、ひっくり返して「いかなる資源は競争優位をもたらさないのか」と考えるとわかりやすい。一般に、競合相手が簡単に真似することができる経営資源は、競争優位に結びつかない。たとえば、消費者に受け入れられそうな技術を開発して、製品化したとしよう。消費者からは喜ばれ、その製品は売れるだろう。しかし、それを見ていた競合相手が簡単に技術を模倣して、同じコストで同じものをすぐ作れるのであれば、競合相手との差は生まれない。したがって、「競合相手が簡単に真似することができない」というのが競争優位をもたらす経営資源の第1の条件ということになる。

　しかし真似されないからといって、常にその資源や能力が競争優位に結びつくわけではない。小指一本で逆立ちして回転できるような能力はたぶん誰にも真似できないような能力だろうが、そ

んな能力は宴会の席ぐらいでしか、大した意味を持たない。つまり経営資源は、企業が展開している事業領域や、実現しようとしている顧客の機能もしくは価値と一貫しているときにのみ、競争上意味を持ってくる。したがって、この「事業領域や提供すべき顧客の価値との一貫性」というのが、競争優位をもたらす経営資源の第2の条件となる。

● 模倣不能な3つの状況

第2の条件に移る前に、「競合相手が簡単に真似することができない」という第1の条件をもう少し掘り下げて考えてみよう。どのような場合に、競合相手は真似することができないのか。それには一般に次の3つの状況が考えられる。

(1) 真似するのにコストや時間がかかる
(2) 資源の性質上真似することが難しい
　　―因果関係が明確でない
　　―存在がわからない、もしくは複雑で把握できない
(3) 競合企業が自らの事情で真似できない

模倣不能な第1の状況：模倣のコスト

第1の状況とは、真似する対象はわかっていて、しかもどのようにすれば真似できるのかもわかっているけれども、真似するにはコストや時間がかかるという状況である。資源を保有している企業よりも高いコストを払わないと、その資源を獲得できないとすれば、そのコスト差はそのまま競争優位の源泉となるし、資源を獲得するのに長い時間がかかるとすればその時間差も競争優位の源泉となるという論理である。

たとえば町の飲食街で、安くてうまいとの評判で、たいへん繁盛して儲かっているラーメン店があるとしよう。なぜ儲かっているのか。資源アプローチからすれば、それは他の人が同じようなラーメン店を真似することができないからであるということになる。

　ではなぜ真似できないのか。まずそのラーメン店が安くラーメンを提供できるのは、40年も前に30万円で購入した自分の土地で商売しているからかもしれない。今同じ土地を購入して商売を始めようとしたら地代だけで原価の多くの部分を占めてしまう。このコスト差は当然ラーメンの値段に反映される。ラーメン店に適した土地自体は見つかるかもしれないが、土地取得にかかるコストの差は明らかに競争優位の源泉となる。あるいは同じ味のラーメンを出していたとしても、新しいラーメン店の存在とその味について人々が知るのには、時間がかかる。まして「馴染みの客」は定義的にすぐに出てくるわけではない。

　ここでの競争優位生成の論理でカギとなるのは、経営資源を手に入れる時点での価値とその後の価値との間でギャップが存在する点である。だから、先行して経営資源を入手したり蓄積したりした企業には、新規参入者に対する優位が生じることになる。

　この視点からは、多くの企業が先を争って事業を展開しようとする現象に対して、背後にある論理からの説明が可能になる。事業で先行することの意義は、このギャップの獲得に最終的に求められる。アマゾンドットコムのようなインターネット関連企業が初期段階で赤字であっても、積極的な投資の手を緩めないのは、先行者利益ともいえるこのギャップを将来享受しようとすることにある。したがって、この種の経営資源に基づく競争優位を獲得するには、先見性とそれを実現する行動力が必要になる。

　ただし、この価値のギャップは、企業があずかり知らぬところ

で勝手に出来上がってしまうとは限らない。ラーメン店の例で言うなら、土地価格の上昇の全てが、ラーメン店の努力とは関係ないところで起きているとは限らない。ラーメン店の経営努力や他の飲食店との協働戦略によって、集客力のある飲食街が生み出され、その結果として土地の価値が上昇することもある。つまり、企業が能動的に活動することによって、保有する経営資源の価値は上昇し、結果としてギャップが生じうる。単に「将来が見通せる」だけではなく、その望むべき将来の実現に積極的に関与できるし、また多くの企業は気づかぬうちに実際にそうしているのである。

　このことは戦略という点できわめて重要である。典型例はブランドである。企業はブランドの価値を完全にコントロールできるわけではない。しかし、多くの企業が広告・宣伝を行うのは、自社のブランドに対して自らが望む価値を成立させようとする努力の表れである。あるいは、ルイヴィトンやティファニーといった高級ブランドがスーパーやコンビニで大々的に販売しようとは絶対にしないことも、その意図の反映である。

模倣不能な第2の状況：模倣の困難さ

　第2は、たとえコストや時間をかけたとしても、経営資源の性質上どうしても真似することが難しいといった状況である。資源自体が見えないゆえに何を真似したらよいのかわからなかったり、真似する対象はわかったとしても複雑で把握しきれなかったりする状況である。真似できないという言葉から真っ先に思い浮かぶのは、たぶんこのような状況であろう。

　再びラーメン店の例で言うなら、麺の微妙なゆで加減や主人の絶妙な湯きりの技が麺のうまみを引き出しているのかもしれない。こうしたノウハウは、単純に紙に書き出して人に伝えられる

ようなものではない暗黙的な知識である。たとえそれがこの店のラーメンにあるうまさの秘訣であるとわかったとしても、知識の中身が見えないから真似することができない。

　ただし、このような個別のノウハウだけを真似すればよいのであれば、たとえばこのラーメン店に修業に入って体で覚えるとか、まだ対応する方法はありえる。しかしもしこのラーメン店の競争力の源泉が、ラーメンの味だけではなくて、店のレイアウトや主人の接客方法、材料の調達方法など様々なノウハウの複合から生じているとすると、ことは厄介である。そもそもどのような組合わせが強みを形成しているのか、何をどのように真似すればよいのか自体がよくわからなくなるからである。より一般化して言うなら、様々な経営資源の複雑な組合わせからなる「事業システム（加護野、1999）」による差別化が起きている場合に、真似するのは極めて難しくなるといえる。

　たとえば、コンビニエンス業界でセブン-イレブンが他社を引き離しているのは、POSシステムを中心とした先進的な情報システムがあるからだけではない。配送効率を高める共同配送システム、1つの地域に20店舗規模で一気に出店する集中出店方式、各店舗におけるボトムアップ的仮説検証型発注システム、地域情報を把握して各店舗間の相互学習を促進するフィールドカウンセラーのシステム、店舗のレイアウトや設計ノウハウなどが、相互に絡みあって全体として一貫したシステムを作り上げている点が競争優位を生み出していると考えられる。たとえこれらのシステムの一部分を模倣されたとしても追いつかれることはない。またシステム全体を模倣することは極めて難しい。だからセブン-イレブンの競争優位は持続するのである。

　また、トヨタ自動車の生産システムには「かんばん方式」と名付けられた手法があることは、周知の通りである。トヨタは競合

3 資源アプローチ

企業にこそ直接指導はしなかったかもしれないが、他業種を含めた多くの企業に対して、「かんばん方式」を伝授しようと努めてきた。だが、トヨタの社員から「かんばん方式」を学んだからといって、トヨタと同じような競争力を獲得できるわけではない。トヨタの競争力は製品開発能力や販売システムなどと組み合わされることで成立している。生産システムに限定したとしても、トヨタの生産システムの有効性は、形式化された「かんばん方式」だけにあるのではなく、現場社員のモラルとか現場でのスキルの蓄積といった表面には表れない要素と組み合わさって、卓越した生産能力を維持してきたのは間違いない。

このような複雑でわかりにくい競争優位の源泉が存在するときには、経営資源を保有している当の企業ですら、その意義を理解せず、その経営資源を持っていることすら意識されない場合は少なくない。その会社にとっては当たり前のことになってしまっているからである。そのような場合、他社の完全な模倣はほぼ不可能である。

模倣不能な第3の状況：経営資源が招く「矛盾」

上述の2つは、「真似しようにもどうにも真似できない」状況である。資源を保有している企業、つまり真似される側に真似できない原因がある場合だと言い換えてもいいだろう。それに対して、「真似しようと思えばできないことはないけれども、真似できない」という状況も生じる。この場合の原因は真似をする側にある。

ラーメン店の例で、競争力の源泉が、野菜や肉の新鮮な材料にあり、その背後には農家から直接材料を調達する仕組みがあるとしよう。その仕組み自体は見ればわかるし、真似するコスト自体は競争上の劣位を生じさせるものではない。しかし、既に大手の

食材卸との強力な関係を築いている既存のラーメン店からすると、農家からの直接調達の仕組みは簡単に真似できるものではない。食材卸との関係にひびが入ると他の食材調達に影響が出るかもしれないからである。こうなると農家からの直接購入という仕組みは「わかっているけど、真似できない」資源となりえる。

　この難しい状況は、既存の競争優位の源泉を無効にするような競合企業の出現によって生じる。そこでは、従来は強みの源泉であったはずの経営資源が、逆に競合他社に対する弱みの源泉となってしまう「経営資源保有のパラドックス」とでもいうべき状況が生じている。その結果として、急速に新興企業が台頭して、既存の大企業が凋落してしまうというようなことがおきる。これは、技術革新研究で長年焦点が当てられてきた問題の1つである。大きなインパクトを与える技術革新が生じれば、かつての競争優位の源泉であったはずの技術は、その後の企業経営の足かせとなってしまうのである。たとえば、アメリカでは、かつての真空管から半導体へという電子デバイスの転換が生じたときに、真空管で優位に立った企業は、1社たりとも半導体では成功しなかったとされる（Foster, 1986）。

　またこのような現象は技術革新だけに限らない。最近頻発していることで言えば、既存の強力な流通網を持つがゆえに、直販主体の電子商取引や新たに勃興してきた流通チャネルを「わかっていても」利用できなかったりする場合は、まさにこの典型例である。

　たとえば、パソコンの直販で脚光を浴びたデルコンピュータの成功は、一般にマイケル・デル社長が確立したダイレクトモデルという新しいビジネスモデルにあるといわれる。このダイレクトモデルを他社がなかなか真似できないからデルコンピュータはパソコン業界で急速に成長することができたといわれる。まさに資

3 資源アプローチ

源アプローチ的な説明である。

　しかし、真似できなかった要因は、単純にデルのモデルが先進的で複雑であるがゆえに理解できなかったというだけではなさそうである。既存のパソコンメーカーが初期段階でデルに追従できなかったのは、むしろ既に確立された代理店網や流通網との間とのコンフリクトにあったと考えられる。IBMやコンパックなど既存のパソコンメーカーにとっては、それらの流通網自体が優位性の源泉であった。しかし、直販というビジネスモデルに進出するには、既存の流通網という優れた経営資源が逆に足かせになる。この足かせゆえに、デルのダイレクトモデルは真似されない経営資源として競争優位の源泉となりえたわけである。

　ここでのカギを一言でいえば「矛盾」である。従来の戦略ないし事業システムと矛盾するような状況が生じれば、既存企業は「わかっていても」対応できないのである。実際に対応してしまうと、自社の競争優位の源泉を自ら壊しかねない「自滅的な状況」を作ってしまうことになるからである。

　たとえば、ドライビールがヒットして暫くの間にキリンビールがとった対応を考えてみるとわかりやすいだろう。「熱処理したラガー」を「ホンモノのビール」と称して主力商品と位置づけてきたキリンにとって、ラガーを捨て生ビールへ移行することは、従来の強みを捨てることにつながる。しかし、スーパードライが一過性のヒット商品でないことが明らかになってくると、従来のラガーにいつまでも依拠するわけにはいかない。その中で発売された「生のラガー」は妥協策として考え出されたのであろうが、結果としては、それまでの自社の主張を完全に否定する一方で、商品としては過去も引きずる自滅的行為であった。

　この矛盾は、既存企業、とくに支配的企業には衰退の脅威をもたらす一方で、新規参入者や下位企業、あるいは首位企業に挑む

「挑戦者」にとっては逆に機会ともいえる。従来の強みを弱みに代える「テコの原理」を使うことで、正面からぶつかる消耗戦を避けることができるからである。キリンの例で言えば、今では過去のしがらみを切り離し、低価格の発泡酒「麒麟淡麗生」をスーパードライと競合する商品として位置づけている。一方のアサヒビールは正面から応戦すれば自滅的であるために、当初は「発泡酒はまがい物」として販売しないという、かつてのキリンにとってのラガーをなぞるような対応をしていた。

●顧客価値との一貫性

　もちろん、他社に真似されないからといって、その経営資源が常に競争優位の源泉になるとは限らない。自社の保有する経営資源や能力が、顧客に価値をもたらす上で役に立たないのであれば、それは競争優位の源泉とはなりえない。したがって、自社が顧客に提供しようとする価値との一貫性が、競争優位をもたらす経営資源の2つ目の条件となる。

　こう言えば簡単ではあるが、そもそも、顧客に提供する価値というものを定義すること自体、やさしいことではない。この点は、第2章で説明した産業の構造分析における代替品の把握と共通するところである。携帯電話という製品1つ挙げただけでも、情報交換、コミュニケーション、エンターテインメント、情報・知識蓄積、時刻確認、他人との時間調整等々様々な機能を顧客に提供している。自社の製品なりサービスは本質的に何を提供するのか、それを深く考えていないと、資源の蓄積だけが自走してしまうかもしれない。

　たとえば、半導体メーカーが、30年間は絶対壊れないDRAMを提供できる能力を蓄積したとする。これはこれですばらしいことである。しかしDRAMの主要用途がパソコンである限り、30

3 資源アプローチ

年間絶対壊れない品質を提供することはあまり意味がない。そもそも、2年もすれば製品を買い替えているし、たとえメモリーの問題でパソコンがフリーズしたとしても、再起動するから何が問題なのかわからないことが多い。もちろん品質の悪いものを提供してもよいと言っているのではないが、銀行のメインフレームコンピュータ用にDRAMを開発する時と、パソコンをターゲットに開発するのでは、能力蓄積の重点の置き方が異なってくるのである。顧客の求めている本質的機能が異なるからである。この場合は、能力を見直すか、もしくは30年壊れないDRAMを作れる能力が活かされる領域に移動するかのどちらかを考えなければならない。

セブン-イレブンが全体として一貫した経営システムを作り上げているから、他社に模倣されにくく、競争優位を確立しているという話は、既に述べたとおりである。これに加えて重要なことは、セブン-イレブンが提供する顧客価値である「コンビニエンス」という概念とそのシステムが一貫しているという点である。コンビニエンスというのは、欲しいものがすぐに手に入るという時間節約の概念である。だから店舗は顧客が歩いて行ける範囲内になければならない。セブン-イレブンが集中出店方式を採用し、そのための能力を蓄積する理由の1つはここにある。

また、同社が複数の店舗間にフィールドカウンセラーを常駐させたり、各店舗に発注業務を委譲したりするのも、ローカルな情報に重きを置き、地域におけるコンビニエンスを提供するためである。逆に、情報システム自体は早くからアウトソーシングに頼るなど、直接コンビニエンスに資することのない能力は外部化している。顧客価値を生み出す能力とそれ以外との峻別がはっきりしているといえる。近年よく聞かれる「選択と集中」というのも、単純に赤字事業を切り離すというだけでなく、本質的には、顧客

に対して価値を生み出すものと生み出さないものを峻別するという作業である。

　ただし、資源の固定性を仮定する資源アプローチからすると、必ずしも、保有する経営資源と目の前の市場や顧客との短期的な適合が重要だというのではない。次節で詳しく述べるように、資源の蓄積に時間がかかるとするなら、対象となる市場や顧客が明確になる前に、資源の蓄積を始める必要がある。通常、研究開発活動というのはこうした性格が強い。その場合、定義される顧客価値とは、ある程度抽象的なものにならざるを得ない。しかし、たとえ抽象的であっても、資源蓄積に一定の方向性を与えるためには必要なものである。

　たとえば、セイコーエプソンは、多くの電機メーカーが1990年代に入り業績を悪化させる中、着実に成長を遂げていた企業の1つである。その背後にあったのは、「低電圧」、「低電力」、「微細加工」を基軸に行われてきた技術開発である。エプソンの技術開発はこの3点において一貫している。それが、インクジェットプリンター、小型液晶ディスプレイ、駆動用ドライバー、液晶プロジェクターなどの具体的な製品として結実したのである（藤原、2002）。技術開発の当初から具体的な製品が見えていたわけではないかもしれない。しかし、自社が長期的に顧客にどんな価値を提供するのか、そのために、どんな資源（技術）を保有すべきなのか、といった点では「ぶれ」がなかったように、外からは見える。

4．資源、先にありきの戦略策定

　資源アプローチは、競争優位の源泉として、他社に真似されない自社独自の経営資源に注目する。そうした資源は、外部市場で

3 資源アプローチ

簡単に調達できず、内部で時間をかけて蓄積しなければならない。だからこそ、企業独自の資源として優位性をもたらすという考え方である。この考え方からすると、たとえ事業や製品、サービスの内容を決定したとしても、それに必要な経営資源をすぐに手に入れることはできないということになる。つまり事業と資源との間での即時的な適合は実現不可能であるということになる。

それに対して、前章で紹介したポジショニング・アプローチは、この即時的な適合が可能であるという立場である。市場でのポジショニングが先にあって、資源がすぐ後についてくるという考え方である。まず、市場の成長や利益機会に関する構造的な分析を基に、自社の事業を適切に位置づける。その上で、市場での競争を優位に戦うための、技術や資源を動員するというのが、そこでの思考の順序となる。人材を含めた経営資源の外部調達可能性が高い状況で当てはまりやすい考え方ともいえる。

それに対して、資源アプローチにしたがうと、事業展開に必要な経営資源がすぐに手に入るわけではないので、事業のポジショニングが明確になる前に、資源の蓄積をフライングスタートさせなければならなくなる。極端に言えば、具体的にどのような事業に使われるかわからない状況で、経営資源の蓄積を進めなければならない。応用市場がはっきりしない段階で研究開発を進めるような場合を想定すればわかりやすい。

具体的な市場ニーズが資源蓄積の方向性を規定してくれないのであるから、放っておくと総花的で分散した資源蓄積になる危険性がある。だから何らか資源蓄積を方向づけるメカニズムが必要となる。そこで、たとえば「事業ドメイン（榊原、1992）」と呼ばれるような事業の長期的な将来構想が重要な意義を持ってくる。また、1980年代の日本企業の成功を説明するために「戦略的意図（strategic intent）」という概念も提示されたが、それも

長期的な資源蓄積を促すメカニズムの1つである。短期的経営の米国企業と長期的経営の日本企業という場合の「長期的」ということを好意的に解釈するなら、目の前の市場でなく、長期的な戦略的方向性の下で、当面は利用されないような資源蓄積を行ってきたということであろう。

　ただし、日本企業が欧米企業へのキャッチアップを図ることで成長していた頃は、必ずしも、能動的に将来構想や戦略的意図を設定する必要はなかったかもしれない。追いつくべき目標がはっきりしていること自体が、資源蓄積の方向づけをするメカニズムとして機能していたからである。

　以上の議論から資源アプローチの基本的な考え方は理解していただけたと思う。繰り返しになるが、資源アプローチの中心にあるのは、真似されない経営資源の戦略的な蓄積である。蓄積ということからわかるように、この戦略論は時間軸を含んだ動態的なものにならざるを得ない。また「経営資源先にありき」という考え方であるから、事業展開の詳細は必ずしも事前に明確に特定できるわけではなく、むしろ蓄積された資源から派生的に生まれてくる傾向にある。そのために、事業間のシナジーは生じやすい。

　他方、経営資源の蓄積が重んじられるために、経営資源やその結果としての事業構成は、余分に見えるものまで抱え込んで、冗長的になりやすい。かつて競争力を持っていた日本企業の抱える赤字事業が、「健全な赤字事業」として正当化されていた理論的背景にはこうした資源アプローチの考え方があった。

　また資源アプローチに従えば、各々の事業展開に必要な資源をその都度機動的に獲得するのではなく、将来の展開を踏まえて経営資源を蓄積すべき方向を決める必要がある。将来の事業構想である「事業ドメイン」では、実際には事業自体が中心的に扱われ

ているのではなく、将来の展開を踏まえて、経営資源をいかに蓄積していくかが主たる問題なのである。ちなみに、このドメインという概念は、日本の経営戦略論の教科書ではしばしば出くわす言葉ではあるが、欧米の教科書にはあまり載っていない。

　こうした資源アプローチに対して、欧米流の古典的戦略論では「トレードオフ」の認識とそこでの選択が中心的な課題であった。そこでは、経営資源は所与とされるために、静態的（スタティック）な側面、つまりある一時点でいかに対応するかということが重視されがちである。経営資源は戦略の制約条件であり、戦略の主たる対象は事業自体に置かれる。このような見方に立つために、戦略の中心となる事業を考えて、その上で必要な経営資源が足りない場合には、買収とか提携といった、すぐに手に入る形で手に入れようとする傾向になる。逆に事業を中心に考えるから、現有資源が事業に必要なければ、持ち続けるよりも売却することが妥当になる。また事業に必要な資源であっても、外部から調達した方がコスト的に有利であれば、わざわざ内部で蓄積することは選択しない。アウトソーシングを活用すればよい。また事業自体の独立性が高いという点からも、事業の売買は容易になる。当然ながら、事業として芽のない赤字事業は、限られた資源を投入する価値のないものとして迅速に処理される。

5. 曲解された資源アプローチ

　このように2つの戦略的アプローチを対比していくと「はた」と気づくことがある。昨今、マスコミに煽られつつ多くの日本企業が必死にやっていることは、まさにこのトレードオフを中心とした古典的な欧米流の戦略論への回帰だということである。選択と集中、赤字事業の清算、中核事業への重点配分、アウトソーシ

ングの活用、事業単位の独立性等々、新聞の経営欄でしばしば見かけるこれらの言葉が示しているのは、トレードオフの認識に基づく戦略的意思決定の重要性である。

　これまで日本企業がこのような戦略的思考に乏しかったことは確かであるし、業績が低迷する中で欧米企業に学ぼうとする姿勢はもちろん理解できる。また必要であるとも思う。

　ただ、筆者らが不思議に思い、危惧の念さえ覚えるのは、こうした戦略的行動が、「コア・コンピタンス経営」とか「ナレッジマネジメント」といった、本来的にはトレードオフを中心に据えた戦略論と対峙される考え方を持つ資源アプローチのお題目の下で進められていることである。実に皮肉なことである。

　既に述べたように、そもそも「コア・コンピタンス経営」とは、1970年代以降、米国企業において財務的な経営が主流となる中で、企業を独立した事業の集合体と考え、事業の切り貼り（選択と集中）や事業間の短期的な資源シフトに終始するようになったことに対して警鐘を鳴らすために出てきた概念である。

　しかし、コア・コンピタンスと言いながら多くの日本企業が現在行っていることは、当時米国で批判の対象となった経営への回帰である。もちろん行き過ぎた資源アプローチに対してバランスをとるための行動だという点では、それ自体が問題だとはいえない。しかし、背後にある論理を深く理解せずに経営手法の表面的なラベルだけを借りて適用しようとする危険な姿勢が見え隠れしていることも、事実である。

　かつてリエンジニアリングという概念が日本に導入された当初にも同様のことが起きていた。本来は、事業の全体的な流れや分業構造を根底から見直して構造的な組換えを行おうとするのがリエンジニアリングの目的であったにもかかわらず、むしろこの概念の下で行われたのは、短期的なコスト削減のための人件費の削

3 資源アプローチ

減や赤字事業からの撤退であった。

　経済が急速に成長する中で、メインバンクを背景とする豊かな原資に支えられているときには、トレードオフの問題はそれほど深刻にはならない。配分する資源の制約が緩いからである。トレードオフを意識せずに独自の経営資源を蓄積することはたやすい。しかし現在のように経済成長が鈍化して、しかも原資の提供者である銀行や資本市場からの圧力が強くなれば、トレードオフの問題を強く意識しなければならないのは自然である。ただ自然だからといって、単にそれにまかせていればよいかというと疑問が残る。

　重要なことは、この2つの枠組みをきちんと意識した上で、自社はどちらの枠組みを軸足に戦略を考えているのか、どこにバランスを置こうとしているのか、といったことを常に自問することである。そうでないと、知らない間に思わぬ方向に流されてしまい、取り返しのつかない事態になりかねない。

Chapter 4
ゲーム・アプローチ

ゲーム・アプローチ[1]は、自社の目標達成にとって都合のよい「外」の構造を作り出すプロセスに力点をおいた戦略論の視点である。本書の枠組みに沿うなら、「外」と「プロセス」の組合わせである。

ゲームという名称が使われているのは、この戦略アプローチが、近年発展したゲームの理論（game theory）のアイデアを一部援用しているからである。厳密な意味でのゲーム論とは、複数の意思決定主体が合理的な基準に従って行動した際に生じる状況を、主として数理モデルを使って分析する手法であり、その適用領域は経済学や社会学、政治学など広範にわたっている。[2] ただし、本章の目的は、そうした狭義のゲーム論を経営戦略に直接応用することではなく、基本的な発想の一部を経営戦略で展開することで、その他のアプローチでは見えにくい側面を明らかにすることに置かれている。

■

　ゲーム・アプローチでは、ビジネスを「価値の創造と配分のプロセス」と見る。ビジネスを通じて創造される価値とは、製品やサービスが最終的に消費されることによって実現される便益のことである。たとえば、パソコンを手にすることによって従来よりも便利になったとすれば、便利になった分だけの便益が消費によって実現したことになる。

4 ゲーム・アプローチ

　この便益は、製品やサービスを生み出し、消費者に届け、それらが最終的に消費されるまでの一連のプロセスに参加する全てのプレーヤーの協働によって創造されるものである。したがって、便益の大きさは、各々のプレーヤーがもたらす付加価値の総量でもある。

　一方、価値の創造に協力したプレーヤーは、自らが貢献した付加価値の分だけ分け前を実際に要求するか、あるいは少なくともその権利を持つ。部品業者、セットメーカー、流通業者、販売店などのあらゆるプレーヤーが、取り分を巡って競合することになる。消費者も例外ではない。消費者は、自らが得る便益から製品やサービスに支払ったコスト（支払い価格）を差し引いた分だけの分け前をもらう。なるべく安く購入して自分の分け前を増やそうとする。

　このように、ビジネスに参加する各プレーヤーは、価値を創造する段階ではお互いに協調して、価値の配分を要求する段階では競合する。各プレーヤーの取り分は、創造された価値の総量に、自社への配分割合を掛け合わせたものである。したがって、自社の取り分を増やすには、なるべく多くの価値が創造されると同時に、自社への配分割合が高い状況を作り出す必要がある。

　ゲーム・アプローチが目指すのは、自らの行動によって、そのような状況を作り出すことである。外側にいる他者に働きかけながら、「自社にとって都合のよい状況」を作り出すことによって利益を確保する。この経路を考えるのがゲーム・アプローチである。

　　　注1）本章で展開される議論の多くは、Brandenburger and Nalebuff（1996）に基づいている。
　　　　2）本章で議論する内容に対してゲームというラベルを用いることに強く疑問を抱く読者もいると思う。ここでゲーム

というラベルを用いるのは、厳密な意味でのゲーム論そのものを指し示すのではなく、ゲーム論に内包される論理の一部を取り出して、戦略論の1つの考え方としてまとめたことを示すに過ぎないことを理解していただきたい。

1. ゲーム・アプローチの特徴

　ゲーム・アプローチは、利益の源泉として自社の「外」に焦点を当てるという点で、ポジショニング・アプローチと共通している。しかしながら、ポジショニング・アプローチが「外」の構造的要因の分析を主眼とするのに対して、ゲーム・アプローチは、そうした構造が生み出されるプロセスに注目する。このプロセスへの注目によって、ゲーム・アプローチは、他の戦略アプローチには見られない3つの特徴を持つことになる。

●他者の反応の重視
　ゲーム・アプローチの第1の特徴は、外部環境である他者（競争相手や供給業者、顧客など）が自社の行動に対してどのような反応をするのかということを、明示的に考慮して戦略を考えようとする点にある。
　ポジショニング・アプローチでは、企業の外部環境の構造を把握した上で、目標達成にとって好ましい環境に自社を位置づけることが、戦略的行動の中心であった。そこでは、外部環境は自社の行動によっては直接コントロールできないという意味で、所与として考えられる傾向にあった。他方、資源アプローチでは、自社内部の資源や能力の蓄積に焦点が当てられていた。そこでも、企業の外部環境は所与のブラックボックスとして扱われがちである。
　しかしながら、現実には自社の行動は他者の反応を誘発する。

115

4 ゲーム・アプローチ

そして他者の反応は、自社の行動に影響を与える。たとえば、同じ街道沿いにある１つのガソリンスタンドが価格を下げれば、それに対抗して周りのガソリンスタンドも価格を下げる。その結果として生じるのは、単にお互いの利益を削ぐことだけかもしれない。したがって、ガソリンの価格を下げるという意思決定は、他者がどのように反応するのかを考慮した上で行われる必要がある。こうした企業間での相互反応の連鎖を重視した上で自社の行動を考えようとするのが、ゲーム・アプローチの１つの特徴である。

マラソンランナーの比喩で、３つの戦略アプローチの違いを説明してみよう。コースのタイプや路面状況から判断して、参加する大会を選択したり、風よけや給水のしやすさを考えて位置取りを決めたりするのがポジショニング・アプローチである。トレーニングによって走力やスタミナを鍛えたり、自分の能力や体調を考えながらレース展開を組み立てたりするのが、資源アプローチといえる。それに対して、自分が参加することによって他の参加者がどのようなレース展開を考えるのか、また何キロ地点で仕掛けたら他のランナーはどのような対応をしてくるのか、といったことを考えて自分の行動を決めていくのが、ゲーム・アプローチということになる。

熾烈な競争をしている企業の立場からすれば、他者の行動を考えて行動するなんてことは当然いつもやっていることで、いまさら戦略論などといって説明するほどのことではないと思われるかもしれない。ところが、実際に戦略分析を行う場合に最も手薄になりがちなのが、この他者の行動に関する分析である。

たとえば、企業による新規事業への参入を考える場合に、まず参入市場に成長性があるのか、ユーザーニーズがあるのかといった外部環境の分析や、自社に十分な技術や販売力を持っているの

かといった自社の能力分析が行われる傾向にある。その一方で、自社の参入に反応して、他のどんな企業が参入してくるのか、既存企業はどのような対抗策をとってくるのかといった分析は、案外軽視されやすい。

　このような場合、他者の反応を考慮しないと、当初の予想を大きく裏切る結果が生じ得る。自社にとって魅力的な市場は、競合他社にとっても魅力的であることが多い。そこで、各企業が自社のことだけを考えて意思決定すれば、多くの企業が成長著しい市場に殺到し、結果的に誰も利益を得られない状況が生じてしまう可能性がある。

　競合企業をはじめとする他者の反応に対する配慮が欠けてしまう最大の原因は、他者の立場から物事を考える癖が、私たちに欠けていることにある。ゲーム・アプローチは、他者の立場に立って考える上での枠組みを提供してくれるものだといえる。

● 「協調関係」の重視

　第2の特徴は、他者との関係として、「競争」のみならず、「協調」という側面にも明示的に焦点が当てられることである。

　「戦略」という言葉自体が本来軍事用語であったことからも推察できるように、経営戦略で強調されがちなのは、他者との利害対立に基づく競争関係である。同業者との競合が激化すれば、自社の利益は減少し、下手をすれば潰されてしまう。あるいは、買い手や供給業者は自社の生存のために不可欠な存在ではあるけれども、こと利益の配分については、対立関係にある。

　しかし、他者は常に自社の利益を奪っていく「敵」なのだろうか。

　筆者の1人が米国のボストンに住んでいたときのことである。夕食をとるためにノースエンドというイタリア人街に出かけた。

4 ゲーム・アプローチ

　評判のレストランで友達と一緒にパスタを食べた後、カプチーノが飲みたいとウェイターに尋ねた。するとウェイターは「ここにはカプチーノもデザートもない」という。その代わり「その先を曲がるとおいしいカプチーノとケーキを出してくれる店がある」と教えてくれた。

　自分のレストランでカプチーノを出してちょっと余分に儲けるよりは、お洒落なカフェがあった方が、街全体としてはずっと魅力的になる。その結果として多くの客を引きつけることができる。そう考えた方がレストランとしても得なのである。

　企業間で協調行動をとることで、各企業に何らかの便益がもたらされることは、一般にも広く知られている。となれば、今さら「競争」だけではなく「協調」も重要だと強調されても、自明と思われてしまうかもしれない。

　しかしながら、この当たり前のような「協調」の問題は、これ

図4-1　2つの戦略分析の枠組み

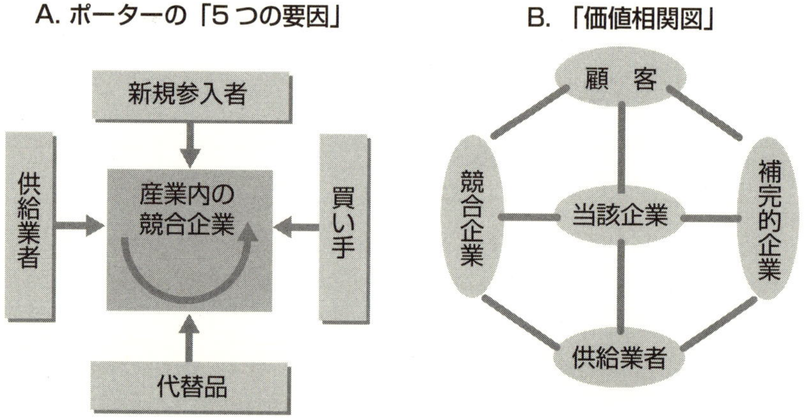

A. ポーターの「5つの要因」

```
        新規参入者
           ↓
供給業者 → 産業内の ← 買い手
           競合企業
           ↑
         代替品
```

B. 「価値相関図」

```
        顧 客
       /    \
  競合企業 — 当該企業 — 補完的企業
       \    /
        供給業者
```

（出所）Porter（1980），p.4; Brandenburger and Nalebuff（1996），p.17.

まで戦略論の主流を構成してきたポジショニング・アプローチや資源アプローチで十分議論されてきたわけではない。

　既存の議論を対比することで、この点をより明らかにしておこう。図4-1には、戦略分析のために開発された2つの図式が示されている。図左のAは、ポジショニング・アプローチの代表例である「産業構造分析」の基本となる分析枠組みである。第2章で示したものと同じである。対するBは、ブランデンバーガー氏とネイルバフ氏による、ゲーム論を取り入れて経営戦略を考察した「価値相関図（Value Net）」という分析枠組みである。[3]

　これら2つの図式では、事業戦略を考える上で、当該企業に重大な影響をもたらす外部要因（Aでは5要因、Bでは4要因）がまとめられている。そのためか、挙げられた要因がかなり重複している。一見すると、図を90度回しただけのような、類似した図式のように見えるかもしれない。

　だが、この2つの図式の背後で考えられていることには、大きな違いがある。Aで挙げられている要因は、すべて自社から利益を収奪する可能性があるものとしてとらえられている。分け合う「パイ」の大きさは決まったものとして、外部要因からいかに防御して、自分の取り分を増やすかを考えるための図式であるといってもよい。

　それに対してBは2つの点でAと異なっている。第1に、Aには存在しない補完的企業が描かれている。一般に、自社以外の企業の製品を顧客が所有することが自社製品の価値の増大につながる場合、その企業は補完的企業と呼ばれる。コンピュータのハードウェアメーカーに対するソフトウェアメーカーを想定すればよい。Bでは、こうした補完的企業を明示的に分析対象とすることによって、奪い合わずに自社の取り分を増やす1つの可能性を示している。

第2に、Bに描かれた4つの外部要因は全て、自社の利益を脅かすだけでなく、自社の利益を増大させる可能性があると考えられている。その点では競合企業も例外ではない。競合企業とは自社の製品と代替的な製品を供給する企業のことであるから、一般的にパイを奪い合う「敵」として認識されやすい。しかしながら、市場を広げて「パイ」の総量を増大させる上では、競合企業も「味方」となる。

　たとえば、朝食のシリアル市場では、ケロッグとカルビーが熾烈なシェア争いを展開している。シリアル市場に限れば、確かに両者はパイを奪い合う敵同士である。しかしながら、日本人が米国人のように、シリアルを朝食として普通に食べるようにならない限り、日本のシリアル市場は大きくならない。その意味で、本当の敵は、パンであり、ご飯であり、味噌汁であるかもしれない。シリアルを朝食として定着させる上で、ケロッグとカルビーには協調の可能性がある。小さいパイを奪い合って消耗するより、「味方」として一緒に大きなパイを築いた方が、結果としてもたらされる価値が大きくなるかもしれない。

　供給業者も「敵」と「味方」の2つの顔を持っている。たとえば、トヨタ自動車に代表される日本の自動車メーカーの系列システムは、部品業者と自動車メーカーとの間の協調関係を重視した仕組みとして、注目されてきた。部品業者によるコストダウンの努力の成果を搾取するのではなく、むしろ還元することによって部品業者を育てることが、自動車メーカーの長期的な競争力につながる、という考え方がその背後にある。その点で両者は「味方」である。

　しかし同時に両者はパイを奪い合う「敵」でもある。近年の日産自動車の急速な業績回復の1つの要因として指摘されるのが、部品の納入価格を大幅に下げることによるコストダウンであると

いわれる。一律25％の価格ダウンを要求された部品業者の多くは、厳しい経営状況におかれている。第2章でも触れたように、部品業者が日産からのコストダウン圧力を受け入れざるを得ないのは、それだけ日産に交渉力があるからである。両者を奪い合う関係とする枠組みに沿って、日産は自社の交渉力に見合った正当なパイを要求する「権利」を行使したのである。もちろん、一方的にコストダウンを要求するだけでは、部品業者はいつか日産から離れていってしまうかもしれない。だから業績が回復した後には、再び協調の枠組みに沿って、利益の還元を進めるだろう。「敵」と「味方」の微妙なバランスが必要なのである。

注3）彼らの議論は、ゲーム論を応用して、ここで言う意味での経営戦略を体系化しようとした、数少ないものの1つである。

●「価値」を中心とする分析視角

ゲームという言葉からは、将棋やチェスのように、相手のとる手を先まで予測して自分の手を考えるといった行動に目が向きがちである。そこで、他社の行動をその場で予測しながら、価格や数量を決めていくようなプロセスこそが、このアプローチの中心であるかのような印象を受けるかもしれない。確かに、このような点にも、経営現象を考える際に、ゲーム論的な考え方を取り入れる重要な意義はある。

しかし、場の状況に合わせるだけのこの種の行動は、むしろ「戦術」の問題であり、将来構想に道筋をつけるという意味での「戦略」とはレベルが異なる。他者との相互作用という視点を戦略論に取り入れることは、そうした「戦術」を明らかにすることではない。

「戦術」よりも「戦略」にゲーム論的アプローチの焦点が当て

4 ゲーム・アプローチ

られるべきだとすると、いずれでも重要となる「他者の反応」と「協調関係」という2つの特徴を挙げるだけでは、議論は不十分である。そこで、戦略的な側面に限った場合に、ゲーム・アプローチを応用することではじめて浮かび上がってくる視点を考えることにしよう。

　ゲーム・アプローチは、定義的に自社とその外部との相互作用のプロセスに焦点を当てている。他方、戦略と戦術との決定的な違いは、考慮の対象となる時間的・空間的な範囲の大きさである。この両者を組み合わせることで見えてくるのは、(1)ビジネスというゲームの全体構造を俯瞰する立場から、(2)そこに参加する様々な企業が相互作用することで生じる状況を考察するための視角である。つまり、局所的な相互作用のみが問題となるのではなく、ビジネスが展開される構造全体の中で、各参加者（＝「プレーヤー」）の相互作用がどのような意味を持ち、何が生じるのかをとらえることに、戦略的側面から見たゲーム・アプローチの有用性がある。

　全体的な状況を考察する上でカギを握るのは、最終的に顧客が製品やサービスを利用することによって実現される「価値」である。本章の冒頭でも記したように、ビジネスとは、この「価値」の創造と配分に関わるゲームだといえるからである。ビジネスでは、生産者や供給業者、流通業者、顧客などの様々なプレーヤーの協調的な相互作用によって「価値」が創造される。と同時に、その生み出された「価値」は、利益などの貨幣に変換されて、競争を通じてプレーヤーの間で配分される対象でもある。

　ただし、「価値」の創造に関わるプレーヤーは、必ずしも自明ではないし、誰をプレーヤーとするかは見方によって大きく変わる。具体的な事例から、この点を考えてみよう。

Exercise 4-1
鉄道の駅はどのような「価値」を生み出す施設で、その「価値」の創造にどのようなプレーヤーが関わっているのか。

　ふつうに考えれば、鉄道の駅は鉄道に乗降するための場所である。しかし、駅は鉄道に乗るために、様々な人が集まる場所でもある。そこに、たとえば魅力的な商業施設を作れば、立地的に恵まれているので、駅を利用していた人々は立ち寄るであろうし、さらにその商業施設に行くために、さらに多くの人々が鉄道を利用してその駅に向かうことになる。もともとはほとんど関係が薄いプレーヤーが結びつくことによって、新たな「価値」が生み出されるのである。

　日本の大手私鉄は、この点を早い時点から認識していた。だから、一見関係がなさそうに見えた小売業を、自社の事業が生み出す「価値」に多大な影響を与えるプレーヤーと認識したのである。たとえば、そのような発想の原点であった阪急電鉄は、大阪・心斎橋方面に流出する自社の乗客からより大きな「価値」を生み出すために、1920年代に梅田に商業施設を開設している。当初は百貨店の白木屋（後に現在の東急百貨店に合併）を小規模なテナントとして迎え入れた後に、自社直営とし、最終的には百貨店を開業したのである。[4]

4 ゲーム・アプローチ

　このような日本の私鉄に特有の事業ドメインは、一般的にも知られている。だが、かつての阪急電鉄の事業構想から80年余りが経過しても、このような考え方が鉄道事業に関わる人々に広く共有されているとは限らない。たとえば、我が国最大の鉄道事業者であるJR東日本では、「情報が得られて生活の不便も解消できる拠点」として駅の位置づけを変えて、新たなビジネスを展開しようとする試みもあるようだ。それが実現するならば、駅は、単なる鉄道に乗り降りする場ではないことはもちろんのこと、既存の物販業との相乗効果を期待する以上の場にもなりうる。しかしながら、同社の管理職の間では、旧国鉄の発想を引きずっているからか、鉄道の乗降場所としての発想が今なお根強いという。[5]

　このように考えていくと、「価値」を中心に考えることの利点は、従来は思いつかなかったようなプレーヤー間の相互関係が明らかになってくる点であることがわかる。

　ポジショニング・アプローチにおいても、たとえば産業構造分析を行う上では、供給業者や競合企業、顧客などのプレーヤー間の相互関係は考慮されていた。しかし、そこでは、製品市場によって定義された産業という枠組みの中でのみ、プレーヤーは認識されるものとして基本的には考えられている。

　この点が、ポジショニング・アプローチの1つの限界として指摘されてきた。産業構造分析を実行するには、まずもって、分析対象となる産業の輪郭を明確にしなければならない。そうでなければ、誰と競争しているのかすらはっきりせず、戦う土俵を見誤ってしまう。しかしながら、製品の物理的な属性で産業を定義するのには、少なからず問題がある。

　一般に、技術変化の速度が速くなると、産業の境界が曖昧となり、ビジネスが展開される場を柔軟に再定義する姿勢が必要となる。たとえば、情報技術の進展によって、かつては明らかに別の

産業であった情報処理と通信、さらには放送という領域の垣根は、以前ほど明確ではなくなっている。技術革新が落ちつけば、新たに生成された秩序に従い、安定的な産業の枠組みが出現するのだろう。しかし、現状は混沌としており、従来の枠組みに固執すれば、その企業にとって致命的になりかねない。

　その点、ゲーム・アプローチは都合がよい。顧客にもたらされる「価値」という視点に立つので、産業の枠を超えて様々なプレーヤー間の関係が見えてくる。たとえば、駅前の商店街は、住宅地と駅を結ぶバス会社と補完的な関係にあり、相互に「価値」を創造し合う関係にある。バスの本数が増えれば商店街へのアクセスがよくなり売上げに貢献するし、逆に商店街の評判が高まればバスの乗客数が増えるからである。あるいはマクドナルドと駅の立ち食いそば店とコンビニエンスストアは、一見すると関連性は薄そうに思われる。しかしながら、低価格で簡便なランチの提供という点では、「価値」の配分を巡って競合している。

　このように、「価値」を中心にしたゲームとしてビジネスをとらえると、自社と関連する様々な企業の姿が見えてくる。そして、これら様々な企業の間での「価値の創造」と「価値の配分」のパターンとして、ビジネスの全体構造を把握することが可能になる。さらには、自社に配分される「価値」を高めるためには、その上でどのような行動を起こすべきなのかといった指針が見えてくる。

　最近よく取り上げられる「ビジネスモデル」という言葉は、状況に応じて様々な定義を与えられているようではあるが、本来中核に据えられているべき問題は、じつはこのような見方だともいえる。

注4）原武史（1998）『「民都」大阪対「帝都」東京：思想と

しての関西私鉄』講談社。
5)『日本経済新聞』2002年12月3日。

2. ビジネスゲームの構造

「価値の創造と配分」を巡った企業間の相互作用としてビジネスをとらえる際に、まず行うべきことは、現在の（あるいは想定される）ゲームの全体構造を理解することである。

ゲームの構造を理解する上で基本となるのは、次の4つの問いに答えることである。

(1) 誰がプレーヤーか
(2) 誰が味方で、誰が敵か
(3) プレーヤーは他にどんなゲームに参加しているか
(4) 誰が付加価値を持っているか

以下では、それぞれについて順に詳しく見ていこう。

●誰がプレーヤーか

ゲームの構造を理解する上でまずもって重要なことは「誰がプレーヤーなのか」ということである。

前節でも簡単に述べたが、「価値」を中心に考えると、従来の枠組みを超えて様々なプレーヤーの顔が見えてくる。マーケティングの世界でも言い古されているように、顧客が最終的に必要としているのは、販売されている製品やサービス自体なのではなく、購入によって実現される「本質的サービス」なのである。そのために、表向きには関係が薄そうで、別のゲームに各々いそしんでいるように見えるプレーヤー同士が、「価値」を媒介として、意外な形で相互作用をしている場合も少なくない。

たとえば、最近よく見かける「100円パーキング」を考えてみよう。通常私たちは、100円パーキングの競合相手として、他の駐車場会社を想定する。もちろんこれは間違いではない。しかし、運転者は「駐車場に止めたい」のではなく、「車を置くための場所を確保したい」のである。そこからは、このゲームの重要なプレーヤーとして「警察」が浮かび上がってくる。駐車場への駐車と路上駐車との間には、顧客の価値実現という観点からすると、大きな違いはないからである。そこで、路上駐車にモラルの問題を感じない人々にとっては、大雑把に言えば、罰金の額に取り締まられる確率をかけた期待額と100円パーキングの駐車料のいずれが高くなるのかが問題となる。警察の取締りが必ずしも徹底されていない現状では、100円パーキングは「割高」なものとして感じられやすいだろう。このように考えると、100円パーキングにとって、相互作用がある最大かつ隠れた外部要因は、じつは警察の駐車違反取締りの動向であることがわかる。

　またマクドナルドが平日半額ハンバーガーを市場導入することによって、意外な競争相手が出現した企業もあるだろう。ハンバーガーが100円を切ることで、これまでと同じ食品であっても、「食事」というカテゴリーを超えた、別のものとしても、顧客はとらえるからである。たとえば、安価に空腹を満たすという点からいえば、カップラーメン会社やスナック菓子会社がマクドナルドと共通の土俵に上がってくることになる。おやつとして、もしくは手軽な食べ物としてならば、駅前で売られている石焼き芋ですら、競合の対象となるのである。

●誰が敵で、誰が味方か

　第2のポイントは、ゲームに参加する様々なプレーヤーの中で、「敵」と「味方」とを峻別することである。

4 ゲーム・アプローチ

　敵というのは、共通のパイを巡って分け前を争うような競合関係にあるプレーヤーである。たとえば、成長の見込めない成熟産業においてシェア争いをしている企業同士は、お互いに競合関係にある「敵」である。ある企業が顧客を増やせば、別の企業は顧客を減らすことになるからである。このような状況は、一般に「ゼロサムゲーム」と呼ばれている。

　それに対して、他社が業績を伸ばすことによって、自社の製品の「価値」が増大するならば、両者に補完関係が存在することになる。補完的生産者となる場合である。この場合には、両者はお互いに「味方」ということになり、協調的な行動を誘発しやすい。ゲーム機器のハードウェアメーカーとソフトウェアメーカーのように、相互に補完的な製品を供給しているプレーヤー間の関係を想定してもらうとわかりやすいだろう。この場合、ソフトの量が増えればハードの価値も高まるし、ハードの設置台数が増えればソフトの価値も高まることになる。このようなゲームは「プラスサムゲーム」である。

　しかしながら、前節で述べたように、直接の競合相手が常に「敵」というわけではないし、また、補完的生産者が常に「味方」であるというわけでもない。実際の場面で、「敵」なのか「味方」なのかを見分けるのは、意外と難しい。

　「敵」と「味方」を区分するのが難しい理由の１つは、１つのプレーヤーに２つの側面が併存する状況が少なくないことにある。たとえば、市場で競合する製品を供給する企業間でも、双方が製品導入することによって市場自体の成長が促進される場合には、パイの拡大を誘発するという意味で、「プラスサム」の側面が出てくる。その一方で、最終的に利益を配分する際には、プレーヤー間には、利益を取り合う「ゼロサム」の関係が生じる。

　規格間で競合関係が生じている状況は、この典型である。より

多くの企業が自社規格を採用してくれれば、その規格が市場で受け入れられる可能性は高くなる。その結果、自陣営のパイ全体が増大することになる。その意味では、同じ規格内の企業間は補完的関係にある。その一方で、多くの企業が自社規格に賛同してくれればくれるほど、規格という土俵を同じくする競合企業は増大し、規格内部での競争圧力は高まりがちになる。

　「敵」か「味方」かを区分することが難しい2つめの理由としては、そもそもいずれに当てはまるのかについて、自明でない場合も多いことが挙げられる。

　たとえば、地元商店街に新たに大手流通業者が進出しようとしているとする。両者の間には競合関係が存在するというのが、以前支配的な見方であった。この点は、かつて大規模小売店舗法が存在した背景として、大規模店舗の進出から小さな商店を守ろうという意図があったことからも明らかだろう。顧客を取り合う「ゼロサムゲーム」なのだから、大手資本の攻勢から保護しなければ、弱い中小小売業者は壊滅的な打撃を受けてしまうというのが、そこでの基本的な論理である。

　しかし、地元商店と大手流通業者は必ずしも競合関係にはないという見方もある。たとえば、地元商店街がうまく特色を出すことができれば、大手流通業者の進出によって生じる集客の恩恵を受けることも考えられる。あるいは、明示的な棲分けやその町自体に人を呼び寄せるための共同のイベントといった形で、協力的な関係を両者の間で結ぶことも考えられる。そのようにすれば、商店街はさびれるどころか、逆に活性化につながるかもしれない。

　ある実証研究によれば、商業集積間での集客競争が激しいために、大手流通業者が進出した商店街の売上げはむしろ上昇しているという（畢、2000）。逆に、地元商店街の反対運動に対応して、既存商業地から離れたところに大手流通業者が進出した場合に

は、その商店街は客足を奪われて衰退する傾向がある点も、そこでは指摘されている。

　この商店街と大規模小売店舗のような関係では、「敵」か「味方」なのかが最初からわかっているというわけではない。このことはゲーム・アプローチの基本的な属性とも関わっている。企業の外部要因は所与のものなのではなく、相互作用を通じてお互いに影響を与え合うものとして見るのが、このアプローチの特色である。このような視点に立てば、企業の外部にある各プレーヤーをどのようにとらえて、その上でいかに行動するかによって、そこで生じる結果は大きく変わりうると考える方が、むしろ自然だということがわかるだろう。

　以上をまとめておこう。多くのプレーヤーは、競合相手である「敵」であると同時に、補完的な関係にある「味方」でもある。そこで戦略上重要となるのは、その競合的な側面に注目するのか、それとも補完的な側面に注目するのかによって、ゲームの戦い方が全く変わってきて、結果に大きな違いが生じるということである。

●プレーヤーは他にどんなゲームに参加しているか

　第3のポイントは、各々のプレーヤーが他にどんなゲームに参加しているのかを把握することである。個々のビジネスゲームは独立して存在しているとは限らず、プレーヤーが別のゲームで競争していることが、他のゲームでの競争に影響を与えることも少なくない。特に、多角化して複数の製品市場に製品を導入しているような状況では、ある製品市場での競争のあり方が、他の製品市場での競争のあり方に影響を与えることがある。それゆえ、他者の行動をなるべく正確に読み解こうとするなら、自社の競争に直接には関係しない領域における他者の行動にも注意する必要が

出てくる。

　このことは考慮すべきゲームの範囲に関わる問題である。市場で熾烈な競争をしていると、目の前の製品市場に目を奪われて、その製品に限定してゲームを考えてしまうことがある。しかしプレーヤーが複数の製品市場に参加している場合には、広い範囲に目を向けてゲームを理解しないと、大きな利益機会を逃すことにもなりかねない。

　逆に言うなら、複数のゲーム間での相互作用を適切に理解すれば、それを逆手にとったビジネスを組み立てることができる。デルコンピュータが 1996 年にサーバー市場に参入するときには、明らかにこの点を意識していた（Dell, 1999）。当時のパソコン業界では、大手企業は利益率が高いサーバー事業で上げた利益を、パソコン事業に注ぎ込み、攻勢をかけていた。つまり、サーバー事業からパソコン事業に対して、内部補助が行われていたのである。その点を見抜いていたデルは、単に単独での利益をもくろんでサーバー市場に参入しただけではなく、この構造を逆手にとった。サーバー市場で攻勢をかけることで、競合企業の「補助金の源泉」に打撃を与えて、パソコン市場での競争を有利に進めることをもくろんだのである。

　逆に、複数のビジネスゲームで相互作用をしているにもかかわらず、個々のゲームを独立したものとしてとらえると、思わぬ結果が生じる場合もある。

　日本の即席麺業界では、この典型的な状況が生じていたようだ。[6]「サッポロ一番」を主力ブランドとするサンヨー食品は、2000 年 6 月から、縦型カップ麺市場での売上げを倍増するための計画を開始した。主たるターゲットは、「カップヌードル」を有し、縦型カップ麺で圧倒的なシェアを持つ日清食品である。サンヨー食品の大々的な攻勢に対して、日清食品は関東工場に袋入

4 ゲーム・アプローチ

り即席麺の専用ラインを新設することで、迂回的な対応策を講じた。

　一見すると、日清食品は単に逃げ腰の対応をしているようである。だが、サンヨー食品が置かれている状況を知ると、これが巧妙な対応であることがわかる。サンヨー食品は袋入り麺でシェア首位にあり、特に関東地区で強いとされる。つまり、日清食品の収益源に攻撃をかけようとするサンヨー食品に対して、逆に日清食品はサンヨー食品の収益源に攻撃をかける可能性を具体的な行動で示しているのである。ここからは、カップ麺と袋入り麺という2つの市場が独立したゲームではないことが、うかがえるだろう。

　最近注目を集めている知的財産権を利用した戦略でも、このような考え方が重要となっている。製造業における知的財産権は、通常、特定の製品市場における自社製品の競争優位を確立するために利用される。したがって、自社製品にとって重要な特許に目が向くのは自然なことである。しかしながら、競争相手との間で包括的なクロスライセンスを結ぶことを考慮すると、その製品市場における自社製品にとっては重要でなくても、他の市場における競争相手の製品にとって重要となるような特許であれば、それに投資することは長期的には合理的な戦略となる。有利な条件でクロスライセンスを結ぶことができれば、自社製品の優位性が高まるからである。その意味で、競争相手が他の市場でどのような戦い方をしているのか、また、将来的にどのような市場に参入する意図を持っているのか、ということを、他者の立場に立って、広い視野を持って観察することが必要となる。

　策略めいたものに見えるためか、一般に日本企業はこの種の状況に対する目配りが欠けているようである。確かに、一見姑息な戦術に見えるかもしれない。しかし上記のように戦略を考えるこ

とは、より広い視点からビジネスの構造をとらえることで初めて可能となるものなのであり、局所的な対応とはある意味で正反対なのである。

注6)「食天王山：縦型カップめん」『日経産業新聞』2001年1月16日。

● 誰にパイが配分されるのか

　先にも触れたように、相互関係にある複数の企業の行動が結果として市場の拡大をもたらす場合には、両者は補完的な関係にあり協調的な行動を誘発しやすい。しかし、そうした補完的関係にある企業間でも、市場から得られる利益がどのように配分されるのかという段階では競合関係になる。

　このように、ゲームとしてビジネスの全体構造を把握する上での第4のポイントは、様々なプレーヤー間で、どのように「価値」ないし「利益」という「パイ」が配分されるのかという側面である。

　一般に、「パイ」の配分パターンはプレーヤー間の力関係によって決まってくる。たとえば、家庭用ビデオゲーム市場では、ソニーや任天堂などのハードメーカーとソフトメーカーは補完的な関係にあるが、どちらにより多くの利益がもたらされるのかは双方の力関係に依存するであろう。一般には、ハードメーカーの方がソフトメーカーよりも数が少ないこともあって、ハードメーカーの交渉力が強くなる傾向にある。しかし他方で、「ファイナルファンタジー」や「ドラゴンクエスト」のような人気が高いソフトを開発する企業は、ハードメーカーに対して強い交渉力も持つことになる。ソフトの動向がハードの売上げ自体に大きな影響を与えるからである。

4　ゲーム・アプローチ

　この例からわかるように、力の強いプレーヤーはより多くの「パイ」を享受できる。逆に、交渉力の弱いプレーヤーは少ない分け前に甘んじなければならない。こうした考え方は、ポジショニング・アプローチに属するマイケル・ポーター氏の産業構造分析の枠組み（図4-1A）と共通する点である。

　ところで、プレーヤーの強弱を最終的に決定づけるものは何なのだろうか。この点がわかれば、当該企業が究極的に獲得できるはずの「パイ」のおおよその大きさが理解できることになる。

　結論を言えば、プレーヤーの強弱を規定するのは、そのプレーヤーが参加することでビジネスゲームにもたらす「価値」の大きさである。そのゲームでの「価値」創造に対する当該企業の貢献度と言い換えてもよい。先のゲームソフトの例で言えば、人気がないソフトを販売している企業は、その業界に参入しようが撤退しようが、大した影響はないだろう。このようなソフトメーカーは、いくら粘ろうとも、交渉力はほとんどない。逆に、きわめて人気が高いソフトならば、それがどのハードに対応するかとか、どのようなゲームを出すかということが、そのハードの命運を決定づけることに加えて、ハードの普及を左右するために、他のソフトメーカーの売上げに間接的に影響を与えることになる。

　別の例を見てみよう。一部の普通車指定席を2人掛にしたり、「のぞみ」の割引切符を先駆けて導入するなどの施策を打ってきた山陽新幹線と比べると、東海道新幹線での旅客に対するサービスは相対的に低く、その結果として割高になっているようである。この主要因は、東海道新幹線を運行しているJR東海の怠慢というよりは、航空機や高速バスといった競合運送機関と比べた場合の、東海道区間での圧倒的な利便性の高さに求められるだろう。利便性が高ければ、それだけ三大都市圏間での旅客輸送というゲームにもたらす「価値」は大きくなる。したがって、サービスを

向上しなくても、より大きな「分け前」を運賃として請求できるのである。

　以上の視点に立てば、「パイ」の分け前に関しては、自社が参加することによってもたらされる「価値」の大きさまで、その企業は請求できる「権利」があることもわかってくる。その「価値」よりも小さい分け前しか得ていなければ、ゲームからの撤退を示唆することなどで、相手の譲歩を引き出せる。逆に、その「価値」の大きさ以上に「パイ」を得ていれば、分け前を減らすように言われても、最終的には従うしかない。

　他者のもたらす価値についても同様に考えることができる。もし他者が、ゲームにもたらす「価値」以上の分け前を得ているのであれば、自社は、その分け前の一部を請求することが可能となる。逆に、他社が、その「価値」以下の分け前しか得ていないのであれば、追加的な分け前を請求される危険性がある。その場合には、なるべくその事実を気づかせないようにすることが1つの戦術となり得るかもしれない。

　このように、ゲームにもたらされる「価値」の大きさという点から、パイの配分構造を理解することによって、ゲームから正当な分け前を得ることが可能になる。パイの配分についての理解に欠けると、他者に不当に大きな分け前を与えてしまうことになりかねない。日本では、この点をきちんと理解していない企業がしばしば見受けられるようだ。共同体的な側面が強いとされるこれまでの日本企業同士であれば、別段問題はなかったのかもしれない。しかし、競争相手がパイの配分構造全体を理解した上で、上記のようなスキームに則って行動しているのであれば、同じ視点から交渉に臨まないと、「取られ損」になりかねない。

column 4 ゲーム・アプローチ

明示的ルールと暗黙の認識

　自社や他者の交渉力を決めるのは付加価値の大きさだけではない。同じ付加価値であっても、ゲームのルール自体が異なると、プレーヤーに配分されるパイの大きさも変わってくる。

　政府によって制定される法律は、ビジネスゲームに大きな影響を与えるルールの1つである。たとえば、1990年代後半に台湾の半導体企業が急速に競争力を高めた理由として、台湾政府による税制優遇を挙げる声は多い。台湾の半導体企業の場合、税引き前の利益より税引き後の利益の方が大きいのであるから、確かに対等に競争するのは難しい。その他にも、特許制度や労働法など政府が設定するルールは数多く存在する。

　しかし、ルールは政府が規定するものだけではない。たとえば、ビジネスの世界でよく知られるルールの1つとして、最優遇条項（Most-Favored-Customer Clause：MFC）というものがある。[7] ある顧客との間で有利な条件で取引が結ばれるときに、それと同等以上の条件を自動的に付与することを、特定の顧客に対して保証する契約である。

　供給業者からMFCを得た顧客は、競争相手より常に安い価格で仕入れることができる。より有利な価格が保証されることを望む顧客の立場からすると、一見、都合のよい契約のように思える。しかしながら、MFCの存在は、むしろ顧客に対する販売価格を高めるという結果をもたらす。特定の顧客にMFCを与えた供給者は、他の顧客との価格交渉の際に、なるべく価格を高止まりさせようと強気に出ることになる。他の顧客への値引きは、同時にMFCを与えている顧客に対する値引きにつながり、二重の損失となるからである。一見顧客に有利に見えるルールが、じつは供給者の交渉力を向上させているわけである。取引相手との契約ルールの設定においては、ルールのこうした間接的な効果も考慮に入れる必要がある。その上でルールを自社に都合のよいように誘導できれば、付加価値以上のパイを得ることも可能となる。

　製品やサービスの価格は、供給者のもたらす付加価値や明示的なルールだけで決まるものでもない。業界にはしばしば暗黙の認識というものがあり、それが価格を支配することも観察されるようだ。

　たとえば、筆者の1人は、子供の頃、父親が近所の寿司店で飲み食いして、1万円、2万円と支払っていたことを記憶している。その寿司店が地域で独占していたわけでもない。ただ、当時、寿司といえばとにかく高価なものだったのである。ところが、今では、回転寿司店に行って1000円も出せば、たらふく食べることができる。もちろん、生産地や流通経路の合理化によって実現された大幅なコストダウ

ンが寄与していることは確かであろう。しかし、それにしても、かつての寿司は高すぎる。「寿司は高価なものである」という暗黙の認識が価格を下支えしていた可能性は高い。回転寿司は、その暗黙の認識を打ち破ることに、ビジネスチャンスを見出したともいえる。

　高止まりする価格に対する暗黙の認識というものが市場で形成されることは、既存企業にとっては非常に都合がよい。しかし、逆に、こうした暗黙の認識もしくはルールの存在が、新規参入の機会を示していることも確かである。

　逆に、暗黙の認識によって、価格が過剰に下落することもある。たとえば、徐々に普及し始めたプラズマ・ディスプレイや液晶を表示装置として使った薄型テレビでは、「1インチ1万円」にまで価格を低下させることが、業界の目標とされている。このことは、コストダウンの目標となるだけではなく、コストや需給動向とは独立した価格低下の一因ともなっている。そのために、これらの製品は、需給がタイトであるにもかかわらず、場合によっては赤字になりかねない状態にある。

　しかし、この目標には、関係者の間で広く知られているような、絶対的な根拠があるわけではない。強いて挙げると、既存のブラウン管テレビとの関係が多少想定される程度である。だが、現時点では、薄型テレビはその特性からブラウン管テレビと完全な代替関係にあるわけでもない。したがって、「1インチ1万円」という目標は、合理的な基準というよりも、関係者の間でなぜか共有された暗黙の認識に近い。

　このように、暗黙の認識により価格が過剰に下落している場合には、製品の準拠点などを変えるなどして、価格をより高い水準に維持することが、企業側にとっては本当は望ましいだろう。

注7）この部分の詳しい話は、Brandenburger and Nalebuff（1996）の第6章を参照のこと。

3. ゲームの構造を変える

　ここで言う「ゲーム・アプローチ」からすると、まず重要なことは、前節で説明した4つの側面からゲームとしてのビジネスの構造を把握して、それを前提として適切な行動を選択することである。

　しかし、自社の取り分を増やすという観点からすると、より重

4 ゲーム・アプローチ

要なことは、外部に働きかけることによって自社の目標達成にとって有利な方向にゲームの構造自体を変化させることである。

ゲームの構造を変える主な方向性としては、次の3点を挙げることができる。第1に、他者との関係を競合関係から補完関係に変化させたり、また他者との関係の中に新たな補完関係を発見・認識することである。それによって配分の原資となる「パイ」自体を大きくする。第2に、「パイ」の配分パターンを変化させて、自社の取り分を多くすることである。第3に、同じ「パイ」を取り合う競合関係にある場合に、熾烈な競争を避けるように仕向けることである。

以下では、これら3点を具体的に説明しよう。

● 補完関係の認識と構築

既に述べたように、他のプレーヤーとの関係が敵対的なのか補完的なのかということは、必ずしも自明でないことが多い。そこで、補完関係を見出すことができれば、「パイ」の拡大から便益を得られる。

もちろん競合関係において、いかに自社に配分される「価値」を増やすかについて考えることは重要である。しかし、その前に補完関係が見出されれば、厳しい消耗戦で争うことなく、自社の取り分を増やすことができる。ゲームを「ゼロサム」から「プラスサム」に転換する、つまり「パイ」を取り合う前に、「パイ」を拡大することができるならば、参加しているプレーヤーの間で誰かが犠牲になることなく、利益を拡大できるのである。

ここで、日本のコンビニエンスストアについて考えてみよう。先にも触れたように、大手流通業者と中小小売店との関係は、基本的には対立の構図でとらえられてきた。しかし、新業態として出現したコンビニの多くは、大手流通業者の資本系列にもかかわ

らず、フランチャイズ・システムをとることで、むしろ中小小売店を内部に取り入れる形で成長してきた。とりわけ既存の酒販店については、積極的に加盟店を増やすような施策を打ってきた。チェーン本部側は投資を抑えながら拡大ができる一方で、酒屋などの既存商店側は、系列店として加盟することで、中小小売店にとってはなかなか難しい業態転換をより円滑に進め、規模の経済も享受することができる。ここでは、大手流通業者と中小小売店は、双方に利点がある補完関係にある。

ただし、フランチャイズ・システム全般では、もともと企業として異なる本部と加盟店の間で利益相反が発生してしまうことも、しばしばある。利益の取り合いや業績不振の責任の所在に関する紛争も、実際に生じている。

しかし、うまく運営されているフランチャイズ・システムでは、この種の問題が比較的起こりにくい。一般的には、加盟店との間でのゲームを「ゼロサム」ではなく「プラスサム」ととらえてシステムを組んでいる企業の方が、中長期的には高い業績を獲得しているようである。逆に、「ゼロサムゲーム」としての側面を過度に強調すると、システム全体の長期的な発展は困難となる。

日本の製造業の特徴といわれる系列下請システムも、フランチャイズ・システムと基本的には同じ構造を有している。長期的取引を1つの特徴とするこのシステムでも、「プラスサム」的な側面が組み込まれていなければ、長きにわたり機能することは難しかったと思われる。

ヤマト運輸が「宅急便事業」を始めたときの話も、補完関係の認識という点で興味深い（小倉, 1999）。当時、個人宅配ビジネスにとっての最大の問題は、いたるところに散在する不確定な個別の荷物需要を効率よく取り込むことが難しいという点であったという。この点が商業貨物とは異なる点であり、大手の運輸業者

4 ゲーム・アプローチ

が個人宅配市場への参入に二の足を踏んでいた理由である。この問題を解決したのが取次店の制度であった。酒販店や米穀店などに取次店となってもらい、顧客には取次店まで荷物を運んでもらう。一方、ヤマト運輸の集配車は取次店を回り各営業所に荷物を集める。

　この仕組みの優れた点の1つは、顧客、取次店、ヤマト運輸の3社が Win-Win の関係になることである。小倉氏は次のように説明している。

　「もちろん取次店には一個につきいくらという具合に手数料を払う。取次店となる酒販店や米穀店にとっては、たいした手間をかけることなく副業収入となるからメリットがある。またお客様にもメリットがある。わざわざ取次店まで荷物を持ち込んでいただいた手数を考え、自宅まで集荷にいったときの運賃より割り引いてあげるのだ。なによりヤマト運輸には、効率よく荷物が集められるというメリットが生まれる。すなわち、三方が得をするわけである」（小倉、1999、p.80）

　自分にも相手にも便益が生じるような状況を作り出せば、労せずパイの配分を享受できる。こうした例としては、ベネッセコーポレーションによる進研ゼミの仕組みも非常にうまくできている（青島、2001）。進研ゼミというのは子供向けの通信教育講座である。上は高校生、下は幼稚園児にいたるまでをカバーしており、市場は、ほぼベネッセによる独占状態である。

　進研ゼミの優位性は、個別化された双方向のサービスを低価格で提供できる点にある。それを支えているのが「赤ペン先生」による添削指導である。赤ペン先生は、ベネッセの社員ではなく、添削枚数に応じて報酬を受けている。30〜40代を中心とした主

婦というのが赤ペン先生の平均的な姿である。子供や教育に興味を持っていて、比較的学歴が高い人が多い。多くの赤ペン先生は、生活のためにお金を稼ぎたいというよりは、結婚後も社会との接点を維持しながら、自分の持つ能力を活かしたいと思っている人々である。赤ペン先生のネットワークは、こうした高学歴の主婦の埋もれた潜在能力を活性化する機能を持っている。その代わり、ベネッセは、差別化の中核要素である双方向サービスという機能を相対的に安価に仕入れることができる。双方にとってのメリットが組み込まれている。

　また進研ゼミは、公的教育機関との間にもWin-Winの関係を築き上げている。進研ゼミは教科書準拠を方針としており、公的教育に対する補完として提供されている。したがって、公的教育機関への信頼が高まれば高まるほど、進研ゼミへの依存度も高まるという関係が出来上がっている。

　もちろん、補完関係が成り立つためには、補完関係になり得ることを各プレーヤーがどれだけ認識するかに左右される点には、注意が必要である。あるプレーヤーが補完関係を認識して協調しようとしても、他のプレーヤーが競合関係という前提のもとで敵対的行動をとってしまう可能性があると、協調的行動をとることによるリスクは高まる。相手が協調的行動をとると確信できない限り、結果として、お互いの協調行動は抑制されてしまう。したがって、「補完関係」があることを相手に認識させると同時に、自社が「補完関係」を前提として協調行動をとることを相手に明確に伝達する必要が出てくる。

●パイの配分パターンを変化させる

　ゲームの構造を変える第2の方向性は、「パイ」の配分パターンを変えることで、自社の取り分を増やすことである。これには、

4 ゲーム・アプローチ

(1)自社の交渉力を高めて、直接取り分を増やす方法と、(2)他者の取り分を増やして、その分け前を要求する方法、の2つが考えられる。

まず前者について見ていこう。自社の交渉力を高めるということは、他者がもたらす「価値」を相対的に低下させるということでもある。

では、他者がもたらす「価値」を相対的に低下させるには、どうすればよいのであろうか。最も単純に考えられるのは、新しいプレーヤーをゲームに引き込んで、ゲームの構造を変えることである。ただし、この際に、自社と競合関係にあるプレーヤーを引き入れても、目的は達成されない。意図とは反対に、自社自体の「価値」を低下させてしまうからである。したがって、新たに取り込むプレーヤーは、自社と補完関係にあり、かつ既存の他のプレーヤーとの競合関係が一部で発生するという条件を満たしていなければならない。

完成品メーカーによる部品調達を考えてみよう。規模の経済を考えれば、特定企業に集中して購買した方が望ましいのかもしれない。しかし、実際には、複数の供給業者から調達できることを取引の条件とされることが少なくない。その理由の1つは、調達先に関する選択肢を作ることで、供給業者側の「価値」を相対的に低下させて、完成品メーカー側の交渉力を増大させようとすることにある。逆に、供給業者は自社の「価値」をできるだけ高めようとする。インテルのように、製品に組み込まれて見えない部品にブランドをつけて最終消費者に広めようとしたり、競合他社に自社製品の正規ライセンスを与えるセカンドソース契約を結んだりする背景には、供給業者側に「価値」の配分をコントロールする権限を保持したいという意図がある。

また、新しいプレーヤーを実際にゲームに引き込まなくても、

既存のプレーヤーにとって現実味がある形でその実現可能性が示唆されているだけでも、同様の効果がある。たとえば、トヨタ自動車の下請生産システムでは、同一ではないが類似した部品やコンポーネントを各部品メーカーに並行して発注することで、相互に代替的な技術を各社に蓄積させて、実質的な競争圧力を部品メーカー間に発生させていたとされる（伊丹、1988）。

次に、他者の取り分を増やして、自社にその分け前を要求する方法について検討しよう。先には、自分が参加することでゲームにもたらされる「価値」の大きさまで、各プレーヤーは分け前を請求できることを指摘した。さらに言えば、自社の参加によって、ゲーム全体の「価値」が増えないにしても、他のプレーヤーに配分される「価値」が増大するのであれば、その「価値」の一部分でも請求することは可能である。

その典型例が、北海道国際航空（エア・ドゥ）のケースである。エア・ドゥの参入によって、東京－札幌間の旅客輸送というこのゲーム全体の「価値」の総量が変化したわけではない。また、競合企業と比べて、エア・ドゥは経営資源やポジショニングの点で競争優位を有するわけではないために、同社は経営的に厳しい状況に直面した。

その一方で、エア・ドゥの参入は、このゲームにおける「価値」の配分パターンに大きな変化をもたらした。価格競争が起こることで、北海道民を中心とする利用者は多大な便益を享受したのである。北海道庁の試算に依れば、同社参入による値下げ効果は年間150億円にのぼるとされる。[8] つまり、日本航空や全日本空輸に配分されていたパイの一部が、北海道民に移転されることになった。それにエア・ドゥが協力したわけである。

したがって、一時期ではあるが、北海道庁や道内経済界が同社に対して人的・金銭的支援をしたことには、それなりに合理性が

ある。エア・ドゥが事業から直接的に利益を得るには現実に様々な障害があった。ある意味で無謀な挑戦といえたかもしれない。しかし、(同社がどこまで意識していたかはわからないが) 新規参入によってパイの配分構造を変化させて、それによって利益を得る主体 (北海道民) に対して、パイの一部を請求するというのが、エア・ドゥのビジネスモデルであったと考えれば、理解できるのである。[9]

注8)『日本経済新聞』2000年12月28日。
　9) 実際には、大手による値下げ対抗、自社整備網の欠如、飛行場でのゲートの確保など様々な障害のため、2002年6月にエア・ドゥは民事再生法適用を東京地裁に申請し、全日本空輸の支援の下で、経営再建を図ることとなった。エア・ドゥに関する記述は藤井 (2001) 参照。

● **熾烈な競争を避ける**

　ゲームの構造を変える第3の方向性は、プレーヤー同士が同じ「パイ」を取り合う競合関係にある場合に、熾烈な競争を避けるというものである。

　各プレーヤーにとって最も厳しい競争は、価格という次元だけでの競争である。価格という指標は単純明快であり、かつ利益の増減に直結するために、価格のみでの競争では、「体力勝負の我慢くらべ」になりがちだからである。

　企業が他社との差別化を図ろうとする理由は、このような価格に基づく消耗戦から自社が脱却したいと考えることにある。ただし、製品差別化とは、ゲームの場から逃れることで他社との競合を回避しようとするアプローチであり、ゲーム全体の構造は少なくとも直接的には変わるわけではない。

　そこで、ゲームの場に留まりながら熾烈な競争を回避するには、競争が展開される「次元」を変えることが必要となる。

ゲームでの評価軸を変えるには、(1)この競争の次元を価格から他に移すことと、(2)競争の次元自体を曖昧にすること、という2つの方法が考えられる。

　前者について言えば、競合他社を中心とする他のプレーヤーに対して、何らかの「合図」を送ることで、品質をはじめとする価格以外の様々な競争次元への転換が可能になる。たとえば、泥沼の低価格競争に陥っている場合に、従来よりも価格は高いが品質を強調した製品を市場導入するなどして、それが「合図」だと他の有力プレーヤーに受け入れられれば、そのような転換につながる可能性がある。

　とりわけ、製品の市場導入といった新たな行動に伴い、大規模な生産設備への投資や多額の広告宣伝費を注ぎ込むなどして自社のコミットメントが生じる状況であれば、「合図」として他のプレーヤーに自社の意図が伝わる可能性が高くなる。このことがゲーム全体の転換を促すことも少なくない。ただし、場合によっては、新たにコミットメントが発生していることを逆手にとられて、手薄になった既存の領域で攻勢をかけられる可能性もある。したがって、自社の意図を実現するには、ゲームにおける自社の位置づけを十分把握するとともに、他のプレーヤーにも転換を促すような形で「合図」を出すことが、きわめて重要となる。

　第2の、競争の次元を曖昧にするとは、競争の次元を複雑にして、どのような次元に基づいて競争が行われているかを不明瞭にしてしまうことである。具体的には、支払う対価と実際に受ける製品・サービスの属性間や、対価と費用との間などでの対応関係を複雑にすることを挙げることができる。これらの対応関係が不明確であれば、顧客は競合製品を比較して優劣をつけることが困難になる。また、競合企業同士でも、特定のターゲットを定めて競争を仕掛けることが難しくなる。

4 ゲーム・アプローチ

　これまでの日本の生命保険を想定してみると、このことはわかりやすいかもしれない。競合企業の間のみならず、自社の商品間でも、商品特性の違いが明確ではなく、貯蓄と保障の詳細が渾然一体となり、顧客が支払う対価と提供されるサービスとの間の対応関係もはっきりしていない。また、生命保険会社がこれらの点が明確になるように十分な情報を顧客に提供してきたとは言い難い。逆に、新たに参入した生保会社の一部は、商品特性や契約内容の明確化を図ることで競争の次元を変えて、新規参入者に有利なゲームの構造を作り出そうとしている。

＊＊＊＊＊

　以上「ゲーム・アプローチ」というラベルのもとで議論してきたことは、何らかの奇策を推奨しているわけでは決してない。むしろ強調したいのは、自社の潜在的な能力を十二分に活かすためにこそ、以上のような点に着目すべきだということである。どれだけ投資をしたとしても、いくら努力を注いだとしても、自分が参加しているビジネスゲームの構造を理解して、自社に有利なように利用したり変えたりしなければ、徒労に終わりかねない。そうならないためにも、これまで考察してきたような問題を考慮に入れて、事業を組み立てる必要がある。

Chapter 5 学習アプローチ

　この章では、戦略論の4類型の最後として「学習アプローチ」について見ていく。本書の枠組みでは、「内」の「プロセス」に焦点を当てる見方である。
　学習アプローチは、同様に「内」に視点を向けた資源アプローチとは、企業に蓄積される経営資源に着目する点では類似するが、違いもある。資源アプローチと学習アプローチの違いは、資源アプローチが様々な経営資源に適用可能な枠組みを提供しているのに対して、学習アプローチは情報・技術・知識といった「見えざる資産」が蓄積されるプロセスに焦点を当てている点で異なる。学習アプローチとは、企業の外部環境と相互作用をしながら、事業を遂行するために必要な能力が蓄積される側面に焦点を当てた戦略論なのである。「わかっていない」ことを「わかっていく」プロセスに着目したアプローチともいえる。

■

　たとえば、将来飛行機の技術者になることを夢見ている子供がいるとしよう。ゆくゆくは、自分が設計した飛行機を大空に飛ばしたい。ただし、仮に十分な潜在能力があったとしても、そのために必要な知識はもちろんのこと、夢を実現するためにどのようなことをしていけばよいのかといったことすら、その子供自身はわからない。最終的にその夢が実現するにしても、それは、親や

5 学習アプローチ

教師や書物などから、様々な知識を獲得していきながら、必要な能力をつけていった結果である。

企業でも、同様のプロセスは至るところで見受けられる。たとえば、新たな事業に乗り出していく場合には、事業活動に必要とされる有形無形の様々な能力が、その企業に最初から備わっているわけではない。また、市場規模とか顧客の要求とか他社との競合関係といった考慮すべき様々な要因についての正確な知識を、最初からそれほど持っているわけでもない。

そのような状況では、事業活動を継続して展開していくことで、知識を主とする必要な能力が企業に蓄積されることになる。もちろん、能力をどのように蓄積していくのかという「方向性」を事前に規定することは可能であるし、重要でもある。しかし、将来的にどのような人々や企業といかなるやりとりを行うのかということを、事前に詳細に予測・計画することはほとんど不可能である。それは私たち個々人の人生を振り返ってみれば容易に想像できる。だから、偶然の出会いも含めた、様々な学習機会を効果的に活用しながら目標実現に必要な能力を蓄積していく「プロセス」そのものが重要となってくる。

このような学習アプローチは、先に紹介した3つのアプローチと比べて、間接的な色合いが最も濃い。とりわけ「外」に着目する2つのアプローチとは、この点で大きく異なる。現在の事業活動を直接操作して即時的な結果を求めるよりも、現在の事業活動を通じて蓄積された「見えざる資産」という経営資源を将来の事業活動に活かすという点が、強調されているからである。手段と目的との対応関係が当初から必ずしも明確にはならないという点で、学習アプローチは間接的な戦略なのである。

この間接的な属性のために、学習アプローチは戦略論ではないように思われることもある。しかし、後述するように、かつての

日本企業の中には、学習アプローチ的な発想に基づいて成功を収めてきた場合も少なくない。その成功の背景では、偶然も影響したであろうが、一方で偶然を必然に変える努力やメカニズムもあったはずである。現時点で見えやすいことを直接的にコントロールすることだけが、戦略ではない。学習アプローチは不確実な未来の構想を実現することを重視する点で、趣は異なるものの、1つの有効な戦略論なのである。

1. 学習アプローチの特徴

　学習アプローチには、頻繁に参照される代表的な枠組みが存在するわけではない。この点はポジショニング・アプローチやゲーム・アプローチとは異なっている。
　ただし、学習アプローチが「見えざる資産」の蓄積プロセスを重視していく背景を遡っていくと、それぞれの論者がどの程度意識しているかは別にして、ある種の共通する要素を抽出することができる。以下では、この共通要素について見ていくことにしよう。

●「プロセス重視」の背景
　学習アプローチでの「プロセス重視」とは、簡単に言えば、机上での計画やその段階での情報収集よりも、事業活動で逐次的に生じる状況からの知識獲得を中心に考えるということである。実際、事前の計画がその通りに実現できるような場面が非常に限られているということは、日常を少し振り返れば誰でも理解できるであろう。
　この点はある意味で逆説的である。本章の冒頭では、学習アプローチは現在の事業活動を直接コントロールする志向が弱いとい

5 学習アプローチ

う点で、間接的な色合いが濃いとした。しかし、実際の戦略を組み立てる際の現在の事業活動との関わり合いからすれば、学習アプローチは最も直接的である。実際の事業活動を通じて得た知識を、最も重要視するからである。

学習アプローチ的な発想が日常的な経験論のレベルを超えて、戦略論の1つの見方になってきたことには、それなりの背景があった。

プロセス重視という視点は、ポジショニング・アプローチを代表とする、かつて主流にあった経営戦略論に対するアンチテーゼとして展開されてきた側面が強い。[1] 前にも触れたように、「戦略」という言葉からは、特定の目標を設定して、それを実現するための方策を事前に計画することを連想しがちである。「分析型戦略論」と呼ばれる、従来主流の経営戦略論[2]は、まさにこうした側面を強調した戦略論である。そこでは、企業の戦略的活動は「計画段階」と「実行段階」の2つに分けてとらえられる（図5-

図5-1　2つの戦略観

A. 分析型戦略論

　　計　画　→　実　行

B. 学習アプローチ

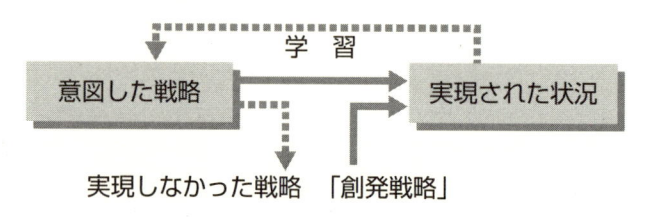

　　意図した戦略　→　実現された状況
　　　　　　　学習
　　実現しなかった戦略　「創発戦略」

（注）Mintzberg and Waters (1985), P.258-259 を一部修正して作成。

1A）。前者では、様々な要因を詳細に検討した上で計画が立てられる。後者は、立案された計画の実現に向けて、具体的な行動を起こす段階である。

「分析型戦略論」で想定されているのは、計画段階が実行段階を規定する、という一方向的な関係である。したがって、事前の計画に織り込まれていないにもかかわらず、その後の実行プロセスで生じた事象は、少なくとも原理的には、計画を阻害する攪乱要因としてとらえられることになる。このような考え方の下では、前段階である計画を合理的に策定するための手段としての役割を、経営戦略論は担うことになる。このことは、経験曲線（補論参照）や製品ポートフォリオ・マネジメント（PPM、第7章参照）をはじめとする古典的な戦略分析用ツールが、計画段階での作業を支援するために開発され、一時期は経営戦略論の中心にあったことからも理解できるだろう。

確かに、これらの戦略分析ツールは、ある一定の効果をもたらしてきた。しかし、そこから得られる処方箋の通りにうまくいかないこともしばしば起きた。

想定通りに物事が運ばない状況に直面して、分析型戦略論では、その枠組みの精緻化が図られていった。初期の分析枠組みでは、戦略上重要とされる要因を間違っていたり、見落としていたりするから、うまく機能しない。だから、正確な因果図式に基づく枠組みを作ることが、そのような状況を打破する道筋だと考えられたのである。

たとえば、補論で詳しく見ていくように、経験曲線効果から推奨される競争戦略は、市場シェアの拡大のみである。そこでは、市場シェアの拡大が累積生産量の増大を通じて当該事業の利益率に大きな影響を及ぼすという因果経路だけに、焦点が当てられるからである。

5 学習アプローチ

　それに対して、市場シェアは唯一重要な決定要因ではなく、「差別化」や「集中」といったシェアに依拠しない競争戦略も同様に有効である（Porter, 1985）とか、膨大なデータを解析した結果、市場シェアのみならず、顧客に知覚される品質も同様に利益率に影響を与える（Buzzell and Gale, 1987）といった、新たな見解が様々に提起された。

　しかしながら、先に述べたように、計画通りに物事が進まないことは日常茶飯事である。むしろ先行して立てた計画がそのまま実現することの方が、異例ですらある。[3] この日常感覚で冷静に考えれば、計画段階で用いる枠組みをいくら精緻化しても、歯が痛いときに鎮痛剤で一時的に抑えるようなもので、根本的な問題は解決できないことになる。

注1）「分析型戦略論」と「プロセス型戦略論」の対比を明確に示した代表的なテキストとしては、奥村（1989）がある。なお、ここで学習アプローチに含めた議論のすべてが、この点を明示的に認識しているわけではない（たとえば、伊丹[1984]）。

2）「分析型戦略論」としては、ポジショニング・アプローチを含めた、計画段階を重視する議論が該当する。ただし、より詳細な戦略論の分類によれば、計画を重視する戦略論とポジショニングを重視する戦略論との間でも、依拠する視点が異なるとされる（Mintzberg et al., 1998）。

3）このような状況が経営戦略で実現するには、次の3つの条件が満たされなければならないとされる（Mintzberg and Waters, 1985）。第1に、当該企業で詳細なレベルまで具体化された意図（計画）が存在すること。第2に、そのような意図が組織のメンバー全員に受け入れられていること。第3に、外部環境に妨害されることなく、意図がそのまま実現すること。言うまでもなく、この3つが同時に満たされることはほとんどない。

●プロセス重視の戦略論

　この日常感覚に沿うように、分析型戦略論の根本的な前提を問

い直したのが、ここでいう「学習アプローチ」である。

　学習アプローチは、実際の事業活動で生じる予期せぬ事象を、攪乱要因ではなく、当然に生じうる学習の機会として、より積極的にとらえる（図5-1B）。ここでは、場当たり的で無計画な状態は想定されていない一方で、意図通りに実現しないものがあることも、枠組みの中に織り込まれている。

　さらに、当初意図していなかった事象に対する事後的な対応行動も、この枠組みの中では「戦略」の一部として扱われる。当事者が意識するか否かにかかわらず、結果として企業行動が何らかのパターンを描いているのであれば、「創発戦略（emergent strategy）」（Mintzberg and Waters, 1985）という、一種の戦略だと考えるのである。

　この一連の過程で重要なのは、意図とは必ずしも一致しない結果を誤りとせず、逆にそこから積極的に学習することで、知識を蓄積して、次の企業活動に活かすというループである。意図と結果がずれているのであれば、そこで「なぜ意図通りにいかなかったのか」と考えて、一時的なものにせよ、自分なりの結論を出すことに意味があることになる。

　この点に注目すると、分析型戦略論が既存の因果図式に基づいた演繹的な戦略であるのに対して、学習アプローチはその場の状況を観察しながら、既存の因果図式を自ら作って、知識として蓄積していく帰納的な戦略だといえる。[4]

　少々議論が込み入ってきたので、「好きな人がいるときに、どのようにアプローチするか」という問題に置き換えて、両者の違いを考えてみよう。たとえば、周辺から様々な情報を集めて、相手の気持ちや性格を予測した上で、「告白」の場所や方法、タイミングなどを綿密に計画するというやり方がある。それに対して、相手とコミュニケーションをとりながら、徐々に相手の気持ちを

5 学習アプローチ

探っていくプロセスをたどる方法もある。脈がありそうだと思ったら、映画や食事に誘ったりする。反応が悪ければ、手を替え品を替え、状況を改善しようと努力する。でも、肝心なことは伝えないから、ダメだと思ったら、何事もなかったように引っ込むことさえできる。

この比喩の前者は分析型戦略論を、後者は学習アプローチを、それぞれ基軸とする「異性への接近法」である。この場合、どちらをとるかは、その人の好みで左右されるかもしれない。また、どちらの方が効果的なのかということも一概には判断できない。相手の気持ちや行動が比較的容易に予想できるような場合には、分析的アプローチの方が効果的であるかもしれない。逆に相手のことを正確に予測できないような場合には、学習アプローチ的な行動をとった方がよさそうである。

企業戦略でも同様である。直面する外部環境が不確実だと感じられる場合には、状況を見ながら少しずつ展開する漸進的なプロセスが推奨されることになる（Quinn, 1978; Hayes, 1985）。何が起こるか正確には予測できないという前提に立てば、当初から大規模な計画を実行するのは、リスクの高い「ギャンブル」になってしまうと同時に、結果からの学習の機会も少なくなるのである。

注4）ただし、ここでは、純粋に事実だけから因果図式を考えるわけではなく、「仮説」となる意図を事前に持っているために、厳密な意味での帰納法とは異なる。この点の詳細な議論については、原田（2000）を参照。

2．学習アプローチのポイント

以上では、学習アプローチが依拠する前提がポジショニング・アプローチを中心とする「分析型戦略論」と大きく異なる点につ

いて見てきた。

　学習アプローチを戦略論の1つとして考えることに、まだ違和感がある読者もいるかもしれない。筆者の1人は「創発戦略を戦略と呼ぶと、何でも戦略になってしまうんじゃないの」と、ある経営学者がつぶやくのを聞いたことがある。だから、そのような感覚を持っても、おかしくはないのかもしれない。

　しかし、学習アプローチがそれでも戦略論の一角を占めると、筆者らは考える。「戦略の理論を検討する理論」に留まるのではなく、企業経営に対して何らかの示唆を提供するからである。再三述べているように、学習アプローチは現在の事業活動を直接コントロールすることに重きは置いていないけれども、野放図な経営を推奨するような見方ではないのである。

　そこで、学習アプローチを利用して戦略的思考を進める上でのポイントを、具体的に考えていくことにしよう。特に重要だと筆者らが考えるポイントは、次の3つである。

　(1) 学習の「場」の選択
　(2) 学習の方法：「実験」による漸進的・体系的な学習
　(3) 「反省（reflection）」の重視

　これらの要素は、不確実で必ずしも事前にわからないことが多いとしても、偶然を企業経営に活かすには、意図的な取り込みが重要な役割を果たすことを意味している。

● 「学習の場」の選択
　第1のポイントは、学習の「場」の選択である。将来という不確実な状況に向けた学習の内容は、事前にすべて確定することはできない。その一方で、学習する「場」は、そこで何を学べるの

5 学習アプローチ

かがわからなかったとしても、少なくとも選び出すことはできる。選択した場所がよかったのか悪かったのかは、最終的には後づけ的にしかわからないかもしれない。だからといって、学習する場所について、何の考えもなく選び出すことは少ない。むしろ事前に考えられる範囲内で合理的に選択しようとする方が、ふつうである。

　この点は、個人がどの大学・学部を進学先として選ぶ場合に、どのような行動をとるかということを考えてみれば、わかりやすい。進学先にどんな先生がいて、実際にどのようなことを学ぶことができるのかということを正確に知っている受験生は、まずいない。その一方で、何も考えずに進学先を決める受験生は、ほとんどいないだろう。電子技術者になりたければ電子工学科に、弁護士になりたければ法学部に、内実はともかく、それぞれ進学するのが合理的である。また、大学や学部・学科の一般的な評判や「在学生の声」などという情報も、実際には相当怪しいものも少なくないのだが、他に手立てがないので、参考にしたりするだろう。つまりは、正確な情報がつかめないとしても、できる限り合理的に行動しようとするのが、一般的な姿なのである。

　企業経営において重要な学習は、主として実際の事業活動を通じて展開される。そこで、企業が学習を進める上では、どのような事業領域を設定するのかということが、1つの重要なポイントとなる。どこで事業を展開するかによって、学習できる知識の内容が大きく左右されるからである。

　当たり前のことのように思えるが、実際には、この点を意識して事業領域を設定していない場合の方が多い。学習のためではなく、収益を上げるために、事業活動を展開するのがふつうだからである。一般的には、学習はあくまでも収益のための事業活動から生み出される副産物なのである。

しかし、学習することが事業活動の収益性よりも優先される場合もある。学習を優先して設定される事業領域は、学習アプローチ的な意味での戦略性を帯びている。たとえば、第2章（p.74）でも見た部分的垂直統合（tapered integration）を展開する場合には、事業活動自体よりも事業活動を通じた学習が優先されることもある。完成品メーカーの立場では、事業の統合が、完成品事業を展開する上で、重要な情報源となることもある。このような場合、たとえ部品事業自体の経済合理性が小さいとしても、部品事業を手掛ける戦略的な意味が出てくる。

部品メーカーの側でも、完成品事業が仮にそれほど儲からないとしても、完成品事業を通じた学習により、部品事業を円滑に展開しようとすることもある。ただし、この場合には、供給先が完成品市場で競合相手となることで、部品事業に負の影響が出ることも考えられる。このようなコンフリクトを避けるために、主だった部品供給先とは競合しない市場で、完成品事業を展開する場合もある。

このような学習を優先する事業領域の設定は、ポジショニング・アプローチやゲーム・アプローチから考えた場合には出にくい発想である。ポジショニング・アプローチから見た場合に推奨される事業領域は、基本的には構造的に守られており、収益性が高い産業である。また、ゲーム・アプローチでは、たとえ直接的には大して儲からないとしても、他の事業の交渉力に大きな影響を与える領域には、進出する合理性があると考える。

それに対して、学習アプローチでは、その事業で行われる学習が及ぼす波及効果が重要視される。もちろん、いくら学習できるからといって、大赤字を垂れ流す事業が実際のビジネスで正当化できるわけではない。ここで重要なのは、各アプローチの間では、ある事業を展開することがどのような意味を持つのかについて、

5 学習アプローチ

重点的に考慮するポイントが変わってくる点である。

以上の議論から、自社の事業ドメインをどのように設定するかという問題は、学習の場の選択としても、重要な意味を持つことがわかる。事業ドメインは、事業領域の設定そのものだからである。もちろん事業ドメインの問題は、学習アプローチだけで重要なのではなく、ポジショニング・アプローチでも、資源アプローチでも、ゲーム・アプローチでも、それぞれ大きな意味を持っている。そのために、どれか1つのアプローチだけに立脚して、事業ドメインを設定することは、できるだけ避けるべきだろう。単層的に考えて設定すると、戦略的に重要な視点がすっぽり抜け落ちてしまう可能性があるからだ。

事業の展開領域のみならず、そこで誰と取引を行うかということも、学習の場の選択で重要となる。この点は私たち個人のことを考えても明らかである。友人や恋人、あるいは教師や隣人として誰と交流するかによって、その人たちと与え合う影響は変わってくる。自分とは違った世界を持っている人であれば、多少のコンフリクトが生じるかもしれないが、新たな知見を獲得しやすい。自分と類似点が多い人たちを中心につき合えば、視野は狭くなるかもしれないが、濃密なつき合いの下で、特定の領域に関する知識は深まるだろう。あるいは、悪い仲間とつき合えば、その種の世界に目が向きがちになる。

企業でも、どこを事業領域として選択するかだけでなく、そこでどのような企業を顧客として取引するかによって、学習のあり方、ひいてはその内容が変わってくる。たとえば、京セラの稲森和夫名誉会長は、同社の成長段階で重要だった出来事の1つとして、IBMとの取引の実現を挙げている。[5] 大量の受注に成功したものの、当時最先端の大型コンピュータを手がけていたIBMの仕様は、それまでの取引先とは桁違いに厳しく、納入までには相

当な困難が生じた。しかし、その結果として、京セラの技術水準は大幅に上昇したとされる。

　このような学習の場を多面的に設定して戦略的に活用している企業に、シマノがある（武石・青島、2002）。一般に完成品としての自転車業界は、普及品を中心としてアジア諸国との競合も激しく、構造的には儲からない。しかし、シマノは「自転車業界のインテル」と呼ばれることからもわかるように、自転車用部品で強力な地位を構築している。一般的な完成車メーカーとは異なり、売上高経常利益率で10.1％（2001年度連結）という高収益企業である。

　シマノは自転車事業では部品に特化しており、自社ブランドの完成車は手がけていない。しかし、部品事業を展開するに当っては、完成品に関する知識は重要である。そこで、シマノは完成車を直接手掛ける代わりに、最終ユーザーからの情報を獲得するルートを重視している。たとえば、「ディーラーキャラバン」という名前で呼ばれる、世界各国の販売店回りは、単なる営業ではなく、実際のユーザーの動向をいち早くつかむ手段である。

　また、自動車メーカー向け変速装置用部品をシマノが手掛ける主たる理由も、そこでの学習にあるとされる。自動車用部品は、自転車用部品よりも品質的にもコスト的にも要求が厳しく、苦労する割には自転車部品事業ほど儲かるわけではない。しかし、このような厳しい取引を通じて、シマノの技術的な強みの１つである冷間鍛造技術を高い水準で維持することが可能になる。冷間鍛造技術は、金属材料を高温にすることなく加工する手法であり、熱に伴う変形がないために、切削による精度出しの工程が不要となる。この技術を保有することによって、自転車での精度要求の高度化に際しても、それに伴うコストの増大を抑えることができたという。

5 学習アプローチ

注5)「私の履歴書 稲森和夫14」『日本経済新聞』2001年3月15日。

●学習手段としての「実験」

　学習の場を選択したとして、次に問題になるのは、そこでどのように学習するのかという点である。

　学習アプローチでは、机上の計画ではなく、事業を展開することによって、将来の事業に必要な知識なり能力を獲得することが前提となっている。先に触れたように、この知識・能力は、学習に主眼を置く場合だけではなく、ふつうに事業活動を展開していても、副次的に獲得できる。多くの学習はこの日常的な事業活動で生じるが、このような学習については、特別な方法があるわけではない。

　その一方で、事業活動を通じた学習が事業からの収益獲得よりも優先されたり、知識の獲得が単なる副産物ではなく、相応に重要であったりする場合には、望ましい学習の方法がある。その際には、あくまでも学習することが重要なのであるから、場当たり的であったり、過剰に大規模な投資を伴ったりするような、リスクの高い行動は回避されるべきである。そのためには、漸進的で体系的な学習の方法を意図的に構築することが、戦略的な意味を持ってくる。

　その具体的な手段としては、「実験」を通じて学習を進め、企業に知識を蓄積していく方法がある（原田、2000）。ここで言う「実験」とは、(1)「このような事業活動が適切ではないか」と事前に想定し、(2)そこでの考えを実行に移して、(3)生じた結果を検討して、(4)そこで得た知見を、次の行動の基礎とする、というサイクルの下で、事業活動を展開することである。

　このような実験を中心とする事業活動は、事前に何らかの意図

や予測が含まれる点で、場当たり的な行動とは異なる。その一方で、事前の想定は正しいことが前提となるのではなく、適切かどうかということ自体が考察の対象になる。分析型戦略論での計画や意図が、簡単には曲げられない「規範」だとすれば、実験のサイクルでの意図や予測は、事前には正しいかどうかはわからない「仮説」といえる。

「実験」という言葉からは、何やら小難しい、特殊な事例のような印象を受ける読者がいるかもしれない。だが、この種の企業活動は、現実にも様々な形で展開されている。

たとえば、ヤマト運輸が「宅急便」事業を進めてきたプロセスは、この例に当たる（小倉、1999）。宅急便事業に進出する際には、社長であった小倉昌男氏を中心に、綿密な計画が練られていたのは、事実である。ただし、その裏づけをとるために、様々な調査やテストが行われていた。さらに、民間企業では類を見なかった宅急便事業を開始した後も、路線網や営業所網の拡充とともに、顧客や現場でのニーズに合わせた情報・配送システムの開発や、「スキー宅急便」や「タイムサービス」などの新商品の開発などが継続して行われてきた。

より体系的に「実験による学習」が行われている、身近な例もある。コンビニエンスストアでのPOSシステムの活用法が、それに当たる。POSシステムが導入されている企業・店舗では、情報端末でもあるレジでバーコードを読み取ることで、商品情報が入力される。また、コンビニでは、レジでの精算の際に、最後に「30」などの数字が書かれたボタンが押されている。これは顧客の年齢カテゴリーをデータとして入力する作業である。このようにしてレジ端末で入力されたデータは、ホストコンピュータなどに集計される。しばしば誤解されることであるが、データを入力して集計するだけでは、POS本来の能力を発揮することはで

5 学習アプローチ

きない。データを読み取るためには、そのための枠組みが、使う側に事前に用意されている必要がある。

POSデータを積極的に活用してきたセブン–イレブン・ジャパンの鈴木敏文会長は、かつて次のように語っている。

「POSは、あくまでも自分の立てた仮説を、実践を通して検証するための道具にしか過ぎない。したがって、仮説のない行為は、POSがいくらデータを出しても、そこから意味を引き出すことはできない」[6]

セブン–イレブンのように、上記の意味で利用してきた企業では、POSシステムは、学習を支援する強力な手段として機能してきた。また、それは、商品の受発注といったオペレーションでの活用にとどまらず、商品を供給するメーカーの製品開発プロセスでも、重要な役割を果たしている（小川、 2000）。POSとは、単なる業務効率化の手段ではなく、供給業者を含めた事業活動全般での「実験による学習」を体系化したシステムなのである。

注6) 緒方知行 (1991)『セブン–イレブン　イトーヨーカ堂の流通情報革命』TBSブリタニカ、pp.221-222。

● 2つの「実験」観

学習の手段として「実験」を用いるためには、じつは考えておくべきことがもう1つある。具体的には、「実験」を何のための手段として考えて、外部環境との関係をどのようにとらえるかという基本的な前提には、異なる2つの選択肢が存在する点である[7]。いずれを選択するかによって、「実験」が事業活動にもたらす意味が大きく変わってくる。このことは、POSのような体

系的な「実験」であろうが、もう少し場当たり的な活動であろうが、同じである。

　選択肢の1つは、既に存在している答えを知るための手段として、「実験」をとらえる考え方である。より正確には、「企業側が立てた仮説を示して、顧客をはじめとする外部環境にその正しさを判断してもらう手段」と言い換えてもよい。いわば「真実を知る、あるいは確認するための実験」である。

　もう1つの選択肢は、最初から答えが存在しているわけではなく、「答え」が新たに作り出されるプロセスとして、「実験」をとらえる考え方である。「企業側の意図を外部の行為主体に伝えて、どのような反応が生じるかを観察する手段」と言い換えることもできる。ここでは、企業と顧客をはじめとする外部の関係者の間での相互作用を通じて、もともとは明確には存在していなかった「答え」が生み出されることになる。

　これだけの説明だとよくわからないかもしれないので、好きな人にどのようにアプローチすべきかという例から、もう少し説明しておこう。

　第1のタイプの実験と同じような立場からは、好きな人にアプローチしようとする場合には、相手が自分を好きかどうかは事前に決まっていると考える。この場合には、こちらがどのように振る舞おうとも、相手の答えは最初から決まっている、というのが前提である。そこで、わざわざ漸進的にアプローチする意味は、「失敗しても、恥をかかなくて済む」とか、「できるだけ相手との関係を壊さない」といった、失敗による打撃をなるべく抑えることにある。

　対する第2のタイプの実験と同様の立場に立つ場合には、こちらの振舞い方次第で、相手の答えが変わってくると考える。実は、相手は自分のことが好きなのに、気づいていないだけなのかもし

5 学習アプローチ

れない。そうならば、うまくやりとりすることによって、気づかせることができる。また、今のところは自分のことが好きではないけれども、将来的に好きになってくれる可能性があるかもしれない。そうなると、「相手をいかに振り向かせるか」ということが、大きな問題となってくる。いずれにせよ、相手の答えは最初から決まっているのではなく、相手との相互作用によって、最終的な結末が変わる、というのがその前提である。

　どちらでもよさそうに見えるかもしれない。だが、この2つの考え方は、事業活動において重要な違いをもたらす。最も顕著な点は、いずれをとるかによって、実験活動の結果に企業が受動的に反応するのか、それとも積極的に関わるのか、という企業行動の違いが、生み出されることにある。

　コンビニでのPOSの活用法、あるいはマーケティング調査で用いられる手法の多くは、「答えは最初から存在している」という前者の考え方を前提にしている。コンビニに行くと、清涼飲料水やカップ麺の新製品が次々と登場する状況に出くわす。その一方で、棚から外される商品も、新たに投入された商品と同じだけ存在する。その際に、既存製品の命運を分けるのが、短期間で商品の動きを見ることができるPOSの売れ筋データである。企業側の行動はPOSデータでよし悪しが一方的に判断される。

　この種の活動の裏では、顧客の好みが事前に決まっていることが、暗黙的に仮定されている。並べた商品がすぐに売れ始めるということは、顧客がおおよその製品属性を先に知っていて、企業行動の正否をすぐに判断できることを意味するからである。

　だが、顧客は常に自分の欲しいものとは何かを、事前に知っているとは限らない。特に新規性が高い製品については、用途や属性についての見解が顧客側でも企業側でも定まっていないために、顧客は正確な判断ができない。後づけ的に見ると、新しいカ

テゴリーの製品の将来性について、顧客はときには誤った判断すらしてしまう (Christensen, 1997)。

顧客が常に「正解」を知っているわけではないのであれば、POSの活用法のように、顧客の即時的な判断に全面的に任せてしまうと、問題が起こることもある。とりわけ新しいカテゴリーに属するような製品では、その潜在的な可能性が認識されず、結果として世の中に受け入れられないような事態が生じてしまう。

実際に、新規性が高い製品を投入する際に、自社の意図を顧客に理解してもらおうと、POSデータに基づく短期間での判断を避けるための方策をとっている企業もある。たとえば、ロッテは、新技術で味を大幅に改良したシュガーレス・チョコレートを市場に投入する際に、当初のターゲットを女子高生にする一方で、最終的なターゲットを女子大生やOLに置いた。[8] 新商品に飛びつきやすい女子高生に当初買ってもらい、POSデータによる排除を避けた上で、相対的に保守的で、従来製品の否定的なイメージを引きずりがちなメインターゲットに、時間をかけて商品特性を理解してもらうためである。

より新規性が高い製品では、コンビニという販路自体を使わない手すらある。「キャロット100」を発売したときのカゴメの行動は、その例である。[9] 「飲みやすいニンジンジュース」という、今までになかった概念の製品を、同社はトマトジュースと並ぶ基幹製品として育成しようとしていた。そのために、すぐに結果が出なければ「死に筋」として棚から排除されるコンビニを、流通経路として一切利用しなかった。

この2つの例に共通するのは、自社が開発した意図を顧客に理解してもらって、購買行動自体を変えようとする姿勢である。もちろんPOSは実験を見事なまでに体系化した手法であり、「どんぶり勘定」や「直感」とは、次元が異なる経営手法を実現するも

のではある。他方で、POSのような手法は万能ではない。

　以上からは、外部環境に判断を全面的に任せることを前提とした「実験」には、落とし穴が隠されていることがわかる。企業が意図の下で新しい試みに挑戦するときには、外の人々にすぐ受け入れられるわけではなく、ときには粘り強い「説得」をしなければならないのである。

　ただし、当然のことながら、顧客をはじめとする外部環境を意図通りにコントロールできるわけではない。企業側に意図があるのと同様に、外部の行為主体も意図を持っている。したがって、企業と外部環境の間は相互に影響を与える関係として見なすことが、最も妥当だといえる。企業側であろうが、顧客であろうが、どちらかが一方的に知識を授けて「教育」する形で、相手が「学習」するのではない。

注7）学術的には、外部環境観の相違問題として、長年にわたり議論が展開されてきている。具体的な議論については、Chaffee（1985）、Smircich and Stubbart（1985）などを参照。
　8）「市場を絞れ、顧客を絞れ：ロッテシュガーレスチョコ」『日経ビジネス』1996年9月16日号、pp.40-42。
　9）「あえてコンビニを避ける：カゴメ『キャロットジュース』の育て方」『日経ビジネス』1995年7月17日号、pp.26-27。

●反省（reflection）の重要性

　第3のポイントは、学習アプローチでは、反省（reflection）が重要となる点である。ここで言う反省とは、生じた出来事を振り返り、その意味を深く考えた上で、その後の活動の基盤として活かすということである。

　学習したことの意味は、振り返って考えてみて、はじめてわかることが多い。反省がなければ、学習したことの多くは次の活動

に意図的に活かすことができない。先に示した図5-1Bでは、「学習」は創発戦略を含めた「実現された状況」から「意図した戦略」へのフィードバックとして描かれている。このフィードバックは、基本的には反省の上に成り立つのである。

たとえば、スポーツの試合の後には、しばしば「反省会」なるものが開かれる。「反省会」は往々にして、指導者の説教の場と化して「早く終わらないかな」と選手が念じているだけの時間となったり、あるいは単なる懇親会になったりしてしまうのだが、本来はその日の試合での出来事から、今後に向けて活かすべきことを整理して、チーム内で共有するための場である。

企業経営においても、事前に想定したことと食い違うことを認識したり、予期せぬことが生じたりした場合にそれがどのような意味を持つのかを考えたりして、はじめてその後の経営に活かすことができる。何かが生じたことは偶然であったとしても、偶然から何かを学ぶことは、人間の意図的な営みなのである。来る日も来る日も同じコトを繰り返すように商売をしているだけでは、学習の機会を十分に活かすことにはならない。

ずいぶんと単純で、観念的で、企業経営と距離がありそうな話のように見えるかもしれない。しかし、そうではない。じつは一部の日本企業は、ここで学習アプローチと呼ぶような考え方が戦略論で取り上げられる前から、真剣な反省に基づいて偶然を意図的に取り込むことにより、欧米企業とは異なる経営を確立してきたのである。

そもそも、1970年代から1980年代にかけて、分析型戦略論は純粋に理論的な見地から検討される一方で、[10] 当時の米国企業が困難に直面しているという事実も、その見直しを後押ししていた。米国企業の業績不振の有力な一因と当時考えられていたのは、日本企業の存在である。この構図自体は、第3章で示した資源アプ

5 学習アプローチ

ローチでの状況に非常に似ている。

当時、この種の現実に直面した米国のある経営学者は、以下のように記している。

「月に人を送り、基盤技術を発明したわが国（＝米国）が、なぜ家庭用ビデオや、トヨタよりも優れた小型車ですら、作れないのであろうか」(Hayes, 1985, p.114)

つまり、次のような疑問である。分析型戦略論を取り入れている米国企業が苦況にあえいでいる。その一方で、後発であり、さらに分析型戦略論でいう「戦略」など考えていないような日本企業が、家電や自動車をはじめとする産業で米国市場を浸食し、「進んでいた」はずの米国企業を窮地に追い込んでいる。どうしてこのようなことが起こっているのだろうか。

このような問いに対する答えの1つが、学習アプローチである。つまり、日本企業には戦略はあるけれども、その戦略はそれまで米国で一般的であった概念とは、著しく異なっているというのが、そこでの解答であった。

この点は、本田技研工業（ホンダ）が二輪車で米国に進出した事例（Pascale, 1984; Christensen, 1997; Mintzberg et al., 1998）が学習アプローチの典型例としてしばしば取り上げられることからも、うかがえる。ホンダの事例のポイントは、合理的な戦略の結果として成功を収めたといわれてきた同社の米国進出が、本当は全く異なった過程をたどっていたことにある。実際には、当初輸出を考えてもいなかった原付バイクの潜在的な価値に途中で気づき、原付バイクを足掛かりとして、新たな市場で拡大していったのである。

ホンダの場合、当初は単なる偶然にすぎなかった。そもそもホ

ンダは本格的な二輪車で米国市場に直接切り込むことを考えていたのだが、その営業のために日本から持ち込んで使っていた原付バイクが、たまたま人々の関心を引いたのであった。そこから、ホンダは米国市場の足掛かりをつかんだのである。しかし、このような偶然に接したからといって、その後の事業展開に直結するわけではない。「原付バイクを売るなど、戯言にすぎない」と一蹴していたとすれば、米国市場における現在のホンダの地位を確立することは、おそらくできなかっただろう。

　また、トヨタ自動車が世界の自動車メーカーの手本となるような生産・開発システムを構築してきたプロセス自体も、単純に、企業家的な構想のような事前の合理的な計画の結果ではなかった。もともとトヨタは自社技術の確立に固執していたわけではない。実際に、戦前から昭和30（1955）年代にかけて、フォード自動車との提携を何度も模索していたのだが、結果として失敗し、不完全な技術移転の道を否応なしに選ばざるを得なかったとされる（榊原、1988）。

　しかし、その不完全な技術移転を強いられたトヨタは、その制約条件を逆手にとって、「かんばん方式」をはじめとする独自能力を構築していった。藤本隆宏氏が指摘するように、トヨタの強みの真髄は、環境の制約条件や歴史的な偶発事象など、企業にとって直接コントロールできないような状況にその都度対応しながらも、事後的に一貫した合理的なシステムを構築する「事後的進化能力」にある（藤本、1997）。仮に、生産台数が少ないために、フォードのような大量生産システムをそのまま取り入れることができないと漠然と考えただけであれば、トヨタが先行する欧米の自動車メーカーに追いつき、さらにベンチマークの対象となるような状況には、いたらなかったであろう。

　このように、ホンダやトヨタといった日本を代表する企業も、

5　学習アプローチ

最初は必ずしも順調とはいえず、いわば手探りしながら学習を積み重ねた結果として、現在の地位を築いてきたのである。

学習を通じて蓄積された知識・能力を戦略的に利用することは、一部の企業に特殊な事例ではなく、日本企業で広範に用いられてきた。新規分野への多角化はその典型である。そこでは、伊丹敬之氏が「ダイナミック・シナジー」と呼んだメカニズム（伊丹、1984）が、しばしば利用されてきた（図5-2）。このメカニズムとして理論的に想定されているのは、蓄積された知識・能力を強みとして、新たな事業への進出を図り、さらにその分野で新たな学習を展開するという好循環である。

ここでも、反省は重要な意味を持つ。蓄積した経営資源を活用して新規事業に進出しようとする場合には、学習の成果を戦略的に活用しようとする意図がなければならない。蓄積される経営資源、とりわけ事業活動を通じて副次的に蓄積される知識や能力は、

図5-2　「ダイナミック・シナジー」の概念図

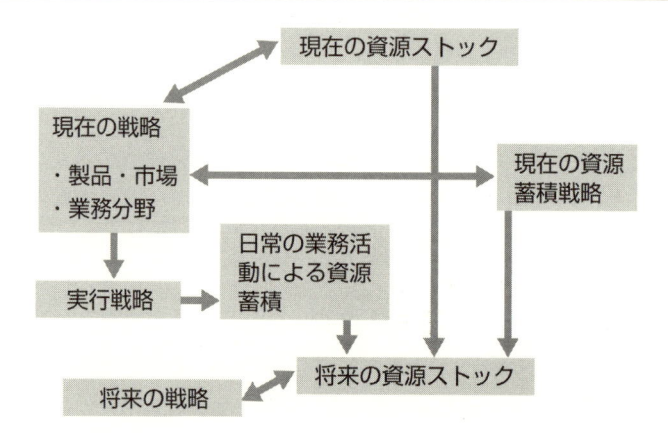

（出所）伊丹（1984), p.249。

何に活用できるかが自然に明らかになるわけではないのである。資源蓄積に基づく多角化戦略は、ここでいう反省の上に成り立っている。

　たとえば、かつてのカシオ計算機における多角化プロセスでは、当初電卓事業を通じて蓄積された半導体設計技術が大きな意味を持ったといわれる。熾烈な競争が繰り広げられていた当時の電卓市場において、相対的に経営資源が乏しかったカシオは、将来の事業展開のためではなく、電卓市場で生き残るための手段として、自社内での設計を選択したはずである。しかし、電卓事業を通じて蓄積された技術は、他の事業展開の可能性を秘めていた。そのことに気づいたカシオは、腕時計や電子楽器をはじめとして、半導体設計技術が応用可能な領域に展開していった。このプロセスは、事業活動を通じて自然に行きつく結果ではなく、反省に基づくきわめて戦略性の高いものだったといえる。

　このような「見えざる資産」の蓄積を事業活動に活かしてきた日本企業は、少なくない。その一方で、経営資源の蓄積から将来の事業展開を図ろうとすることで、日本企業は冗長な事業展開をしてきた可能性がある。日本企業が現在直面する問題には、この冗長な展開から生じた「重荷」も大きいように思われる。

　しかし、過剰ともいえる経営資源を蓄積した日本企業は、単に捨て去るべき余分なものを抱えているだけではない。事業活動を通じて獲得された「見えざる資産」は、手つかずのまましばしば放置されている。再検討、すなわち反省することによって、将来の事業活動でそれらの資源を活かせる可能性は、小さくはないように思われる。

　その典型は技術である。開発された技術の中で、事業化で成功を収めるものは限られている。その一方で、事業化に成功せず「捨てられた」技術が、現在の事業活動に役に立たないものとは

限らない。そもそも技術はかなりの時間が経過した後に、当初の想定範囲外で実用化されることが多いとされる（米山・加藤、2002）。

たとえば、航空宇宙用として開発されたグラファイトとボロンの複合材料は、予想外にもスポーツ用品が最大の市場となった。あるいは、当初は電子計算機用デバイスとして開発されたトランジスタに広大な市場を生み出したのは、ラジオをはじめとする民生品である。このようなことを前提とすれば、かつて役立たないと見なされたり、あるいは検討さえされなかった「見えざる資産」の中に、じつは戦略的に重要な資源が眠っている可能性は少なくないのである。

本当は重要なのに、見捨てられている知識や能力は存在しないのか。「宝の持ち腐れ」になっていないだろうか。切り捨てる前に、自社の強みなど今やなくなってしまったと言う前に、自らの足元を見て検討する価値は、多少なりともありそうである。

注10）端的に言えば、「人間が知りうることには限界がある（「認知限界」）」という大半の経営組織論での大前提から考えると、詳細な情報が得られることを前提とする分析型戦略論は、そもそも機能しないのが当然となる。この種の議論としては、Quinn（1978）などがある。

3. 学習の罠

以上では、学習が、企業経営にとって重要な意味を持つことを見てきた。しかしながら、プロセスによって獲得される知識は、企業に常にプラスの成果をもたらすとは限らない。特に、企業の行動とは独立して外部環境が変動しているときや、企業が新しい領域に乗り出そうとするときには、従来の枠組みの中で蓄積された知識は、その足かせにすらなる。

ここでは、学習がもたらす弊害について、学習によって蓄積された知識と、学習の対象である外部環境という2つの側面から、見ていこう。

●**蓄積された知識の罠**

これまでの議論では、「企業が学習する」というスタンスで記述してきた。このような言い回しは、よく考えるとおかしいようにも見える。学習するのは個人であり、「企業が学習する」というのは、誤っているのではないのか。

しかしながら、個人のみならず、企業自体も学習をする。より正確には、複数の個人からなる「企業組織」が、重要な学習の主体となるのである。個人だけではなく企業組織も学習することは、社員が多少入れ替わったところで、ふつう業務に何の支障もないことから理解できるだろう。社員が入れ替わっても、企業が円滑に運営されるのは、そこでの仕事の進め方が、「ルーティン (routine) (Levitt and March, 1988)」と呼ばれる、個々人が好き勝手にはできないような制度として定着しているからである。つまり、企業組織が学習した成果はルーティンという形で内部に蓄積され、その企業特有の「くせ」になるのである。

ルーティンには、規則に代表されるような目に見えるものもある。また、目に見えないが、人々が物事を見る際の基本的な枠組みとして社員に共有されているものもルーティンである。後者は「企業パラダイム（加護野、1988）」とか、「戦略スキーマ（沼上他、1993）」などと呼ばれている。

企業などに勤めている方であれば、自分が入社したときの状況を思い起こしていただきたい。仕事のやり方はもちろんのこと、休暇をとる場合にどうすればよいのかも、教えてもらわなければわからなかっただろう。また、上司や先輩のモノの見方に感心し

5 学習アプローチ

たり、違和感を覚えたりしたこともあるだろう。しかし、時間が経つと、そんな戸惑いがあったことなどはすっかり忘れてしまうことも少なくない。逆に新入社員の行動に違和感を覚えて、ときには腹を立てたりしているかもしれない。このように、時間の経過とともに社員がその企業に馴染んでいくのは、その企業で形成されたルーティンを、個人として学習した結果である。

ここで問題になるのは、企業が学習した結果としてルーティンが確立されるほど、新しい行動の阻害要因となる点である。その理由は、制度として定着したルーティンは、従来の事業活動に基づいて形成されたものであり、新規性が高いことほど、既存のルーティンと合わないことにある。

他社よりも圧倒的に安い製品を市場に投入して成功を収めた、とある企業の例を見ると、この点がより明らかになるだろう。この企業では、過去に成功した経験に基づいて、製品開発の条件として、仕様を落としてでも、価格をある基準以下に設定することが重要視されている。この基準は、新規参入した事業の多くで適用されている。結果としては、参入に成功した事業もある一方で、少なからぬ事業では、参入時に苦戦を強いられている。

その理由の1つは、「価格破壊」的な行動は、当然のことながら万能ではなく、領域によってはマイナスにすら働くことにある。価格を下げようとコスト削減に邁進すると、その市場で多くの顧客が要求する最低限の機能を満たせない場合もある。あるいは、嗜好品的志向がある市場では、価格を下げ過ぎると、「安物」のレッテルを貼られてブランドイメージが低くなり、いくら最低限の性能が満たされていても、顧客に買ってもらえなくなることもある。

この種の現象は、多くの企業にとって、「対岸の火事」ではない。設立して多少の年数を経た企業であれば、様々なルーティン

が必ず存在している。たとえば、先に記したように、企業では事業活動によって副次的な学習を気づかないうちに行っている。そのように蓄積された知識は、よくも悪くも、企業の「くせ」を知らないうちに形作っている。

　難しいのは、この種の「くせ」は独自性が高いことから、端から見ると奇妙な行動のような失敗の源泉でもある一方で、その企業固有の能力にもなっている点である。最近は「企業の遺伝子」という言葉がしばしば聞かれるが、それはここで言う「くせ」のことである。本物の遺伝子が後世に是非残したいと思う情報だけを伝える媒体ではないように、「企業の遺伝子」には、プラスの側面だけではなく、マイナスの側面もある。「くせ」から生じる問題は見逃すこともできない一方で、「くせ」を失えば、重要な競争優位の源泉を失うことにもつながってしまう。

　さらに、その「くせ」は、スキーマやパラダイムとして、戦略の基本すら構成している。外部環境は誰が見ても同じなのではなく、スキーマやパラダイムという各企業独自のフィルターを通じてはじめて見えてくる。そして、どのような企業であっても、いかなる状況であっても、そのフィルターにかけられた状況を前提として、戦略は組み立てられている。

　このような「くせ」の罠から脱出する方策としては、異質な考えを排除しない意思決定メカニズムをとることが、以前から提案されている。具体的には、「異議申立法（devil's advocacy）」(Schwenk, 1988) とか、「弁証法的探究（dialectical inquiry）」(Mason and Mitroff, 1981) などと呼ばれる方法である。ただし、理論的には一部で知られているものの、実際の企業経営において有用な手段であるという意見は、あまり聞かれない。実際の企業での意思決定では、そのためのコストをかけるほどの意味があまりないからかもしれない。あるいは、その種の手法を採用したと

5 学習アプローチ

して、異質な意見を重視するほど、元からある強みも失ってしまうからかもしれない。

いずれにしても、学習によって蓄積された知識は、扱いが難しい「両刃の剣」なのである。

●「学習の場」の罠

企業は顧客や競合企業などの外部の行為主体と特定の場で相互に学習するのだが、そのプロセスが繰り返されると、お互いに似たような知識を蓄積しがちである。つまり、「ルーティン」は企業内だけでなく、継続的に学習する相手との間でも形成されるのである。業界などに存在するこのような「ルーティン」は、第4章（ゲーム・アプローチ）のコラム（p.136-137）で「暗黙の認識」と呼んだものとほぼ同じである。一般的にも、その存在はかなり広く認識されているようである。

たとえば、「業界慣行」という言葉があるが、これは同業者間に形成されたルーティンである。新規参入者は、知らないうちに、あるいは意図的に、慣行を破ることが少なくない。その際には、既存企業側から見れば、気持ちのよいものではない。場合によっては、掟を破ったことに対する制裁さえ加えられる。

新規参入者が知らなかっただけで、そのうち慣行に従ったり、制裁によって秩序が取り戻せたりするのであれば、それまでに蓄積された既存企業の知識は有効であり続ける。しかし、新規参入者の側に既存の秩序を壊すだけの力がある場合には、従来の慣行を守らせる方向に努力を注ぎ込むと、逆に既存企業の方が流れから取り残されてしまう可能性がある。

また、顧客との間でも、ルーティンは形成される。ある製品の属性や使い方といったことは、製品を作る企業とそれを利用する顧客との間で、徐々に形成され、定着するものだからである。

だが、新しい概念に基づいた製品によって、このルーティンが破壊されてしまうことがある。しかも、POSの例でも述べたように、顧客は新しい概念の製品に飛びつくとは限らない。また、新規性が高い製品ほど、発売当初の機能やコスト・パフォーマンスは既存の製品と比べて、劣っていることもしばしばである。

　だから、最初は売れないし、顧客に聞いたところで、その製品の可能性は正確にはわからないために、その重要性を見落としてしまいがちである。しかし、新しい概念の製品に顧客が流れていくことになれば、気がついたときには、手遅れになりかねない。

　最近生じていて、その可能性がある例として、IP（インターネット・プロトコル）電話がある。たとえIP電話が出てきても、既存の電話会社の多くは、従来の固定電話事業における競争に目が向きがちである。顧客の側でも、通話品質の相対的な低さも手伝って、IP電話が急激に受け入れられるわけでもないだろう。しかし、仮に技術開発が進み、新しい概念が受け入れられていけば、業界の構造は破壊的に変動する可能性もある。

　実際には、従来の産業や企業の中に形成されたルーティンが意味のないものになるのかどうかを事前に見極めることは難しい。ここで明確に言えるのは、ときには蓄積してきた知識を捨てなければ、その企業にとって破滅的な結果が生じかねないことである。

＊＊＊＊＊

　理論的な展開のきっかけとなったことからもわかるように、多くの日本企業は学習アプローチを自然な形でとってきた。したがって、日本企業が学習アプローチを完全に捨て去った戦略をとるのは、望ましいとはいえないだろう。

　その一方で、日本企業が学習アプローチに基づいて事業を展開

5 学習アプローチ

してきたことが、どれだけ意識されてきたかについては、疑問が残る。とりわけ、蓄積された知識と形成された枠組みから抜け出すことが難しくなるという弊害は、十分には認識されていないようである。しかし、地価が右上がりになることを前提として、横並びで融資競争に奔走したバブル期の金融機関の行動も、バブル崩壊後の多くの日本企業の行動も、あるいは「ニューエコノミー」であるはずの「ネットベンチャー」に対する株式市場での投資競争も、この弊害が絡んでいる。

　私たちはこの点を真面目に考える必要があるように思われる。真の意味での「反省」によって、何を捨て、何を残し、さらには何を新たに構築すべきなのかということを、自らの力で明確にすることが必要なのではないだろうか。何しろ、まだ日本が貧しかった時代に、それを実践することで成功を収めてきた人々がいたのである。私たちにできないはずがない。

第3部

複眼的戦略アプローチの応用

Chapter 6 戦略思考のバランス

　前章までは、本書の枠組みに沿って、経営戦略論の4つのアプローチを順に紹介してきた。企業の「外」にある構造的な障壁に注目するポジショニング・アプローチ、企業の「内」にある資源や組織能力に注目する資源アプローチ、企業の「外」にいる他のプレーヤーとの相互作用の「プロセス」に注目するゲーム・アプローチ、外部との相互作用を通じて企業の「内」に知識が蓄積されていく「プロセス」に注目する学習アプローチである。
　学問の世界では、これらの中でどのアプローチがより現実を反映しているのか、といった論争がしばしば行われる。しかし、実際に企業にいて戦略を考える立場からすれば、どのアプローチが正しいのか、どれが優れているのかといった問いを発することには意味がない。これらは企業戦略の異なる側面に注目しているのであって、相互に補完的なのである。4つのアプローチそれぞれの立場に立って考えることが必要となる。重要なことは、戦略シナリオを構築する上で、複数の「概念レンズ」をバランスよく使うことである。
　以下では、4つの「概念レンズ」を組み合わせて見ることによって、どのような違いが現れるかを具体的に見ていきたい。まずは、近年急速に成長しているデジタルスチルカメラ産業を事例として、アプローチの違いによって、考察の対象となる現象が変わっていく点を見る。その上で、実際に直面する状況によって、重点的に取り上げるべきアプローチが異なってくる点について、「外部環境」と「組織的要因」の2点から考察を進める。外部環境の例として取り上げるのは、情報化の進展という最近の問題であり、組織的要因の例として取り上げるのは、日本企業の組織的なバイアスという問題である。

1. デジタルカメラ産業の場合

　日本における電子スチルカメラ[1]開発の歴史は1970年代にまで遡るが、デジタルスチルカメラ（以下、デジタルカメラ）市場の実質的な立ち上がりは、1995年に導入されたカシオ計算機のQV-10がヒットしたことによる。図6-1に示されるように、その後市場は急速に拡大し、2002年度には、全世界で2000万台をこえるデジタルカメラが販売された。特に1997年以降、100万画素以上の静止画像を撮影できる、いわゆるメガピクセル機が一般市場に登場することによって、単なるコンピュータへの入力機器や画像メモとしてではなく、従来の銀塩カメラの代替製品として急速に市場で受け入れられるようになった。その結果、図6-2で示されるように、2000年を境に、日本市場では、デジタルカメラ

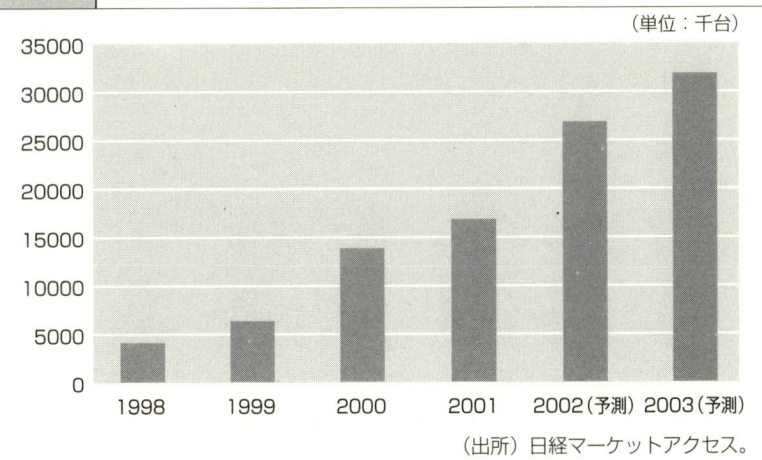

図6-1　世界のデジタルスチルカメラ生産台数の推移

（単位：千台）

年	生産台数
1998	約4,000
1999	約6,500
2000	約14,000
2001	約17,000
2002（予測）	約27,000
2003（予測）	約32,500

（出所）日経マーケットアクセス。

181

の販売台数はコンパクトカメラのそれを上回り、それ以降、両者の差はますます開いている。

現在のデジタルカメラ市場は、日本企業による独占に近い状態である。しかし、同時に、25社に及ぶ企業がひしめき、熾烈なシェア争いをしている市場でもある。現時点で優位に立っているのは、ソニー、キヤノン、富士写真フイルム、オリンパス光学工業（以下オリンパス）の4社であり、それぞれが、15～20％程度シェアを確保している（図6-3参照）。

注1) 1981年にソニーが電子スチルカメラシステムMAVICAを提案して以来、1980年代の電子カメラがビデオ規格にのっとったアナログカメラであった。ここではアナログの電子スチルカメラとデジタルスチルカメラを総称して電子スチルカメラと呼んでいる。

図6-2　日本国内のカメラ出荷台数の変遷

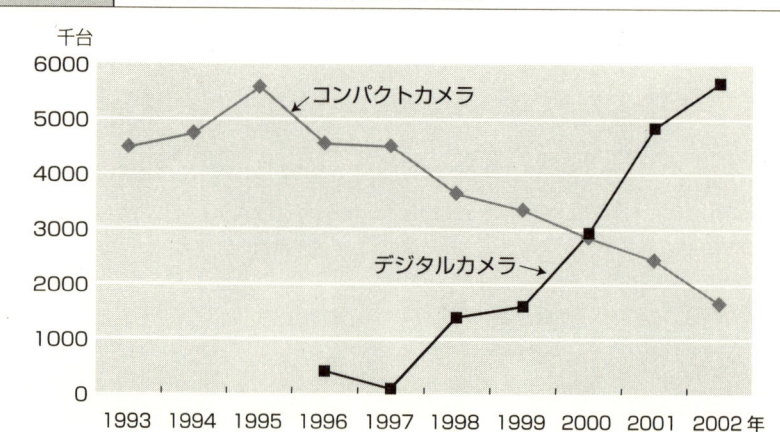

（注）2002年は11ヶ月。
（出所）：カメラ映像機器工業会。

●ポジショニング・アプローチ

　ポジショニング・アプローチからすると、デジタルカメラという市場が、構造的な障壁に囲まれた、利益の獲得可能性が高い「おいしい」市場なのかどうかが、まずもって問題となる。その判断によって、新規に参入を決めたり、市場からの撤退を決めたりする。デジタルカメラ市場内部に複数のセグメントがあるなら、それぞれの利益ポテンシャルの大きさを分析した上で、自社の位置どりを決めることになる。

　利益ポテンシャルに影響を与えるのは、まず、市場成長率である。市場が大きくなれば、パイの総量が増える。また、成長しているときは、熾烈なパイの奪い合いになりにくい。だから各社が十分なパイを確保しやすい。図6-1で示されたように、デジタルカメラ市場の成長率は極めて高い。今後もこのペースで成長するとするなら、「おいしそうな」市場に見える。

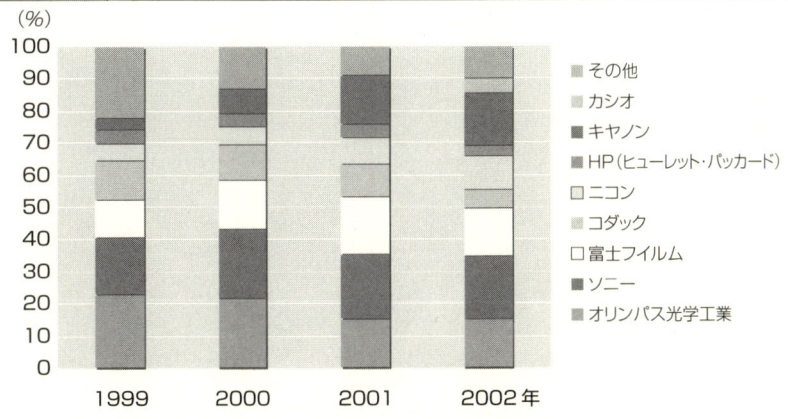

図6-3　デジタルカメラの市場シェア（全世界）

（注）ブランド別の生産台数シェア。2000年と2002年は実績推定。
（出所）日経マーケットアクセスのデータをもとに筆者が作成。

6 戦略思考のバランス

　ただし、市場が大きくなったからといって必ずしも自社にパイがもたらされるとは限らない。そこで、自社からパイを奪う要因の力を分析することになる。以下では、第2章で説明した5つの力のうち、新規参入の脅威、供給業者の交渉力、買い手の交渉力に絞って分析してみよう。

　デジタルカメラの主要コンポーネントは、電子の眼であるCCD（Charge-Coupled Device: 電荷結合素子）、液晶モニター、レンズ、信号処理を含むLSI、電源・ストロボ、外装といったところである。デジタルカメラは、基本的には、半導体を中核部品とするエレクトロニクス製品である。パソコンのように、標準部品を寄せ集めればできてしまうようなものではないが、半導体メーカーから部品を買ってくればそれなりのものができる可能性は高い。自社内に半導体事業を持つ企業であればなお簡単である。

　さらに、この業界にはOEM供給者がいる。たとえば、ニコンとオリンパスにOEM供給している三洋電機は、生産シェアでは世界のトップメーカーである。新規参入者は、こうしたOEM供給者を利用することもできる。また、デジタルカメラの多くが家電量販店で販売されることを考えると、家電系の企業であれば、流通ルートが参入障壁になることもない。

　このように見ていくと、25社もの企業が市場に存在することもうなずける。カメラとしてのブランドは参入障壁になり得るであろうが、技術的な参入障壁は必ずしも高くない。新規参入の脅威は大きい。

　供給業者の力も強そうである。デジタルカメラの主要部品の1つであるCCDは、ソニーが世界市場の60％以上を握っている寡占市場である。300万画素を超えるような高画素タイプでは、ソニーの市場支配力はさらに強い。また、信号処理を含むLSIは、通常カスタム製品であり、特定の半導体メーカーと一緒に時間を

かけてつくっていくものである。標準品を買い叩くようなことはできない。レンズも同様である。液晶パネルも、デジタルカメラに使われるような低温ポリシリコンの小型液晶の場合には、日本の数社が強い状況にある。

　このように見ていくと、この市場は、相対的に供給業者に利益が配分されやすい構造にありそうである。だから、主要部品を内製している企業はともかく、最終製品だけをビジネスとしている企業にとっては、あまりおいしい市場ではない。

　一方、買い手との力関係もそれほど好ましくない。最も大きな買い手は、家電量販店とカメラ量販店である。ヤマダ電機、コジマ、ビックカメラ、ヨドバシカメラなど力のある量販店に販売が集中する傾向があり、しかもこれらの量販店自体が市場で熾烈な価格競争をしている。その結果、デジタルカメラメーカーに対して、強気の値引き交渉に出てくることは、想像に難くない。

　以上、新規参入の脅威と売り手・買い手の力に絞って、デジタルカメラ産業の構造を眺めると、決して、利益ポテンシャルの高そうな産業ではないことがわかる。そのことを反映してか、この市場の成長過程で、欧米企業は撤退するか完全にOEM供給を受けるかの選択をしてきた。[2]　しかし、日本企業の多くは撤退せず、最近になって新たに再参入する企業さえある。企業行動はポジショニング・アプローチだけでは決まらないのである。

注2）ポラロイドやアグファ、アップルコンピュータは撤退している。コダックはいまだ10％程度のシェアを握っているが、基本的には日本のチノンから供給を受けている。チノンはコダックの子会社となっている。

● 資源アプローチ

　産業の構造全体を眺めるとあまり利益の獲得可能性が高いよう

6 戦略思考のバランス

には見えなくても、他社に対して決定的な差別化が可能になれば、自社にパイが配分される。市場の成長可能性が大きい中で、他社に対して圧倒的な差別化が可能となれば、結果として多くの分け前を得ることができる。だから、たとえ多くの企業がひしめく市場であっても、差別化の自信さえあれば、参入は合理的な意思決定となる。資源アプローチからすれば、まずは、差別化をもたらすような資源を自社が保有しているのかが問題となるのである。

競争優位をもたらす資源とは、顧客に価値をもたらし、他者に真似されないものであるということは、第3章で説明した通りである。ただし顧客価値は一定でない。デジタルカメラが顧客にもたらす価値は、時とともに変化してきた。それによって、必要とされる独自能力も変わってきた。

1995年にカシオ計算機がQV-10を導入して市場を創造した当時は、主としてパソコンへの画像入力もしくは手軽な画像記録機器として利用されていた（青島・福島、1997）。画質よりは、手軽さ、小型化、低価格が求められていた。画質を割り切ってでも手軽なカメラをつくるような能力が重要であった。その点、カメラメーカーやフィルムメーカーが保有する、高画質を追求する能力は、むしろ足かせとなっていた。

QV-10は当時コンピュータの標準的な画面であったVGA（Video Graphics Array）の4分の1の画質であり、それは到底プリントに耐え得るレベルではなかった。そのために、既存のカメラメーカーやフィルムメーカーは、デジタルカメラ市場への参入に二の足を踏んだ。製品を作ることは容易であったとしても、ブランドイメージへの悪影響の可能性や企業内部で共有された製品化の基準などから、その種の製品を市場投入すること自体が正当化されなかったからである。第3章で「経営資源保有のパラドックス」と呼んだ現象である。

しかし、1997年以降、写真画質をうたった製品が導入されるようになると、画質とそれを表す指標としての画素数が重要な競争次元となった。写真をプリントする人が急速に増えたわけではなかったが、「美しい映像を残す」ことが、顧客にもたらされる価値として重要視されるようになった。そのために必要な能力とは、第1に、「絵作り」もしくはカラーマネジメントの能力であり、それを具現化した回路設計能力であった。オリンパスや富士写真フイルムといったカメラ、フィルムメーカーが台頭することになった理由の1つはここにある。また、この市場にあまり積極的でなかったキヤノンが、2000年あたりから急速に力を入れ始めたのも、写真画質を生み出すカメラメーカーとしての能力が、保有特許も含めて、他者に真似されにくい差別化要因として十分に機能するという判断があったと思われる。

　また画質を追求するという点では、主要コンポーネントである、CCDやレンズの影響も大きい。富士写真フイルムがもともと化学系メーカーであるにもかかわらず、子会社の富士マイクロデバイスでCCDを開発・生産している理由は、ここにある。CCD開発では後れをとったキヤノンがCCDに代替するCMOSセンサーの自社開発を行ってきたのも、同様の理由によると考えられる。

　きれいな絵を残すことが顧客にとって最も重要である限りは、画質に関わる上記のような能力が、顧客価値と一貫した能力であり、それが他社に真似されないのであれば、競争優位の源泉となる。確かに、絵作りのノウハウは、カスタムLSIとして、ブラックボックス化されているから、他者が簡単に真似できるものではない。

　とはいえ、CCDやレンズを含めた主要コンポーネントは、市場で調達可能であるし、LSI設計のノウハウも半導体メーカーを通じて早晩流れることが予想される。そして何よりも、一定レベ

6 戦略思考のバランス

ル以上に画質が向上すると、一般の顧客の目からは、画質の違いを理解できないようになってしまう。実際に、L判といわれる通常のプリントサイズであれば、200万画素以上のカメラの間の画質の違いを認知することはほぼ不可能である。こうなると必ずしも、高画質を生み出す能力が、競争優位の源泉とはなり得なくなる。

むしろ真似されない能力としては、ブランドやデザインが重要になってくるかもしれない。画質が顧客の満足水準をはるかに超えてしまったら、次はカメラを保有する喜びが重要になる可能性がある。こうなると、キヤノンやニコンといった高級カメラメーカーが有利である。キヤノンがここ数年急速に台頭してきたことは、この点と無関係ではない。他社もブランド構築に必死にならざるを得ない。

また、1年に何機種も導入するような、非常にサイクルの速いデジタルカメラ市場では、いかに必要なものを必要なときに必要なだけ供給できるのかが、重要な能力となってくる。2001年度にオリンパスが多額の赤字を出したのも、部品在庫の問題であったといわれる。この点では、パソコン市場で競争しているソニーのような企業は優位性を持つ可能性がある。パソコン市場でサプライチェーンの問題が解決されてきたからである。

繰返しになるが、資源アプローチに従えば、顧客が求める価値と一貫した、他社に真似されない資源を保有することが利益をもたらす。しかし、上で見てきたように、顧客価値は必ずしも一定ではない。それは、様々な環境要因によって変動するだけでなく、既存の製品に満たされることによっても変化する。したがって逆説的ではあるが、現状の顧客ニーズを満たそうとすればするほど、現状の経営資源は陳腐化する。「資源先にありき」という考え方が出てくる1つの理由はここにもある。

●ゲーム・アプローチ

　ゲーム・アプローチでは、ビジネスを価値の配分と創造のプロセスとして把握して、自社に都合のよいようにそれを変化させることが目的となる。ゲームの全体構造を把握するために、まずは、プレーヤーを適切に認識する必要がある。

　ポジショニング・アプローチの構造分析の場合と同様に、部品の供給業者、買い手である流通業者や最終消費者、潜在的な新規参入者、代替品の生産者は、重要なプレーヤーである。しかしそれ以外にも、補完的な製品を供給する生産者がいる。たとえば、インクジェットプリンタのメーカーやプリントサービスを提供するプリントラボなど、画像の出力を担当する企業は補完的生産者である。出力の機会が増えれば入力機器の価値も高まるからである。その意味ではパソコンメーカーも補完的生産者である。パソコンは、画像の編集、保存、出力の機能を持つ。パソコンを所有する人ほどデジタルカメラを有効に活用できる。

　一方、近年、デジタルカメラと代替的な関係になりつつある製品としては、携帯電話がある。したがって、携帯電話の端末メーカーや携帯電話用のCCDモジュールを供給する半導体メーカーは競合相手となる。J-フォンが「写メール」を導入して市場で成功して以来、カメラモジュールを搭載した携帯電話が、他のキャリア用にも続々開発されている。確かに、携帯電話のカメラの画質はデジタルカメラに到底及ばない。しかし、画質は徐々に進歩していくはずであり、携帯電話のカメラで十分だと考える顧客が増えていくのは、時間の問題である。

　もちろん、直接的な代替製品としては、従来型の銀塩カメラがある。したがって、既存のカメラメーカーやフィルムメーカーは競争業者である。ただし、むしろ銀塩カメラは代替されつつあること、また、銀塩カメラメーカーのほぼすべてがデジタルカメラ

6 戦略思考のバランス

を販売していることから、あまり重要な考慮対象ではないかもしれない。

　把握したプレーヤーの行動を理解するには、それらの企業が他にどのような顔を持っているのかを理解する必要がある。多くのプレーヤーは複数の顔を持っている。たとえば、特定のデジタルカメラメーカーからすると直接の競合企業であるキヤノンは、インクジェットプリンタを供給するという点で、補完的生産者でもある。富士写真フイルムやコニカ、コダックも写真プリントのラボ網を所有しているという点で、補完的生産者である。顧客の立場からすると、画像情報を入力、編集、出力、保存する一連のサービスから便益を得ているのであるから、そこに関わるプレーヤーは相互に補完的な関係にある。また、ソニーはCCDを供給する供給業者であると同時に、パソコン市場で強力な地位を築いている補完的生産者でもある。

　複数の顔を持つプレーヤーとの関係を考える上では、それぞれが自社にとっての敵となるのか味方となるのかを把握する必要がある。それによってとるべき行動が変わってくるからである。たとえば、カメラという入力機器に事業の焦点を当ててきたオリンパスのような企業からすると、プリンタやプリントラボを保有する企業は、味方だといえる。確かに、キヤノンや富士写真フイルムとは、デジタルカメラ市場で熾烈なトップ争いをする競争相手である。しかし、出力市場が拡がれば、入力市場も拡がると考えれば、お互いに補完的な味方でもある。特に、カメラメーカーの強みとして高画質を競争優位の源泉だと考えるのであれば、プリントラボで高画質の写真を出力するユーザーが増えれば増えるほど、オリンパスのカメラは売れるかもしれない。その意味で、富士写真フイルムやコニカ、コダックは強力な味方であるととらえることもできる。

また、富士写真フイルムとコニカは、フィルム市場で熾烈な競争を繰り返してきた敵同士であるが、ことデジタルの市場に関しては味方でもあり得る。なぜなら両者にとって最大の脅威は、デジタルカメラからの出力をインクジェットプリンタメーカーに奪われてしまうことだからである。プリントラボ対ホームプリントという競争の構図を考えれば、両者は同じ陣営に属するのである。
　以上のように、プレーヤーを中心としてゲームの構造を理解したら、それをなるべく自社に都合のよいように変化させたい。
　たとえば、ポジショニング・アプローチのところでも説明したように、CCDの供給体制がソニーを中心に寡占状態になっていることは、デジタルカメラメーカーの交渉力を低下させる原因である。同時に、デジタルカメラ市場におけるソニーの優位性も生み出している。こうした状況を打開するには、自社でCCDを内製するというやり方もあるが、それ以外に、2番手以下のCCDメーカーをデジタルカメラメーカーが協力して育てるという手がありえる。2番手以下のCCDメーカーはソニーに追いつきたいと思っているに違いない。一方、デジタルカメラメーカーはソニーの独占状態を回避したいと考えている。ここに協力の可能性がある。たとえば、松下電器産業やシャープといった2番手以下のCCDメーカーとソニー以外のデジタルカメラメーカーのアライアンスは戦略的には十分効果がありそうである。
　また、すでに述べたように、デジタルカメラ市場には、補完市場である出力ビジネスに参入している企業がある。インクジェットプリンタのキヤノンやプリントサービスの富士写真フイルムなどである。これらの企業は、デジタルカメラ単体で儲けなくても、最終的に出力で儲ければよいというシナリオを描く可能性がある。ソニーの場合には、パソコンから家電機器まで広範囲な機器をつなぐネットワークの中にデジタルカメラを位置づけるかもし

れない。この場合にも、デジタルカメラ単体で儲けなくてもよい、という考えが出てくる可能性がある。

　入力機器しか持たない企業からすると、こうした考えは迷惑である。デジタルカメラ市場での価格競争を誘発するからである。こうした状況に対処する１つの方法は、補完市場における競争を高めることである。たとえば、エプソンやキヤノンに対抗できるインクジェットプリンタメーカーを支援するとか、インクジェット出力用のペーパー市場への参入を誘発することによって専用紙の価格下落を誘発するとか、さらに言えば、消費者がなるべく紙に出力しなくてもいいように電子アルバムの普及に努めるといったように、デジタルカメラメーカーとしては直接関係なさそうな行動が有効になるかもしれない。

●学習アプローチ

　学習アプローチは、学習の場の選択、実験的な学習方法、事後的な反省と創発的戦略形成を特徴としていた。それは、必ずしも合理的な計画に基づくものではないが、デジタルカメラ市場の過去を振り返ると、様々な場面でこのアプローチが見え隠れする。

　学習の場という点では、カメラメーカーもしくはフィルムメーカーがビデオカメラ事業を手掛けていたことが挙げられる。電子スチルカメラの開発が各社で本格化するのは、1981年にソニーがMAVICA（Magnetic Video Camera）システムを発表したことが契機となっている。MAVICAはビデオ規格に準拠したスチルカメラシステムであり、当時は、銀塩カメラが代替されてしまうのではないかと、カメラメーカーもしくはフィルムメーカーに強い危機感を与えた。

　MAVICAの発表後、様々な企業が電子スチルカメラを開発するが、いずれも市場で受け入れられることはなかった。1995年

にカシオのQV-10がヒットするまでは、市場はまったく立ち上がらなかったのである。にもかかわらず技術が途絶えずに蓄積されてきた1つの理由は、いくつかの企業で、技術が静止画ではなく動画のビデオ事業で継続されたからである。多くの企業でビデオ事業は必ずしも利益の出る事業ではなかったが、それでも市場はあった。スチルカメラよりはましである。たとえビデオ事業はその後失敗に終わったとしても、技術が継続していた企業は、その後のデジタルカメラの立ち上げに乗り遅れることなく参入できたのである。

　現時点でも、どのような市場で事業を展開するかということが、将来の事業展開を左右する可能性がある。現在は、デジタルカメラとビデオカメラの市場は、技術的にも分かれている。しかし、将来的には、デジタルカメラのように磁気テープを使用しない装置が、現在のビデオカメラの市場を侵食していく可能性がある。静止画と動画では、必要とされる仕様などで異なっているために、デジタルスチルカメラの延長線上で、将来の動画の事業が円滑に進むとは限らない。カメラメーカーをはじめとして、現在のビデオカメラ市場には参加していない企業にとっては、新たな技術による動画装置への参入は魅力的な場合がある。将来そのような事業展開を図りたいと考えるのであれば、その時を見据えた展開を現在から打っておく必要があるかもしれない。

　また、ゲーム・アプローチで触れたように、デジタルカメラメーカーからすると、ソニー以外のCCDメーカーの育成は、ソニーの交渉力を下げることになる一方で、後発のCCDメーカーにとっては、学習の場になる。そこで、CCDメーカーにとっては、供給先としてどのような企業と組むかという、そこでの選択が大きな問題となる。一般には、先行するソニーは、歩留まりをはじめとする点で、技術的に優位にあるとされる。逆に言えば、その

他のCCDメーカーは、高い技術力を持ったデジタルカメラメーカーと組むことによって、新たな学習の機会を獲得できる。

実験的学習という点では、1980年代に導入されたアナログの電子カメラも貢献している。それらは事業としては散々たるものであったが、少なくとも、市場から直接の反応を得るという点で、効果的な学習機会にはなっていたようだ。たとえば、1987年に発売されたカシオ計算機のVS101は、他社製品同様、市場ではまったく受け入れられなかった。顧客は「当然デジタルでしょ」という。やはりデジタルでなければ受け入れられない。そこでQV-10の開発がスタートするまでの5年間は、デジタル化の実現に費やされた。その間に2つの試作機がつくられ、1つは市販化される。液晶モニターの搭載を含め、この期間の経験がQV-10の開発につながっている。

2. 情報化の進展と戦略論

戦略的思考のバランスをとることが重要であることは既に述べたとおりである。しかし、思考のバランスと現実の適用とは多少異なる。現実に戦略を考える企業の立場からすると、置かれている「外部環境」と、次節で取り上げる「組織的要因」によって、4つのアプローチの中でどこに重点を置いて考えるべきなのか、ということが変わってくる。

そうした外部環境の変化の1つとして、特に近年大きな影響を与えてきたのが、「情報化の進展」である。以下で議論するように、情報技術の進展は従来の戦略論の枠組みそのものの有効性を低下させることはないが、注目すべきポイントや枠組みの応用方法に影響を与えることになる。

インターネットに代表される情報技術の進展によってビジネス

のあり方が根本的に変わってしまったといった類の指摘が数多く聞かれる。ビジネスサイクルの加速化、既存事業の成熟化・陳腐化、ネットベンチャーの登場といった現象に直面する中で、そうした指摘に同意する企業が多いことは容易に理解できる。しかしながら、企業が利益を確保するには、利益を他社に剥奪されないように「外」の構造的な障壁を築くか、「内」の独自能力によって差別化するか、のいずれかしかない。この本質はどんなに情報化が進展しても変わらない。変わるのは、戦略を考える上での、4つのアプローチの相対的重要性や、それぞれのアプローチの応用方法である。このことを、情報化が意味するいくつかの側面に言及しながら、以下で説明していこう。

●産業の構造的魅力度の低下

　第1に、私たちが情報化という言葉を使う場合、「ソフトウェア」の重要性の増大を意味していることがある。かつては立派な書棚に飾られていた高価な百科事典が、最近ではCD-ROM化されてコンピュータショップで売られるようになり、またごく最近では、CD-ROMを買うまでもなく、インターネットに蓄積された情報が百科事典の役割を果たしつつある。このような流れを、私たちはしばしば情報化と呼んでいる。ここで起きていることは、メディアとしてのハードウェアからソフトウェア部分が切り離されて、それが独立に流通するという動きである。「情報製品」の台頭ともいえる。

　情報製品が従来の物理的な製品と異なるのは、開発するのに膨大なコストがかかる一方で、それを複製するのにはほとんどコストがかからないという点である。ゲームソフトの開発に多大な投資が必要となる一方で、その複製に必要となるのはCDに焼き付けるコストだけである、ということを考えればわかるであろう。

6 戦略思考のバランス

　十分に競争的な状況のもとでは価格は限界費用と一致する、と経済学の教科書は教える。それによれば、情報製品の価格は限りなくゼロに近づくことになる。つまり、情報製品の台頭は固定費回収のための熾烈な価格競争を促し、既存産業を収益性という点では極めて魅力の乏しい産業に転換してしまう。

　百科事典の代名詞でもある「ブリタニカ百科事典」のてんまつは、このような動きが既存企業に決定的な影響を与えた典型例である。1980年には、1000ドル以上の価格で売られていたブリタニカ百科事典は、マイクロソフトなどの新規参入企業との競争の結果、1991年には70ドルにまで価格が下落してしまった。その結果、従来の「本」としての百科事典に固執した出版元の経営が悪化したのは、当然ともいえる。最終的に出版元が行ったのは、既存の百科事典の版権を新社に移し、全32巻の内容を無料で公開するという、これまでのビジネスモデルを全面的に改めるということであった。

　このように、情報製品の台頭という側面に注目して情報化を考えると、それは産業の構造的な魅力を低下させることがわかる。このことは、情報化という言葉で私たちが想起する「インターネット」という側面を考えても同様である。

　インターネットは、誰もが低価格で利用できるオープンなシステムである。それは、既存のビジネスの大幅な効率化をもたらすこともある。その点で、インターネットは、既存産業が生み出す付加価値の増大に貢献する。しかし、そのことと、産業内の個々の企業が利益を得ることとは別問題である。むしろ個々の企業の収益性にマイナスの影響を与える方が多い。

　インターネットの普及は、通常、顧客の持つ情報量を増大させる方向に働くことが多い。たとえば、インターネットを利用すれば、日本中でどこの店が一番安いのかを検索することもできる。

顧客は、かつてとは比較にならないほどの価格情報を得ることができる。そうなると産業に対する顧客の交渉力が高まる。顧客の持つ情報が少ないときには、売り手側は高い交渉力を得ることができ、多くの利益を享受できる。医療サービスや家の建築、保険商品の購入において、顧客がほとんど価格交渉力を持てないという逆の例を考えれば、理解しやすい。しかし、顧客が売り手に関する情報の多くを握ってしまうと、売り手の交渉力は低下して、収益性が圧迫されることになる。

　また、インターネットは産業への参入障壁を低くする方向で働くことが多い。既存の流通網が障壁となって参入することができなかった新規企業が、インターネットを武器に攻撃をしかけてくるといったことが頻繁に起きている。松井証券の急速な台頭に見られる証券業界の動きはこうした例である。

　さらにインターネットの活用によって、市場が地理的に拡大して、国籍を問わず様々な企業が競争に参加するようになる。市場の地理的拡大は顧客の拡大につながる一方で、その結果として生じる熾烈な価格競争は、産業の平均的な収益率を下落させる方向に働くことが多い。

　このように、「情報製品」と「インターネット」という情報化の2つの側面を見ると、情報化は一般に産業の構造的な魅力度を低下させる傾向があることがわかる。「外」の構造的な障壁に注目するポジショニング・アプローチは、参入障壁が高くて競争の少ない産業を発見して、そこに自社を的確に位置づけるという戦略的指針を経営者に与える。しかし、情報化によって産業自体の魅力度が次々と低下してしまう中では、こうした行動は自社の目標達成を支援する有効な手段とはなり得ない。もちろん、産業によって情報化の影響は異なるため、相変わらず産業の構造分析を行う意味はあるのだが、それに基づいた戦略的行動の重要度は低

下せざるを得ない。

●独自能力蓄積の難しさ

「外」に注目したポジショニング・アプローチの有効性に疑問が生じるとなると、企業としては、外部環境構造に頼ることなく、他社に真似されない自社独自の能力によって差別化することに目が向くのは当然である。資源アプローチの追求である。

しかしながら、情報化は、自社独自の価値を提供することをも困難にする可能性がある。たとえば、インターネットによる取引システムの効率化を進めれば、それは顧客にとって便益があるかもしれないが、他社が簡単に追随できるという点で、持続的な優位性の確立には何ら貢献しない。インターネットはオープンなシステムであり、低い投資で誰でも利用することができてしまうからである。

安価でオープンな情報システムの導入自体は、差別化につながる独自能力の構築には役立たない。むしろ、独自能力の低下をもたらすことになる。もちろん自社独自の情報システム構築を行えば差別化可能であろう。しかし、そのために必要となる莫大な投資は、コスト劣位をもたらすことになる。情報投資を抑えるためには、オープンなシステムやパッケージのアプリケーションを利用せざるを得ない。その方向が避けられない状況では、情報化が独自能力に与えるマイナス効果はどうしても残る。

また、情報化という言葉が意味する「デジタル化」という側面に注目しても、従来どおりのやり方で独自能力を蓄積することの難しさが明らかになってくる。デジタル化とは、あらゆる情報を「0」と「1」という標準化された符号に還元して表現する技術といえる。このデジタル化によって可能になることの1つは、従来つなぎ合わされていたものが切り離されるという、いわゆるモ

ジュラー化と呼ばれる動きである。

　たとえば、通常、彫刻家が行っているのは、頭の中にある作品のイメージを、手の動きに伝え、それを彫刻刀の動きに転写して最終的な作品を作り出すという一体化された一連の作業である。作品のイメージの斬新さと同時に、これらの作業の独自の統合が彫刻家の独自能力を形成している。しかし、もし彫刻家の頭の中にある作品のイメージを完全にデジタル情報として表現することができるのであれば、コンピュータを介して、その他の作業を他の人や機械に任せることができるようになる。作業の切り離し、つまりモジュラー化である。実際に、近年、多くの製造企業の製品開発プロセスに、3次元CADを中心とした情報技術が導入されつつあるが、そこでも同様のことが起きつつある。

　また、半導体業界における開発と生産の分離も同様の例である。台湾のTSMCやUMCといったいわゆるファウンドリー企業が行ってきたことは、半導体の設計と開発の間に標準的なルールを設定して、両者を切り離し、自らは生産に特化するという戦略であった。それによって、日本の半導体メーカーのような垂直統合企業は競争上の優位を保てなくなってしまった。なぜなら、開発と生産の間の密接な連携からは付加価値が生まれなくなったからである。

　企業組織の生み出す独自の付加価値とは通常、様々な活動の独自の組合わせ方法もしくは統合方法から生まれる。たとえば、トヨタ自動車の競争優位の源泉の1つは、様々な部品や技術を統合して、品質の高い製品を低コストで提供できる能力にある。しかし、情報化がモジュラー化を推し進めて、統合されていた活動間の切り離しが起きると、それは独自能力ではなくなる。統合作業は、標準的なインターフェースを介することによって、誰にでも可能なものになってしまうからである。

6 戦略思考のバランス

　もちろん、台湾のファウンドリーの例に見られるように、モジュラー化が常に企業の独自能力の低下をもたらすわけではない。ただし、独自能力の所在、競争優位の確立方法が変化する。従来どおりに独自能力を蓄積することには限界がくる。

　最後に、情報化という言葉の持つ「スピード」という側面を考えてみよう。情報化の持つ影響力を語る場合、私たちが感じていることの1つは変化の速さ、スピード感である。この感覚の源泉の1つはたぶん、コンピュータの性能が驚異的なスピードで向上してきたことであると思われる。コンピュータの性能進歩は、等比級数的に性能が増大するというデジタルの持つ性質と、半導体微細化技術の急速な発展が相まって実現されてきたものである。

　製品性能が倍々ゲームで向上するような世界では、既存の製品に関するノウハウを基盤にして、持続的な優位性を確立することはますます難しくなっていく。このような変化の激しい世界では、昨日の優位が今日の劣位になることさえ生じうる。資源アプローチの示唆することは、他社に真似できない独自能力を構築することが持続的な競争優位をもたらすということである。しかし、長年かけて構築した能力が一夜の内に陳腐化する危険性があるとするなら、どのように能力を蓄積すればよいのか。資源アプローチ自体はそれに対する方策を提供しない。

●戦略空間の拡がり

　情報化によって企業が独自能力を構築することは難しくなるかもしれないけれども、それが不可能になるわけではない。実際に、情報化の中で、高収益を上げている企業は存在する。もしその高収益が、産業の構造的な要因によって説明できないのであれば、それはやはり、他社に真似できない独自能力を築いているからである。重要な点は、真似できない独自能力を確立する方法が従来

とは多少異なってくるという点である。そのことを理解している企業とそうでない企業で差が出てくる。

　情報化が戦略策定に与える影響として、筆者らが指摘したい点は2点ある。1つは、「戦略空間の拡がり」であり、もう1つは、戦略を考える上での「時間軸の重要性」である。

　「戦略空間の拡がり」で意味することは、企業戦略を立てる場合に、考えるべき関連活動の範囲が拡がっているということである。その結果として、ビジネスのシステム全体を俯瞰して、全体像を理解することの重要性が高まっているということである。

　ビジネスの全体構造を俯瞰して、自社にとっての利益獲得の機会を把握しようとする考え方は、筆者らがゲーム・アプローチと呼んだ戦略論の本質でもある。ゲーム・アプローチでは、ビジネスを、価値の創出と配分をめぐったゲームと考える。関係するプレーヤー（企業）やゲームの範囲（関連する市場）を把握することによって、自社が参加しているビジネスの全体構造を理解する。その上で、自社に有利になるようにゲームの構造に影響を与える、というのがこのアプローチから導き出される指針である。

　ゲーム・アプローチは、基本的には「外」に注目した戦略論である。したがって、企業内の資源・能力蓄積よりは、外部企業とのやりとりを通じて自社の取り分（利益）を増やすことに注目している。しかし、このアプローチが提示するゲームとしてのビジネスの全体構造の把握は、他社に真似されないいかなる資源を蓄積するのか、を考える上での前提となる。特に、情報化によって、既存の市場境界が流動的になっている状況では、それが重要となる。

　情報化のうち、デジタル化がもたらす側面には、前項で挙げた「モジュラー化」に加えて、「ネットワーク化」がある。モジュラー化が従来つながっていたものを切り離すことであれば、ネット

6 戦略思考のバランス

ワーク化は逆に従来切り離されていたものをつなげるものだといえる。[3]

たとえば、コピー機やファックスというように、従来個別に販売されていたオフィス機器は、デジタル情報を媒介として、ネットワーク化されている。カメラもデジタル化されることによって、コンピュータやテレビ、携帯電話、インターネットなどとの様々なつながりが確立されている。また、企業内部でも、情報技術を使うことによって、生産から販売にいたる諸活動の新たなつながりが実現されつつある。このような製販統合といわれる動きも、ネットワーク化の1つである。

こうしたネットワーク化の動きは、従来は別々であった活動間をネットワークでつなげることによって、付加価値を生み出すビジネスの諸活動の範囲を広げることになる。そのために、それに対応した広い視野を持たなければならなくなる。

たとえば、先にも取り上げたデルコンピュータはこの点をよく理解していた例である。パソコンという製品自体はモジュラー化されているため、部品から最終製品を組み上げること自体からは、大きな付加価値は生まれない。高品質の製品を生産する能力が重要でないとは言わないけれども、それが、最終顧客が実現する価値の中で大きな位置を占めることはない。むしろデルは、情報技術を利用することによって、受発注から部品生産、組み立て、配送までの全体をシステムとして統合して、多様化する顧客ニーズに対応した製品を迅速に届けることができることに注目した。また、大口顧客の場合には、顧客のサイトにシステム・エンジニアを常駐させることによって、顧客の情報システムの管理を行っている。顧客との直接的なやりとりから生まれる付加価値に注目したわけである。デルの事例は、単にパソコンの生産という活動だけでなく、広いシステム的な視点からビジネスの流れ全体を俯瞰

して、その中で自社独自の付加価値を創出する方法を考え出した例としてとらえることができる。

　インターネットの利用自体が、独自の競争優位の確立にはむしろマイナスの影響を与える可能性があるということは、すでに述べた。しかし、インターネットビジネスがすべて利益に結びつかないというわけではない。インターネットを利用したビジネスで成功している企業は、やはり、ビジネスの全体像を考えた上で、他社に真似できない部分を確立している。

　たとえば、アスクルは、インターネットを使ったオフィス製品の直販で急成長した企業である。[4] アスクルが消費者に受け入れられる１つの理由は、大幅な値引きで商品を提供する点にもあるが、それだけでは競争優位は確立できない。単にインターネットを使って安い商品を提供するだけであれば、他の企業も簡単に真似することができるし、そうなれば熾烈な価格競争に突入するだけである。

　アスクルの強みは別のところにある。１つは、自社で開発した統合的な物流システムにある。この物流システムのおかげで、インターネットからの受注情報を得て、ピッキングが始まりパッキングが終わるまでに15分しかかからない。その結果、３万件にもわたるオーダーを確実に翌日までに届ける、つまり、「明日くる」という時間を約束したサービスのスピードが保証されている。

　もう１つの強みは、既存の文房具店を組織化して、小規模事業所の開拓や代金の請求と受領をまかせている点である。アスクルは、既存のオフィスサプライ業者が軽視してきた小規模事業所にターゲットを絞った。そして分散する小規模事業所へのきめ細かいサービスを実現するために、既存の文房具店を組織化するという方法を採用したのである。

　アスクルの例からもわかるように、インターネットの利用それ

6 戦略思考のバランス

単体では、独自の価値は創出されにくい。インターネットは、アスクルが展開するビジネスプロセス全体の一部を占めるに過ぎない。アスクルは、ビジネス全体の中で、標準化されない部分、他社には簡単に真似できない部分を的確に把握して、それをビジネスモデルに組み込んでいる。

注3）実際には、モジュラー化と呼ばれる切り離しの動きと、ネットワーク化は独立しておらず、表裏一体であるという側面もある。この点については、青島・武石（2001）を参照のこと。
　4）楠木他（2001）。

●時間軸の重要性

　情報化が戦略論にもたらすもう1つの影響は、時間軸の重要性が高まることである。資源アプローチが、そもそも時間軸を考慮に入れていることに特徴があることは、すでに説明したとおりである。資源アプローチは、他社に真似できない資源・能力の重要性を強調する。そうした資源や能力は、一朝一夕には確立されない、時間のかかるものである。必要とされる重要な資源が簡単には手に入らないとするなら、新しいビジネスの機会を見出したとしても、それを展開することはできない。だからこそ、戦略を考える場合に、まず資源蓄積の流れから押さえようとするのが、このアプローチであった。そこでは、資源蓄積の方向性を示唆する長期的なビジョンがカギとなっていた。
　しかしながら、ビジネス環境が極めて不確実であって、将来の方向性を読むことが不可能である場合には、特定の資源蓄積を行うことのリスクが極めて大きくなってしまう。せっかく時間をかけて真似されない資源や能力を蓄積しても、その頃にはもうすでに陳腐化しているといったことが起きかねない。そうした状況で

は、自社内に独自資源や能力を蓄積することは、ある種ばくちを打つようなものとなってしまう。

　もちろん、不確実な状況においても、的確に将来の方向性を見極める能力を持つのが優れた経営者ということになるのであろう。しかし、不確実性がますます増大する中では、事前の計画に沿って独自能力を蓄積するという以外の方法が必要となってくる。

　それに対する1つの考え方が、筆者らが学習アプローチと呼んだ考え方であった。学習アプローチでは、事前に全てを計画することはできないという前提のもとで、当初意図していなかった事象に対する事後的な対応行動も「戦略」として扱われる。そこには、意図とは必ずしも一致しない結果を誤りとせず、逆にそこから積極的に学習することで知識を蓄積して次の企業活動に生かす、というループが含まれる。企業活動を遂行していくと、必ずしも意図どおりうまくいかないことは多くある。しかしその過程で蓄積された知識は、別のコンテクストで再解釈されることによって、事後的に大きな価値を生み出すこともある。

　この点で、IBMが1980年代から1990年代にたどった軌跡は興味深い。[5] もともとIBMはメインフレームで独占的な地位を構築することによって、巨額の利益を上げていた。ところが、自らも開発に関わったパソコンの普及によって、IBMの利益を支えていた集中的な電算処理システムから、よりオープンな分散型の情報処理システムへと、社会の流れは移っていく。分散処理によって社会的な情報化が進展することによって、それをリードしてきたはずのIBMの地位が坂道を転げ落ちるように悪化するという、皮肉なことが起きたのである。

　しかしIBMが蓄積してきた経営資源が、新しい世界で無用の長物となってしまったわけではない。コンピュータ業界を先導し

6 戦略思考のバランス

てきた同社は、他社にはない広範なコンピュータ技術を蓄積するとともに、全世界を網羅し、有力企業と結びついた販売網が構築していた。当初の改革案では、この企業の大きさが問題視されており、分割が真剣に検討されていた。それに対し、最終的には、このような包括的に保有する経営のあり方を弱点ではなく強みととらえることで、グローバルかつ包括的にソリューションを提供する企業として再生を図っていった。

また、そのような動きに連動して、かつての屋台骨であったメインフレームについても、集中的な情報処理の道具という過去の考え方に固執するのでもなければ、時代遅れの機械として放棄するのでもなく、半導体技術の変更による大幅なコストダウンを図ると同時に、電子商取引の中核となる装置へと位置づけを改めて、事業の再生を図った。

IBMは情報化の流れの中で、いったんは厳しい状況に追い込まれたものの、それまでに培ってきた経営資源を放棄したわけではなかった。新しい時代に合わせて、独自の経営資源を再解釈した上で活用することで、情報化社会を再度リードする企業へと復活を遂げたのである。

また、変化が激しく、特定の経営資源を社内に蓄積することのリスクが高い場合には、可能性のありそうな複数の資源や能力に投資をしてリスクを低減させるという方法もある。もちろん、ただ闇雲に投資をすればよいというわけではなく、投資を方向づける大きな流れを共有する必要はある。しかし決め打ちをする必要はない。自社の将来像の拡がりを描いた上で、必要となりそうな経営資源への投資を広い範囲で行う。

こうした投資戦略で有名なのがシスコシステムズである。シスコは、1993年から2000年までの間に、ネットワーク技術に関連する60以上の企業を買収している。また、20以上の企業への資

本参加をしてきた。またネットワーク産業における大手企業との提携にも積極的である。シスコによる買収は、必ずしも短期的な収益を求めたものばかりではない。むしろ、ネットワークビジネスという広い範囲の中で、将来的にカギとなる可能性のある技術を先どりするための買収である。

このような視点から考えると、ソフトバンクの事業展開も、様々に批判されることもある一方で、少なくとも結果としては、合理的な側面も少なからずあったと言える。情報技術に関連した不確実性を伴う世界では、事業領域をいったん拡大した上で、有望な事業に絞り込むというプロセスはある種有効である。そのような状況では、安定的な産業と同じ経営手法では対応できないことも、少なくないのである。

注5）IBMの業績悪化から回復の過程については、Slater（2000）などを参照。

●ダイナミックな戦略アプローチ

以上の議論を簡単に整理しよう。まず情報化の進展によって、一般に、平均的な収益性という点では、産業の魅力度は低下する可能性が高い。その点で、構造的に魅力ある産業を発見して自社を位置づけようとする素朴なポジショニング・アプローチの有効性は低下する。

第2に、特に標準化された技術の普及を通じて、情報化は企業による独自価値の創出を妨げる傾向にある。つまり、素朴な資源アプローチの有効性も低下せざるを得ない。

しかし、顧客価値を満たし、かつ他社に真似されない企業独自の能力が、企業に利益をもたらすという構図は変わらない。変わるのは、情報化の進展によって、そうした独自能力を見出す範囲

6 戦略思考のバランス

が拡がっているという点である。従来であれば自社とは関係ないと思っていた活動、自社製品とは関係ないと思っていた他の製品、今までは競争しているとは思っていなかった他企業の出現などを新たに考慮しなければならなくなる。そのためには、自社が参加しているビジネスの全体構造を理解する視点を持つ必要が出てくる。ゲーム・アプローチと筆者らが呼んだものの重要性がこの点で高まってくる。

また変化が激しく不確実な状況では、どの事業に出ていけばよいのか、どの資源に注目して自社の能力を構築すればよいのかということを事前に計画することが難しくなる。であれば、事前計画よりも事後的な再解釈を通じた継続的な資源蓄積の有効性が高まる。学習アプローチと呼んだ視点である。また、特定資源への集中がリスクを伴うのであれば、大きな将来像の下で、可能性のある複数の資源に投資するという戦略が有効になってくるであろう。

総じて情報化は、素朴なポジショニング・アプローチや資源ア

図 6-4　情報化の進展と戦略論

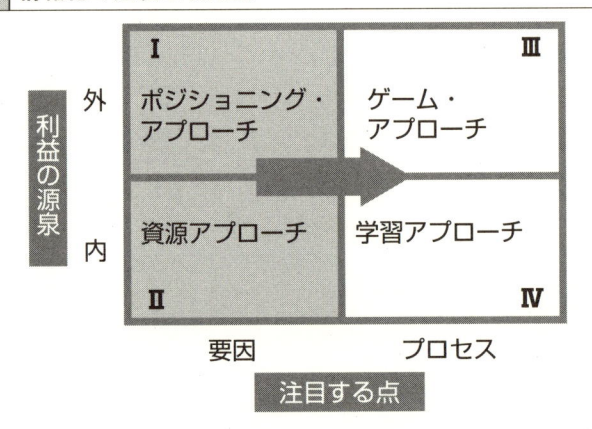

	要因	プロセス
外	I ポジショニング・アプローチ	III ゲーム・アプローチ
内	II 資源アプローチ	IV 学習アプローチ

利益の源泉／注目する点

プローチから、よりプロセスを重視するゲーム・アプローチや学習アプローチの重要性を高める傾向にあるといえる（図6-4）。

3. 日本企業の持つ戦略的バイアス

　戦略論のどのアプローチが重要となるかは、環境要因だけでなく、組織の内的要因にも依存する。日本のコンテクストに限定して、誤解を恐れずに言うなら、日本企業は「内」に注目した戦略アプローチに傾倒する傾向があった。戦略の「内」へのバイアスである。逆に言えば、「外」に注目した戦略論が相対的に軽視されてきた。実際に、日本企業で外部の環境分析というと、市場や技術の将来予測を指すことが多いようであるが、それは戦略論でいう環境の構造分析ではない。

　「内」に注目した戦略を追求すると、企業内部に様々な資源が長期的に蓄積されていく。日本の製造業がいまだに高い技術力を誇っているのは、一部には、そうした戦略的傾向によるものであろう。しかし、現実には、そうした技術力がなかなか収益に結びつかず、苦慮している企業が多い。内部に蓄積された資源や能力が、顧客の価値を生み出すような形で具現化されないからである。

　内部に蓄積される資源や能力の価値を決めるのは顧客である。したがって、蓄積される資源が収益に結びつくには、「外」を理解する必要がある。ただ闇雲に資源や能力を蓄積しても、価値を生み出さなければ徒労に終わる。価値につながる能力を見出すには「外」を含めたビジネスの全体構造を理解しなければならない。それに欠けるがゆえに、すばらしい技術を持ちながら、経営的に苦しんでいる企業が多い。

6 戦略思考のバランス

● 「内」への傾倒

　日本企業が「内」に注目した戦略論に傾倒してきた背景には、次のような理由があると思われる。まず、1970～1980年代と経済が右肩上がりに成長していた時期には、銀行からの豊富な資金もあったことから、希少資源の配分問題を深く考えることなく、様々な領域に投資を行うことができた。短期的な収益を多少犠牲にしても資源蓄積に終始することができた。またそうした行動が、全体的な経済成長によって報われるというサイクルがあった。

　特に目標とする海外企業がターゲットとしてはっきりしていたため、利益を得るための自社独自の仕組みを考えることなく、とにかく目標とする企業の製品より性能がよくて安価なものを提供することに注力してきた。それがその時代にはうまくいった。事実、コア・コンピタンス経営とは、1980年代に国際競争力をもった日本企業を観察することによって導出された概念であった。トレードオフの認識を基にした希少資源に配分するよりは、むしろ企業能力の蓄積によってトレードオフ自体を解消してしまおうとする行動が当時の日本企業を特徴づけていた。

　また、日本企業では従業員が1つの企業に長く勤める傾向があるため、それが組織に特殊的な独自能力の継続的な蓄積を容易にしていたこともある。

　しかし、経済成長が止まり、希少資源の配分を考えなければならなくなった現在では、トレードオフの認識の下で自社を的確に位置づけるポジショニング・アプローチや、他社とのやりとりをコントロールして、自社の取り分を確保するような「外」に注目した戦略論の重要性が高まっている（図6-5）。にもかかわらず日本企業がその対応に遅れている（ように見える）のは、過去の成功体験に縛られているためなのか、細分化された組織のためにビジネスの全体構造を俯瞰できるような経営のプロフェッショナル

図6-5　日本企業の戦略的バイアスと克服方法

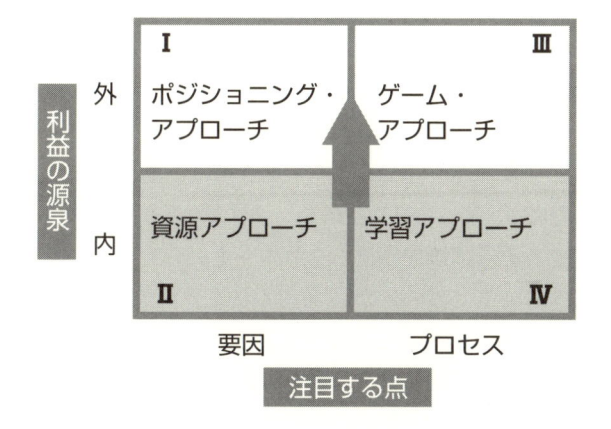

	要因	プロセス
外	I ポジショニング・アプローチ	III ゲーム・アプローチ
内	II 資源アプローチ	IV 学習アプローチ

利益の源泉（縦軸）／注目する点（横軸）

が育っていないためなのか、それはここでは判断できない。

● 「安くてよいものを作る」からの脱却

　日本企業の人と話をしていると、「コストダウンに成功したことを取引相手に知られると、値引き圧力がかかるので、そうした情報は公開しないようにしている」とか、「常に買い叩かれるので、継続的に原価低減努力をしている」といった類の話を聞くことが多い。しかし、よく考えてみると、コストと販売価格が連動しなければいけない理由などどこにもない。もしコストで価格が決まるなら、マイクロソフトの製品はずっと安くてもいいはずである。

　どのような価格で売れるかは、「外」の環境構造に起因する交渉力の強さと「内」に蓄積された資源や能力の模倣可能性によって決まってくる。したがって、企業が強い値引き圧力を受けているのであれば、それは、構造上交渉力の弱い立場にあるか、他社

6　戦略思考のバランス

と差別化できないような製品を供給しているかのどちらかであるはずである。そうでないのであれば、自社の置かれている状況を的確に把握できていないがために、得るべき利益を得ていない、つまり「損をしている」ということになる。どちらの状況であるにせよ、ビジネスの全体構造を理解した上で、自社に利益が落ちるような仕組みを構築するという積極的な戦略に欠けていることになる。

　そもそも、販売価格からコストを引いたものが製品あたりの利益なのであるから、利益を得るには販売価格を高く設定するか、コストを低減するしかない。「内」に注目する戦略に傾倒してきた日本企業の多くは、後者のコスト低減に頼り過ぎているといえるかもしれない。その点からすると、現在重要なことは、高い価格を設定できるようになることである。

　「内」に注目する限り、高い価格を設定するには、結局「いいもの」を提供するしかないという結論に達するかもしれない。しかし顧客にとって「いいもの」が常に高く売れるとは限らない。

　たとえば、筆者の１人は、ユナイテッド航空の利用者で、マイレッジプラスというプログラムに入っている。しかし、ユナイテッド航空のサービスがよいとは必ずしも思っていない。できれば、日本航空や全日空に乗り換えたいと思っている。しかし、蓄積されるマイレッジを捨てることができないために、他の航空会社に切り替えることができないでいる。一度、すべてのマイレッジを使い切ったことがある。そして「さあスイッチしよう」と思った瞬間に、ボーナスマイルのプレゼントが送られてきた。巧妙なロックイン戦略である。このようなロックインの結果として、多少高い航空運賃でも払い続けている。「いいもの」が高く売れるとは限らないのである。

　真面目なビジネスマンの中には、そんな姑息なことをしてお客

さんから高い金を巻き上げたくない、と思う人もいるかもしれない。しかし、姑息に見えるかもしれないこうした手段は、自社の費やした努力から正当な対価を確保するための防御策でもあるのである。どんなによいものをつくっても、何もしなければ、他社や顧客に搾取されてしまうかもしれない。正当な防御策が必要なのである。

　優れた製品やサービスを提供すること、そして、そのために必要となる能力を蓄積することは当然重要である。しかし、それだけでは足りない。繰返しになるが、ビジネスの全体構造を把握したうえで、自社がどのポイントで優位性を確立するのか、そのために、そういった模倣不可能な資源を蓄積するのかということを考えることが、多くの日本企業にとって必要になっていると思う。つまり、広い視野から戦略を考えることが必要なのである。

Chapter 7 全社戦略

前章までは、経営戦略の中でも事業戦略・競争戦略について議論をしてきた。それに対し、本章で取り上げるのは、企業全体の戦略である「全社戦略」である。ここでは、全社戦略の中でも、これまで多くの議論が展開されてきた多角化の問題をはじめとする、事業領域の選択を中心として考えることにしよう。

■

1. 事業領域から見た全社戦略

●事業領域と全社戦略

　前章までに取り上げた事業戦略・競争戦略とは、個別事業における戦略である。他方、本章で取り上げる全社戦略（corporate strategy）では、企業全体でどのような事業を展開して、全体としてどのように取りまとめていくのかという問題が中心となる。個々の事業にとっての最適解を求めるのが事業戦略、複数事業の組合わせとしての全体最適を求めるのが全社戦略ということができる。各事業において「"どのように"事業を展開するのか」という問いが事業（競争）戦略の中心にあるとすれば、全社戦略は「"どこで"事業を展開し、それらの間をどのように束ねるか」という異なる問いを基本としているといってもよい。

このような視点に立てば、事業領域の選択は、全社戦略における中心的に検討すべき問題となる。どのような企業でも、どこまでを自社の事業領域とするかという問題は存在する。多角化（diversification）によって様々な領域で事業を展開している大企業では、必然的に考えられてきた問題である。
　たとえば、キリンビールや味の素といった大手食品メーカーは、医薬品事業を展開している。食品と医薬品はとりわけ技術面で関連性はあるものの、少なくとも製品市場における競争相手は異なる。そのために、ビールや調味料といった個々の製品市場における事業戦略を延長していくことが、医薬品事業への進出につながるわけではない。事業戦略を足し合わせたものがそのまま全社戦略になるわけではなく、異なった視点からの考察が必要となるのである。
　事業領域の選択は、原材料から最終製品の販売に至る、垂直的な製品の流れの中でも生じる問題である。たとえば、テレビメーカーの中には、東芝や松下電器産業、韓国の三星電子のように、ブラウン管事業を社内に抱えている企業がある。生産されるブラウン管のすべてが社内向けであれば、あくまでもテレビ事業を支援しているという意味で、事業戦略の延長として考えることができる。しかし、ブラウン管が他社向けに外販されるとなると、話は異なってくる。この場合、ブラウン管事業は1つの独立した事業となるが、どれだけのブラウン管を社内優先で開発・生産するのか、何割を外販にまわすのかといった問題は、ブラウン管事業単体では決められない。テレビ事業の収益とブラウン管事業の収益を合わせて考えて全体最適の立場から決める必要がある。こうした意思決定は全社戦略の範疇に入るものである。
　事業領域の選択の問題は、小さな個人商店であっても、大企業と同様に存在する。たとえば、若い女性をメイン・ターゲットに

した衣料品店を経営している人が、最近流行の雑貨も扱うことにしても不思議ではないだろう。あるいは、その店主が、自分で問屋を始めるようなことがあるかもしれない。これらの行動は、大手食品メーカーや家電メーカーとは規模こそ違うかもしれないが、何を自社の事業領域とするかという問いを考えている点で、本質は変わらない。

全社戦略と事業戦略の違いをもう少し具体的に理解するために、次の問題を考えてみよう。

Exercise 7-1

単体で収益性が低い事業は、その企業にとって存在意義がないのだろうか。それともその事業自体の収益性が低くても、別の存在意義があり得るのだろうか。

少なからぬ日本企業では、この問題に潜むジレンマに悩まされている。利益が上がらない事業群が、企業やグループ全体の業績を大きく低下させているような場合には、どのように対処すればよいのだろうか。少なくとも短期的には全体の業績を低下させるとしても、不採算事業を企業は抱え続けるべきなのだろうか。それとも、やはり儲からない事業からは、さっさと撤退すべきなのだろうか。

この問題に対する答えは、事業間に存在する相互関係や波及効

果をどのように評価するのかによって左右される。各事業を独立したものと考え、企業全体をそれら事業の単なる集合体として考えるのであれば、赤字事業はさっさと手放すべきである。しかし赤字事業で蓄積されている技術的能力が、他の事業を有利に展開する上できわめて重要だと判断するのであれば、赤字事業を簡単に切り捨てることはできない。前者は事業間の波及効果を最小限に考える立場であり、後者は大きな波及効果を想定する立場である。

ただし、事業間に波及効果がまったくないとすれば、そこには全社戦略はない。実際のところ、企業が複数の事業を持てば、同じ資金プールに依存しているという意味での最低限の相互依存関係は常に存在する。

全社戦略が事業戦略と異なるのは、個別事業における最適化が企業全体における最適化と必ずしも一致しないことを意味する。個々の事業にとって最適だと思われる行動が、企業全体にとっては必ずしも望ましいとは限らない。だからこそ、経営戦略論では、全社戦略が事業戦略・競争戦略とは別個に議論されているのである。したがって、全社戦略が問題とされるときには、複数の事業間に何らかの波及効果があることが前提となる。

2. 全社戦略の４つの考え方

このような事業間の波及効果が「シナジー（synergy）」と呼ばれることは、一般によく知られている。改めて定義すれば、シナジーとは、１つの企業が抱える複数の事業間で経営資源や事業活動を共有することによって生み出されるプラスの効果のことである。この内容から、「相乗効果」と日本語に訳されたり、比喩として「１＋１＞２」とか「２＋２＝５」などと表現されたりす

ることもある。

　たとえば、鉄道会社が自社の沿線でホテル事業や流通事業などを営んだりするのは、その事業自体の収益性が高いからだけではなく、事業間の相乗効果を期待しているからであろう。最近は、想定するほどシナジーが実際に発生していないこともあり、私鉄各社の業績は悪化しているようだが、本来は事業間にメリットがなければならないはずである。

　このように、シナジーという概念が意味すること自体は、単純である。しかし、事業間でいかなるシナジーを追求するのかという点は、必ずしも自明ではない。言い換えれば、どのようなシナジーをターゲットとして、そのためにどのような事業領域に展開するのかということは、その企業の全社戦略における中心的な問題なのである。

　シナジーを中心に全社戦略を考えた場合、以下のように、大きくは4つに分けることができる。この4つのシナジーの区分は、事業戦略・競争戦略で先に説明してきた4つのアプローチに、おおよそ対応するものである。

(1)財務シナジー：ポジショニング・アプローチに対応
(2)戦略シナジー：ゲーム・アプローチに対応
(3)資源シナジー：資源アプローチに対応
(4)資源のダイナミック・シナジー：学習アプローチに対応

　1つめは、事業間に財務シナジーに注目した全社戦略アプローチである。複数の事業が1つの企業によって保有されている限り、それらの事業は、同じ資金源に依存しているという意味での相互依存関係にある。ある事業への投資を増やせば、別の事業への投資を減らさなければならない、という具合である。そこでは常に

全社的な資源配分の問題が生じる。利益の出る事業にだけ投資して、利益の出ない事業からはすばやく撤退してしまうという企業もあるかもしれない。とにかく業界の1位か2位だけを集める、というのはこうした例である。また、リスクが高いが将来性のある事業とリスクが低く安定的な収益を確保できる事業を組み合わせるというやり方もある。

いずれにせよ、ここでは、カネのつながり以外の相互関係は意識されない。各事業はあくまでも投資対象として考えられる。後述する製品ポートフォリオ・マネジメント（PPM）は、こうした考え方を実用性の高いツールとして具現化したものである。このシナジーを重視する場合、各事業が当該産業で占める強さをベースに、事業間の組合わせを考えるために、ポジショニング・アプローチ的な色彩が最も強い。

それに対して、第2のアプローチは、複数の事業を保有することによって生じる交渉力に注目する。たとえば、部品供給業者が、最終製品まで自社の事業として取り込めば、他者に部品を販売するときに高い交渉力を得る可能性が高まる。買い手が1社増えることになるからである。そこで想定される事業間シナジーとは、交渉力を高めるという意味で、戦略シナジーと呼べるものである。このような発想は、第4章で説明したように、ゲーム・アプローチの一部である。

第3のアプローチは、財務的資源に限らず、ある時点において事業間で経営資源を共有することから生じるシナジーを重視する。この場合には、直接的に事業間のシナジーが事業戦略に織り込まれる。蓄積された経営資源は、当該事業にも利用される一方で、他の事業でも活用可能である。実際に、ヒト・モノ・カネといった古典的な経営資源から技術やブランドといった「見えざる資産」に至るまで、当該事業で利用するだけではなく、他の事業

でも活用することが一般的な前提とされている。どちらかというと静態的に生じる資源のシナジーを重視することから、資源アプローチ的な発想に立っている。

　第4は、ある一定時点だけで生じるシナジーだけではなく、過去、現在、将来と、時を越えて生じる資源シナジーを想定する場合である。現在利用・蓄積されている経営資源が、将来の事業基盤に活かされる企業成長のプロセスが想定されている。事業間の相乗効果を動態的に活用することが念頭に置かれていることから、学習アプローチと対応している。

　以下では、これまで展開されてきた議論をベースとして、これらのシナジーについて、順に見ていくことにしよう。

●財務シナジー：多角化事業の分析ツールから

　財務シナジーとは、企業の内部に抱える事業間で、財務的資源を共有することで生じるシナジーである。

　どのような家庭であっても、少なくとも子どもが小さいうちは、父親なり母親なりがお金を稼いできて、そのお金を元にして、子どもを含めた家族は暮らしている。そこで、何に対してどのようにお金を使うべきなのかは、ふつうの家庭であれば、大きな問題である。稼ぎ手である人が自分のためにお金を使って、子どもには我慢させるのがよいのか。それとも、お父さんやお母さんの小遣いは減らしてでも、将来ある子どもにできるだけの教育をさせてあげるのがよいのか。将来子どもは巣立つかもしれないけれども、みんなで今暮らしている家を改築した方がよいのか。それとも、子どものために、今は我慢して貯蓄に励むべきなのか。

　このような家庭での資金配分と同様のことが、企業でも考えられる。現在の事業から上がる収益を、どのような事業に投資すべきなのか。現在の事業だけに投資をしていると、将来その事業が

ダメになったときに、企業が潰れてしまう。だからといって、子どもに才能がなさそうなことにお金をつぎ込んでも無駄になってしまうように、将来性がない事業に多額の投資を行ってもしかたがない。

1960年代から1970年代の米国では、このような財務的資源の配分という視点から、全社戦略を考えるためのツールが、様々に開発されてきた。その代表格が、米国の大手コンサルティング会社であるボストン・コンサルティング・グループ（BCG）によって開発された「製品ポートフォリオ・マネジメント（Product Portfolio Management: PPM）」である。「成長-シェア・マトリックス（Growth-Share Matrix）」とも呼ばれるこのツールでは、企業全体での事業構成の状況がビジュアルに示される（図7-1）。

そこで前提となる仮定に従えば、この図によって、どのような事業領域に投資が必要で、逆にどのような事業を整理すべきかということがわかることになる。簡単に言えば、成熟した強い事業

図7-1　製品ポートフォリオ・マネジメント

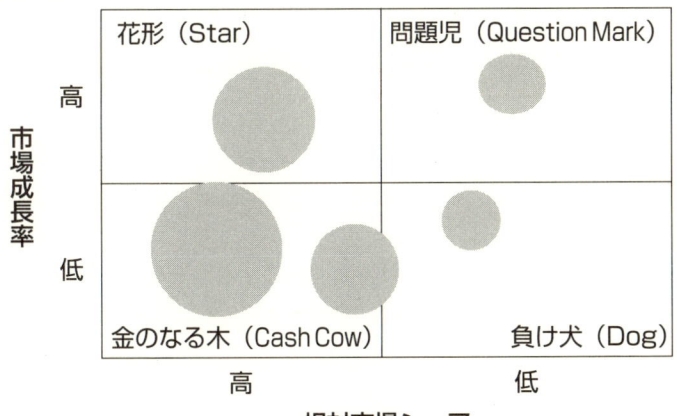

	相対市場シェア 高	相対市場シェア 低
市場成長率 高	花形（Star）	問題児（Question Mark）
市場成長率 低	金のなる木（Cash Cow）	負け犬（Dog）

を資金源として、次世代の中核事業に育つ可能性がある事業に投資を行い、成熟した弱い事業や産業として成長していても強いポジションに育たないような事業は切り捨てるというのが、図から得られる示唆である。

PPMの詳細は章末のコラムを参照してもらうとして、この分析ツールの強さは、市場シェアと市場成長率と各事業の売上高という3つの単純な要素から、個別の事業の内容に踏み込むことなく、全社的な事業の分布状況を描くことができる点にある。

さらに、このような作図作業に基づいて、各事業のキャッシュフローを推定して、その結果に基づいて全社戦略が策定できる点も、この分析ツールの特色であった。そこでの主眼は、成長に必要な資金は社内で調達することを前提として、成熟事業で稼いだカネを、次世代を担う成長事業につぎ込むという資金の流れを分析することに置かれていた。言い換えれば、カネという経営資源に限定されてはいるものの、もともとPPMは現時点で儲かる事業だけを選別するための分析ツールだったのではなく、現在の中核事業から生み出される経営資源（＝カネ）によって、次世代の中核事業を育成するために、どのような事業を保有すればよいのかを考えるための枠組みだったのである。

その一方で、PPMは、カネ以外の経営資源について、事業間で分離可能性が高いことを前提としていた。個々の事業に対して撤退まで含めた具体的な処方箋を最終的に提供するためには、事業間の独立性が必要となるからである。厳密には、プロットされる事業は「戦略事業単位（Strategic Business Unit: SBU）」の要件を満たす必要がある。その要件とは、(1)単一事業である、(2)明確に識別されるミッションを持つ、(3)それ自身で独立した競合企業を有する、(4)責任ある経営管理者を有する、(5)一定の資源をコントロールする、(6)他の事業と独立して計画できる、と

いったものである（石井他、1985）。つまり、SBU とは、事業部に近い概念ではあるが、その独立性・分離可能性がより強く意識された定義に基づいていた。

　事業の分離可能性が高いということは、カネ以外のシナジーは、そこでは考慮されないことになる。逆に言えば、この分析枠組みをうまく利用できるように企業を運営するためには、カネ以外の経営資源のシナジーを SBU 間で生み出さないような構造にする必要がある。

　PPM は一世を風靡した分析ツールである。この作図手法自体は、全社的な事業の分布状況を知る上で、今でも役に立つ側面はある。その一方で、その処方箋の妥当性に対しては、早くから疑問が提起されていた。

　典型的な 1 つの批判は、構成要素の単純さに向けられてきた。用いるデータが単純であることは実際の作業を考えると便利なのだが、そこから最終的に導かれる処方箋は不正確になりやすい。たとえば、相対市場シェアが妥当な処方箋を示せるほどの（事業の強さや利益の）代理変数であるためには、その背景にある経験曲線効果（補論参照）がその事業の収益性にもたらす唯一最大の要因とならなければならない。だが、経験曲線効果は競争優位確立のための絶対的な手段ではない。また、すでに見てきた事業戦略に関する議論からわかるように、事業の収益性は何も市場シェアだけによって規定されるわけではない。

　このような PPM の問題に対応するために、新たな分析ツールが編み出された。その代表例としては、ジェネラル・エレクトリック（GE）と大手コンサルティング会社のマッキンゼーが 1970 年代に開発した「戦略事業計画グリッド（ないし市場魅力度-事業強度マトリックス）」が挙げられる。この分析ツールでは、PPM では市場成長率と相対市場シェアの 2 変数だけから想定さ

れた「市場魅力度」と「事業強度」を、それぞれ複数の変数に重みづけをして、より複雑な次元を構成しようとした。改良版の分析ツールは、他にもコンサルティング会社のアーサー・D・リトルや、PPMの開発元であるBCG自身などから提起されている。

「戦略事業計画グリッド」のように、より複数の要因を勘案することで、PPM固有の問題は多少なりとも克服される。だが、どのようなデータや処理方法に基づこうとも、PPM的な手法自体の制約は残る。結局のところ、この種のツールでは、多様な事業を財務的な基準に基づいて、同じ土俵の上で一律に評価・分析しようとすることを目的としていた。事業間で生じる交渉力に与える影響や資源の共有から生み出される利点のような、より複雑なシナジーは、基本的には分析の範囲外なのである。

●**戦略シナジー：ゲーム・アプローチからの考察**

前述のように、戦略シナジーとして想定されているのは、複数の事業を保有することが交渉力に与える影響である。個々の事業は必ずしも強いポジションにはないとしても、他に展開する事業との組合わせによって、交渉力に大きな影響を与える状況はしばしば見受けられる。ゲーム・アプローチ的に事業領域をとらえると、この点に着目することになる。

戦略シナジーを重視した事業展開の例としては、第4章ですでに説明したような状況が考えられる。自社の中核事業が競合企業に挑まれそうな場合は、その典型である。このときに、競合相手にとって利益の源泉となる事業を抱えていると、競合相手に対する抑止力になる可能性がある。自社にとって事業単体では必ずしも高い利益を上げることはできないとしても、競合相手の利益源に攻撃をかけたり、あるいはその可能性を示唆したりすることで、自社の中核事業を守ることができる。このような発想は、事業単

体でのポジションを考えるだけでは出てこない。

　たとえば、JR東日本の子会社であるJRバス関東は、中央本線と並行する区間で高速バスを運行している。この場合、当事者がどれだけ認識しているかは別として、バス事業単体で利益を生み出すか否かという以上に、鉄道事業とバス事業を戦略的に結びつけて事業を展開することができる。仮に中央高速バスを運行する他の事業者が、中央本線の特急列車の運行が成り立たなくなるような価格設定をしてきたとすれば、国土交通省が認可する限りは、バス事業において、より攻撃的な運賃で反撃できる。この場合、一時的にはバス事業の収益性が低下したり、価格弾力性が高い顧客が中央本線から移ってしまうかもしれないが、中央高速バスを運行する他の企業に、打撃を与えることができる。だから、たいして儲からないとか、鉄道と並行する路線だからといって、JRがこの事業から撤退すると、同区間でバス事業を営む他社に対する抑止力を失ってしまう可能性がある。鉄道事業を守る手段として、一見関係なさそうなバス事業を活用する手段が存在するのである。

　他社と協力関係を結ぶ場合でも、同様のことが考えられる。事業単体ではさほど強力ではなかったり、利益を生み出さない事業であったとしても、他社との提携を行ったりする場合に有力な交渉材料を提供するものだとすれば、その事業を保有する意義は大きい。第4章で記した特許のクロスライセンスは、研究開発の領域で同様な考え方に基づいている。

●資源シナジー：シナジー概念の原型と多角化研究

　資源シナジーとは、ある一時点において事業間で経営資源を共有することから生じるシナジーである。

　そもそもシナジーという概念は、経営戦略論の始祖の1人とい

われる H. I. アンソフ氏によって広められたとされる。そのアンソフ氏が重視したシナジーは、次の4つである（Ansoff, 1965）。

(1) 販売シナジー（sales synergy）：流通チャネルやマーケティング手法などの共通利用から生じる。
(2) 操業シナジー（operating synergy）：設備や従業員などの稼働率向上や間接費を広く配分できることなどから生じる。
(3) 投資シナジー（investment synergy）：工場や研究開発への投資が共通利用できることから生じる。
(4) マネジメント・シナジー（management synergy）：ある事業での経営手法や経験を転用することから生じる。

この4つを見てみると、事業間での経営資源の共有から生じるシナジーが、そこでは重視されていることがわかる。

この内容は比較的広く知られている一方で、アンソフ氏がシナジーという概念を重視した背景については、取り上げられることが少ないようである。この点は本章の問題と関わるので、ここで多少触れておくことにしよう。

アンソフ氏の問題意識には、教科書的な投資の意思決定モデルが「戦略的意思決定」において、言われるほど役に立たないことがある。多角化といった企業成長に関わる「戦略的意思決定」は、つまるところ資本投資の問題であるために、資本投資の数理モデルが適用可能なように見える。たとえば、新規事業から生み出されるキャッシュフローに基づいて正味現在価値（Net Present Value）を算出して、比較考慮するといった方法である。

このような手法を用いることができれば、「戦略的意思決定」はより合理的に行えるはずである。ところが、とりわけ多角化のように新規性が高い領域への進出に際して、この種のモデルを適

用しようとしても、キャッシュフローが長期的にどのように推移するのかといった最も重要な項目について、信頼できるデータが得られない。さらに、全社戦略で重要な役割を果たすはずの事業間でのシナジーをモデルに組み込むことは、その性質から容易ではない。そこで、アンソフ氏はシナジーの内容まで立ち返り、その影響を定性的に評価するための手法を検討しようとした。

　本章での議論との関わりで重要なことは、多角化のように全社的な成長戦略を考える場合には、事業単体で生み出される利益をモデルに当てはめて評価しても、あまり意味がないと、アンソフ氏が考えていた点である。つまり、ここでいう財務シナジーに焦点を当てるような視点から全社戦略をとらえると、死角が発生するというのである。

　それに対して、最近の日本企業では、数量的な基準を用いて、個々の事業を評価しようとする状況がしばしば見受けられる。アンソフ氏は40年近く前に、その危険性について、指摘していた。それを凝縮した概念が、シナジーだった。

　アンソフ氏の言うようなシナジー概念を裏打ちしたのが、多角化研究である。1960年代から1970年代初頭にかけての米国では、多角化の問題が関心を集めていた。そのような状況を背景として、様々な多角化に関する研究が行われた。

　その代表格はルメルト氏による研究である（Rumelt, 1974）。そこでは、全米大手500社のデータをもとにして、多角化のパターンと組織構造や業績との関係が検討され、様々な事実が発見された。

　その中でもよく取り上げられるのは、多角化事業の間での関連性と全社的な業績との関係である。[1] その結論は次の2点にまとめることができる。

(1) 主力事業の周辺や主力事業から派生した関連事業に限定して多角化を行っている企業の収益性は、相対的に高い。
(2) 主力事業だけに限定して事業を展開している企業や、事業間の関連性が薄い多角化を展開している企業の収益性は、相対的に低い。

この発見を図として表すと、図7-2のようになる。つまりは、ほどほどの多角化が良好な収益性をもたらし、中でも事業間での関連性が高い多角化が望ましいということである。このルメルト氏の研究は大きな関心を呼び、それを基にした多数の多角化研究が米国のみならず世界各国で展開されてきた。日本でも、ルメルト氏の研究の枠組みを基本として日本企業における多角化のあり方が検討された（吉原他、1981）。

その中でも最近まで議論されてきたのが、多角化企業における事業間での「関連性」に関わる問題である。現在では「関連多角化（related diversification）」と「非関連多角化（unrelated diversification）」という言葉で多角化戦略が分類されることが多

図7-2　多角化の程度と収益性

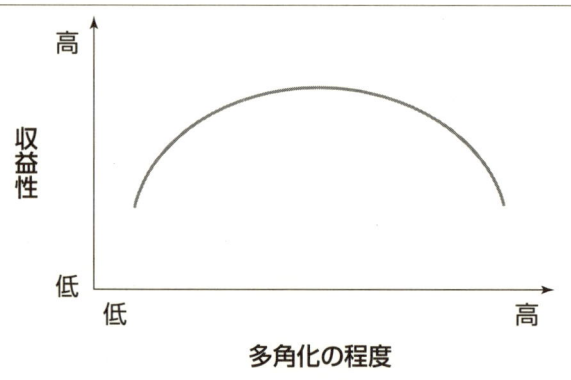

い。これは以上のような研究での知見が広く受け入れられた結果である。

これらの多角化に関する研究から示唆される重要なポイントとしては、次の2つが挙げられる。

1つは、当時の米国で流行していたコングロマリットに対する評価である。コングロマリットとは、本業とは必ずしも関係がない事業を買収によって獲得することで形成された企業グループである。このような事業形態は多角化戦略による成長志向が強かった当時の米国でよくも悪くも関心を呼んでいたが、ルメルト氏の研究の結果からは、成長性は高いものの、収益性については必ずしもよくないとされる。

第2に、より重要なこととして、このような研究結果は多角化戦略におけるシナジーの重要性を裏づける点がある。事業間の関連性が高いと、より資源を共有できるために、シナジーは働きやすくなる。だから、事業間の関連性があると業績がよくなるというのであれば、シナジーが効きやすい事業領域を設定するのが望ましいことになる。

注1）ただし、多角化事業間の関連性と企業の収益性に関するルメルト氏の知見は、初期の追随的な実証研究では支持されたものの、その後の研究では関連多角化の優位性を否定する結果もしばしば示されている。そのために、現在では、収益性から見た際の関連多角化の優位性は、少なくとも実証研究では裏づけられないという意見もある（Grant, 1998; 2002）。

●資源のダイナミック・シナジー：学習アプローチに基づく全社戦略

先に見てきたように、アンソフ氏のシナジー概念はある一時点において経営資源が共有されることを重視しており、PPMは現在と将来という時間軸を導入するものの、カネという特定の経営

資源に限定して、全社戦略を考えていた。

　それに対して、より包括的な経営資源のダイナミクスを視野に入れて、全社戦略を考察しようとする見方もある。伊丹敬之氏が展開した議論は、初期時点からこの点を明確に指摘した、代表的なものである（伊丹、1984; Itami, 1987）。この議論は、ある時点で事業間の経営資源の共有が重要だと考える点では、アンソフ氏の見方を拡張した資源アプローチに近いものといえる。しかし、それ以上に、ある時点での事業活動で蓄積された経営資源が他の事業を将来展開する際に重要な役割を果たすと考えた点で、学習アプローチ的な発想が最も色濃い全社戦略を提案するものでもある。

　伊丹氏によれば、従来のシナジーに対する考え方では、メカニズムが異なる2つのシナジーが混同されているという。そこで前提となるのが、経営資源の特性の違いである。一般的に経営資源は「ヒト、モノ、カネ、情報（ないし知識）」の4つの要素に区分される。このうち、ヒトとモノとカネはある用途にいったん使ってしまえば、他には利用できない。

　ヒト・モノ・カネという3つの経営資源では、その特性から、複数の事業を組み合わせることでより完全な利用状況に近づけることから生み出されるものが、シナジーということになる。それらの経営資源では、「稼働率」向上が、シナジーであるといってもよい。たとえば、スキー場のホテルは、何もしなければ夏場は閉店状態となり、経営資源は遊んでしまう。そこで、テニスコートを整備するといった夏向けの経営努力を行うことで、施設の稼働率が上がることになる。複数の事業が補い合うことで、3つの経営資源をより完全に利用できるようになることから、この種のシナジーは「相補効果」と呼ばれる。

　それに対し、技術やブランドに代表される「情報的経営資源」

は、同時に複数の人によって利用すること(「多重利用」)ができる。情報に関しては、ある事業は他の事業で蓄積された経営資源の「ただ乗り」が可能なのである。さらに、情報は使っても消耗しにくい。のみならず、使っているうちに、他の情報を結合することで、新しい情報が生み出される可能性がある。したがって、情報的経営資源で生じるシナジーは、ヒト・モノ・カネとは異なり、単に事業間で補い合うだけではなく、乗数的効果が生じる。このような特性から、伊丹氏は、情報から生じるシナジーを、ヒト・モノ・カネから生じる「相補効果」と区分して、「(狭義の)相乗効果」と呼んでいる。

　スキー場のホテルの例で言えば、スキー場としての知名度があれば、夏場に集客する努力はそれがない状態よりも少なくて済むだろう。だから、スキー場のホテルが夏場の事業を手がけることによって、単に施設や従業員の稼働率を上げる相補効果だけではなく、狭義の相乗効果も発生することが期待される。

　ただし、情報的経営資源は形のない「見えざる資産」であるために、ヒト・モノ・カネほど、その存在が認識されにくい。そのために、わかりやすい相補効果のみならず、狭義の相乗効果を意識して戦略を組み立てる必要が出てくる。アンソフ氏的な意味でのシナジー概念を拡張して、事業領域を設定するべきだということである。

　さらに、伊丹氏は、全社戦略を含めた事業展開において、学習アプローチ的な側面を強調する。ある一定時点だけで生じるシナジーだけではなく、「現在」と「将来」という異なる時間の間で生じるシナジーも考える必要がある。そこでは、現在、利用・蓄積されている情報的経営資源が、将来の事業の基盤となる経営資源となるという企業成長のプロセスが想定されている。狭義の相乗効果を動態的に活用することが念頭に置かれていることから、

このシナジーは第5章でも触れたように、「ダイナミック・シナジー」と呼ばれる。

このダイナミック・シナジーは、ある一時点で生じる狭義の相乗効果以上に、意識的に展開しなければ、企業成長のプロセスにおける重要な原動力とはならないとされる。ここで意識的というのは、企業が保有する経営資源と展開する事業活動をその時点で完全に適合させるのではなく、背伸びをした事業活動を展開することにある。「ちょっと無理」をすることによって、経営資源が足りないという意味で、両者の間に不均衡が生じる。重要なのは、その後の事業展開でのダイナミクスを生み出すという意味で、その不均衡は正の効果をもたらす点である。その不均衡を埋めるために努力することで、新たな情報的経営資源が蓄積され、新たな事業活動の基盤が形成されることになるからである。

以上の議論は、図7-3にまとめることができる。伊丹氏の議論では、この4つのすべてが取り上げられているが、主たる特色は、情報（知識）という「見えざる資産」を強調することによって横軸の2分類を導入したことと、PPMで部分的に考慮されていた

図7-3　シナジーの区分

	ヒト・モノ・カネ	情報・知識
静態的	①"相補効果"	②狭義の"相乗効果"
動態的	③（事業間のキャッシュフロー）	④"ダイナミック・シナジー"

時間概念 ／ 対象となる経営資源

異なる時点間での事業間の組合わせを、「見えざる資産」まで含めたすべての経営資源にまで拡張した点にある。

このような視点に立てば、従来の多角化戦略の実証研究で問題視されてきたような、既存事業との表面的な「関連性」自体は、企業経営において本質的な問題ではないことがわかる。狭義の相乗効果やダイナミック・シナジーが経営戦略を組み立てる際に重要なのであれば、製品市場で近い領域に進出することが重要なのではない。表からは見えにくい経営資源が、ある一時点のみならず、異なる時点間において、経営資源が事業間でどのように関連しており、それをどのように獲得・活用するかが、全社戦略の視点から重要なのである。

そのために、同じ業種に属していても、各企業でそのあり方は大きく異なる可能性は高い。表向きは同じような業種に属していて、同じような事業展開をしたからといって、同様の結果が得られるとは限らないのである。また、情報的経営資源を企業経営にどのように獲得して、活用していくかということは、それ自体高度に戦略的な問題とも言える。パターン化された法則性が見出せるレベルだけでは、シナジーの重要性は語れないのである。

3. 日本企業と全社戦略

前節では、複数の事業間において、どのようなシナジーを追求し、そのためにどのような事業領域に展開すべきなのかについて、異なる4つの見方について見てきた。

第6章までの事業戦略の議論を見てもわかるように、日本企業の多くは、少なくともこれまでは、資源アプローチや学習アプローチを中心として、自然にこのような考え方をとってきたといえる。だから、議論の整理にはなるけれども、目新しい点はそれほ

どないように見えるかもしれない。

しかし、日本企業が現在苦境に直面しているのは、経営資源を必要以上にため込んできたこととも関係している。資源アプローチや学習アプローチの行き過ぎであるともいえるかもしれない。あるいは、実際には本質的な事業の関連性によるメリットが生じないのに、広範囲に事業を展開してしまい、本来の資源アプローチや学習アプローチから逸脱してしまった結果だともいえる。

そこで、以下では、日本企業が陥りがちな問題を検討した上で、その解決に向けた方策を探ることにしたい。

●資源蓄積志向の弊害

少なからぬ日本企業は、少なくとも最近までは、様々なシナジーをうまく活用して成長してきた。その一方で、シナジー、とりわけ情報的経営資源に関するシナジーを重視する多角化戦略には、限界もある。

1つには、それが「見えざる資産」だということがある。見えないから意識的に活用しなければならない一方で、見えないからこそ、本当はシナジーが存在しなかったり希薄だったりするのに、あたかも重要なシナジーが機能するかのごとく、戦略を組み立てる可能性がある。

ブランド力が実際にはそれほどないとか、既存事業ではブランドとして機能しても、新規事業ではあまり意味をなさないこともある。たとえば、自動車や電機で名声をうち立てた企業が、住宅事業でも最初から同様のブランド力や流通経路などを利用できるかというと、かなり疑わしい。

さらに、動態的なダイナミック・シナジーを活用しようとすると、より難しい問題が生じる可能性もある。ダイナミック・シナジーでは、情報・知識という「見えざる資産」が中心となるだけ

ではなく、将来という不確定な要素が取り込まれることになる。二重の意味で、見えにくい要素が経営戦略に入ってくることになるのである。

　必要な「見えざる資産」が将来足りなくならないようにするための簡単な対応策の1つは、後で簡単に手当てができないような経営資源を、可能な限り社内にため込むことである。そうすると、技術をはじめとする多くの情報的経営資源が、現在のみならず将来にわたっても事業活動で利用されないまま眠ったり、放棄されたりすることになる。たとえば、特許庁の調査によれば、現存するすべての特許のうち、ライセンス供与まで含めて、何らかの形で事業化されているものの比率は3分の1にすぎず、半分近い特許はまったく利用される見込みがないものとして、死蔵されているという。

　あるいは、「見えざる資産」に関わる活動が、企業内での活動であるにもかかわらず、事業活動とはもともと関係がない方向に「暴走」してしまう場合もある。事業活動の関連性が見えにくいために、事業活動と切り離されていったとしても、当事者も含めて、その事実がわからないからである。

　たとえば、研究開発活動に従事する技術者が、大学や公的研究機関の研究者も含めたコミュニティで生じる知的関心を準拠点として、実際の事業展開とはまったく関係がない形で研究活動に従事したりすることがある。もちろん、このような活動のすべてが事業活動にとって無駄だとは言えない。しかし、それが行き過ぎると、企業内での研究であるにもかかわらず、その企業の事業活動とは、現在はおろか、将来もつながりを持たない活動に邁進するユートピアが出現してしまう。

　より深刻なのは、この種の問題が研究開発といった特定の領域に限らず、全社レベルで生じる場合である。全社的にも、企業内

の活動であるにもかかわらず、事業活動として望ましくない方向に進むことは、しばしば起こる。組織の内部事情が「戦略」を過度に規定してしまい、適切な戦略が打てないような状況に陥るケースである。

具体的には、日産自動車（ゴーン、2001）やIBM（Slater, 1999）で生じた事例が、その典型である。これらの企業では、外部環境の変化などにより、業績が悪化していた。しかし、それらの企業が抱えていた経営資源が完全に劣化してしまい、企業の存在意義自体がなくなってしまったわけではない。この点は、その後の大幅な改革によって業績が回復したことからもうかがえる。むしろ問題は、環境の変化にしたがって、戦略を大幅に組み替えなければならないはずなのに、組織の内部事情を結果として優先して、それを侵さないような小手先の戦略で終始していたことにある。

このような状況は、組織での資源蓄積や学習を重視する場合に起こりやすい。「分析型戦略論」のように、戦略が組織を規定するという図式の下では、組織は戦略を実現するための道具として、少なくとも理論的にはみなされる。それに対して、実際の企業では、「戦略→組織」という一方的な規定関係だけではなく、組織もまた戦略を規定する側面がある（沼上、2000b）。それを理論的に織り込んだのが、本書でいう資源アプローチであり、学習アプローチである。

資源志向のアプローチにも合理性があるのは、前述の通りである。しかし、それが「暴走」すると、組織が戦略を規定される側面が合理的な水準を超えて、本来とりうる戦略の幅を狭め、戦略が十分に機能しなくなる。明確な実行方針が先行して決まっていないにせよ、想定する状況を実現するため、企業組織は経営資源を蓄積するはずである。しかし、当事者の認識はともかくそのた

めの組織の活動が、自己目的化すれば、蓄積されている資源を抱え込んだまま、それを事業活動に十分に活かせない状況が生み出される。資源を蓄積し、それを活かす主体であるはず組織が、経営資源と事業活動の結びつきを徐々にでも壊してしまうのである。

ただし、経営資源を事業活動で有効に活用できないという問題は、綿密な分析に基づく戦略を実行することで、簡単に解決するわけでもない。第5章で見たように、事前に立てた戦略通りに常にコトが運ぶのであれば、学習アプローチなどという考え方が出てくる必要性はなかったのである。ましてや、困難な課題に取り組むほど、研究開発のような不確実性が高い活動において、予定調和的な成果が上がる可能性は低くなる。

このように考えていくと、「見えざる資産」を中心としてシナジーを重視する戦略は、経営資源の「無駄」を完全に排除できるようにはならないことがわかる。全体的な構想を描いたとしても、将来を念頭に置く限りは、経営資源を多少とも冗長に蓄積せざるを得ないのである。

現在の日本企業にとっての問題の1つは、ここにある。事業戦略に関する議論で見てきたように、日本企業は経営資源から事業活動を発想し、その蓄積プロセスを重視する傾向にあった。そのために、まずは経営資源を確保することから発想しがちで、過剰なまでの経営資源を社内に抱え込むような状況に陥った企業は少なくない。

実際に、日本企業全体で見ると、1980年代前半以降、投下資本の効率性は徐々に低下している（伊丹、2000；伊丹他、2002）。日本企業の苦境は、何もバブル経済の崩壊という外在的な「事故」だけから生じたわけではない。本来描くべき戦略がないためなのか、シナジー重視の戦略を意図的にとったからなのかは企業によ

って異なるだろうが、経営資源を事業活動に過剰に投入・蓄積していることも、苦境の一要因だと考えられるのである。

●日本企業の課題

　以前のような余裕がなくなってきた日本企業の中には、これまでとは異なり、個々の事業の収益性を重視する方向へと動き出した企業も少なくない。ポジショニング・アプローチ的な全社戦略への転換である。

　たとえば、ある大手私鉄のグループ事業担当役員は、「我々はあくまでもインベスター。グループ各社に求めるのはいかに収益を生み出す能力があるかという点だ」と述べたとされる。[2] もはや事業の組合わせによって全体の収益性を高めることはできず、独立した事業の連合体としてみなさねば、もたれあいで潰れてしまうという危機感の表れであろう。

　あるいは、事業部制を徹底したカンパニー制を導入し、EVA（経済付加価値）といった財務指標によって、それらの事業活動を管理する手法も、多くの企業で取り入れられている。これも個別事業の収益を重視する流れの1つである。

　このような日本企業の動きは、仕方がない側面も大きい。全社戦略として、個々の事業の収益を過度に重視しないことが合理的なのは、個別事業での最適化が全社的には望ましくない結果を生み出す場合である。儲からない事業を持つには、正当な理由が必要である。もたれあいとも言えるような、儲からない事業の集合体として、全社的な事業展開が正当化される根拠はないのである。

　ただし、このような個別企業の収益性を重視する方策は、あくまでも触れすぎた振り子を元に戻したり、伸びきった戦線を適当な水準にまで縮小したりするための手段である。個別事業の短期的な収益性を管理するだけで、未来に向けた企業経営が円滑に進

められるわけでは、当然ない。また、独立した事業の連合体として経営することは、必ずしも効率性を生み出すとは限らない。一般に、事業部制を厳密に運用したりして、個々の事業を独立的に運用すると、事業ごとに重複して保有しなければならない経営資源が増加することはよく知られている。つまりは、事業戦略のみならず、全社戦略にも、バランスが必要なのである。

　また、日本企業では、事業間での経営資源のつながりを重視してきたために、現時点では活用されないまま眠ってきた経営資源は少なくない。単に現時点で儲からないから不要だと考えるだけではなく、それを事業に有効な資源として活かすことは、全社戦略を考えるうえでも意味がある。

　たとえば、第5章でも指摘したように、技術に関して言えば、最終的に事業化されなかったりしたものが、すべて無駄だったとは限らない。本来は有用であるにもかかわらず、その有用性が省みられることなく、企業内に死蔵されている技術は少なくないのである。その要因としては、単に事業化の進め方がまずかっただけではなく、技術の展開可能性を結果的に読み違えたり、矮小化してしまったりしたこともしばしば見受けられる。

　たとえば、インクジェットプリンタは、在来技術であるドットインパクトや熱転写プリンタをほぼ駆逐してしまうほど、プリンタ市場を大きく塗り替えてしまった製品である。現在の国内市場では、セイコーエプソンとキヤノンによって寡占体制が確立しているが、じつは、製品の開発段階では、多くのプリンタメーカーや電子機器メーカーがそれなりの成果を上げていた。このような状況は、他社が製品戦略で単純にしくじっただけではなく、この技術が持つ可能性を過小評価していたことも関係しているように思われる。現在でも、半導体製造装置やDNA解析装置といった、開発当初は想定していなかった領域へのインクジェット技術の応

用が展開されつつある。

　技術などの経営資源の潜在可能性を事業活動で開花させる上では、個人の「勘」や、「運」に頼るだけではなく、組織的メカニズムを通じて実現する手立てもあり得る。たとえば、キヤノンにおけるインクジェットプリンタの事業化プロセスでは、この技術の事業化の可能性が様々な領域に対して組織的に探索されたという（米山・加藤、2002）。

　事業化の前段階のプロセスだけではなく、すでに保有していて、うまく活用できていない経営資源でも、展開可能性は残されている。たとえば、パーソナル・ハンディフォン・システム（PHS）は、事業化当初は期待されながらも、現状では非常に厳しい状況に置かれている。この背景には、主として携帯電話の普及により、存在意義が希薄になったことがあるのだが、新たな事業展開の可能性は、少なくとも論理的には常に存在している。本来は音声通話用に構築されたシステムをデータ通信に主軸を移行させようとする試みは、その典型である。もともとはテレビ放送を同軸ケーブルで電送するためのシステムとして構築されたケーブルテレビ（CATV）でも、同様の動きが見受けられる。

　もちろんPHSやCATVでのこのような動きが、最終的に事業として成功するとは限らない。だが、これらの例から想定されるのは、十分には活用されていない経営資源でも、事業展開の方法を再考することによって、大きく変動する可能性である。

　すでに保有している事業を再度展開し直す場合でも、組織的なメカニズムは考えられる。社内ベンチャーの活用はその1つの方法である。社内ベンチャーは、企業家精神を育む手段としてとらえられることが多い一方で、長年にわたって培われてきた企業文化のような、既存のコンテクストから事業活動を切り離す役割も果たす（榊原他、1989）。そのために、既存の組織では考えられ

なかったような事業展開の方法が、社内ベンチャーから生み出される可能性もある。従来の組織では日の目を見ることがなかった経営資源、とりわけ技術が、社内ベンチャー制度を活かして、優良事業として再生された事例も実際に存在している。また、事業部制やカンパニー制にしても、事業の独立性を確保する方法であることには変わりはないために、個別事業の収益管理を進める手段としてだけではなく、眠っている経営資源を活用するための手段としても、活用できる可能性がある。

注2)「試練の電鉄経営　近鉄の挑戦（上）」『日経産業新聞』2001年10月1日。

column

製品ポートフォリオ・マネジメント

　製品ポートフォリオ・マネジメント（PPM）とは、横軸に「相対市場シェア」、縦軸に市場成長率をとり、その2軸で各事業をプロットした上で、その点を中心として事業の売上高が面積に比例するように円を描いた図である（図はp.221を参照）。

　このうち「相対市場シェア」はあまり馴染みがない概念かもしれないが、難しいものではない。ある製品市場における自社の市場シェアを分子に、自社以外の最大の競合企業のシェアを分母に置いた場合の比率のことである。したがって、相対市場シェアが1よりも大きい場合には、その製品市場では、自社は首位となる。逆に、相対市場シェアが1未満であれば、自社は2位以下の地位にある。また、慣例では、この軸は対数軸をとるとともに、ふつうとは逆に、右から左にかけて大きくなるように描く。

　このように作図の方法自体は簡単なものだが、その解釈には前提となる理屈がある。
　まず、横軸にとる相対市場シェアでは、「経験曲線効果」がその理論的背景とされる（補論参照）。経験曲線効果とは、累積生産量が増大するにつれて、単位あたりコストが低下する現象のことである。この現象に着目すれば、他社に対する競争優位は、他社よりも大きな累積生産量を達成することによって、相対的に低いコストを実現することから獲得できることになる。さらに、他社よりも大きな累積生産量を達成するためには、他社よりも大きな市場シェアを達成することが必要となる。

図7-4　製品ライフサイクル

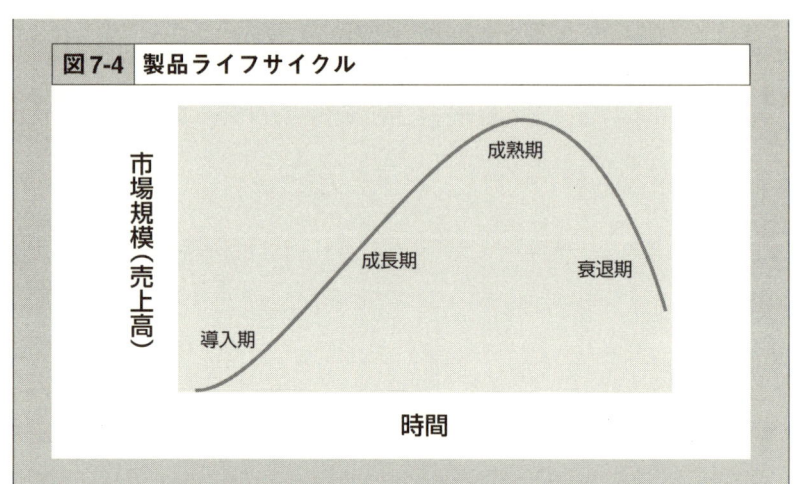

縦軸：市場規模（売上高）　横軸：時間

導入期 → 成長期 → 成熟期 → 衰退期

　つまり、「相対的に高い市場シェア→相対的に大きな累積生産量→相対的に低いコスト→競争優位」という枠組みが、ここでの前提である。このような考え方に従うと、相対市場シェアは、「事業の強度」の代理変数となる。

　他方、市場成長率は「事業の魅力度」を代理している。市場成長率が高い方が事業として魅力があるという考え方は、直感的にもわかりやすいが、理論的には「製品ライフサイクル」が背景となっている。製品ライフサイクルでは、各々の製品市場は、市場が確立する時期（導入期）から、急激に成長する時期（成長期）を経て、最終的には成熟し（成熟期）、さらには衰退する（衰退期）というプロセスを経ることが想定されている（図7-4）。この一連のプロセスに関して、とりわけPPMで重要となるのは、事業は原則的には成長期から成熟期へと移行してしまう点である。今は育ち盛りの事業でも、時間の経過とともに、成長が鈍化して、成熟期に入る。だから、事業が成長期の段階から次世代の事業を探索する必要はあるし、成熟期の事業の発展可能性は小さいということになる。

　以上をまとめると、横軸は「事業の強度」、縦軸は「事業の魅力度」を表していることになる。PPMでは、それぞれの軸を2分割して、4つ（＝2×2）の象限にわける。ちなみに、相対市場シェアでは、他社を圧するポジションにあることを前提とするために、高低の区切りを1.5ぐらいに置く場合が多い。また、市場成長率については、GNP（国民内総生産）成長率や、その企業が抱える事業の加重平均成長率を高低の区切りとすることが多い。

　PPMの独自性の1つは、各事業がこの4つの象限のどこに所属して、企業全体として事業がどのような分布になっているかが、ビジュアルにわかる点にあった。

表7-1　PPMから示唆される処方箋

セルの名称	推奨される事業戦略	事業の収益性	必要な投資	ネットのキャッシュフロー
花形	維持／増大	高い	大きい	ゼロからややマイナス
金のなる木	維持	高い	小さい	大きくプラス
問題児	(A) 増大	低いないしマイナス	非常に大きい	大きくマイナス
	(B) 収穫／撤退	低いないしマイナス	投資しない	プラス
負け犬	収穫／撤退	低いないしマイナス	投資しない	プラス

(出所) Hax, A. C. and N. S. Majluf（1984）, pp.135.

（市場シェアから見て）強い事業や（成長率から見て）魅力的な事業がどれぐらいの規模で分布しているかが、一目でわかるのである。

たとえば、伝統的な成熟企業では、「金のなる木」から「負け犬」のあたりに、主力事業がしばしば集中している。このような状況では、次世代を担う魅力的な事業が企業内になかったり、弱かったりするために、その育成が急務であることが図から直感的に理解できる。

さらに、事業間のキャッシュフローが推定できるとした点も、PPMの大きなウリであった。前述のように、横軸は相対市場シェアによって「事業の強度」を代理的に示している。事業が強ければ、その事業は儲かると推定できる。逆に、弱い事業は、低収益であったり、場合によっては赤字であったりすることが考えられる。他方、縦軸でとる市場成長率が高いと、その成長に合わせて自社の事業も成長していくためには投資が必要となる。逆に、成長率が低ければ、追加的な投資はそれほど必要ない。

このような縦軸と横軸を併せると、各事業のキャッシュフローの状況の概略がつかめることになる。たとえば、「花形」であれば、事業の利益率は高いことが予想される一方で、成長中であることから必要な投資も大きい。したがって、「花形」事業のキャッシュフローはとんとんか、下手をするとマイナスとなると予想される。あるいは「金のなる木」は名前からも想像できるように、儲かっているのに大規模な投資は必要とならないために、大きくプラスになることが予想される。

このように、事業のキャッシュフローが予想できることに基づいて、PPMの各象限では、事業の処方箋が示唆された（表7-1）。「金のなる木」は次世代の事業を育成するための原資となる事業である。したがって、この象限に属する事業は強い状

7 全社戦略

況を維持することが必要不可欠となる。「花形」は、その企業の次世代を担う事業であるために、この状況を維持するか、もしくはさらに増強する必要がある。「負け犬」は、キャッシュを生み出すわけでもなければ、将来性があるわけでもない。また、既に成長率が鈍化しているために、「金のなる木」に引き上げようとしても、投資の割には見返りが少ない可能性も高い。だから、すぐに撤退するか、もしくは投資を抑えて、徐々に撤退を模索する「収穫」に入るか、いずれかの選択を迫られる。

最後の「問題児」はやっかいである。このまま成熟期を迎えてしまえば、将来がない「負け犬」事業に転落してしまう。だから、「問題児」事業を「金のなる木」として次世代の企業成長の原動力にするためには、市場の成長期に「花形」に引き上げる必要がある。だが、そのためには、他社を抑えた地位を構築するために、多大な投資が必要となる。そこで、徹底的に投資を行って、強いポジションに事業を引き上げる戦略をとるか、もしくはその事業を次世代の主力事業とすることはあきらめて、「負け犬」と同様に、撤退を前提とする戦略をとるかという大きな選択が迫られるのである。

本文にもあるように、このような処方箋には限界がある一方で、PPMという図を描いて考える意味は、今でもある。作図に必要なデータさえあれば、PPMはMicrosoft Excel®にある「バブルチャート」を利用して、簡単に描くことができる。関心がある読者は作図に挑戦してほしい。

終章
日本企業の問題と戦略の重要性

1. 日本企業の戦略的課題

　今から20年ほど前、米国経済は深刻な不況にあえいでいた。そのような中、不況の原因として、税制や金融政策の失敗、競争を妨げる規制の存在、OPECによる石油価格のコントロール、開発途上国への生産シフトなど、様々なマクロ要因が議論されていた。

　それに対して、ハーバード・ビジネス・スクールの研究者たちが強調したのは「マネジメントの失敗」であった。「米国経済低迷の背後にあるのは企業競争力の低下である。その責任の多くはマネジメントにある」というのが、そこでの基本的な主張であった。マクロの経済的要因よりも、ミクロレベルの企業経営のあり方そのものに本質的な問題が隠されているという考え方である。

　二十数年前の米国の状況は、現在の日本の状況によく似ている。確かに、土地・金融政策の失敗、政府による様々な規制、中国を代表とするアジア諸国の台頭、産業への動機づけに乏しい税制などが、不況を長引かせているように見える。だから、政治家を含めた多くの専門家たちが、金融政策、規制緩和、税制改革などのあり方について、日夜議論を続けている。

　もちろんそうしたマクロ政策の効果を否定するものではない。

終章──
日本企業の問題と戦略の重要性

　しかし、研究対象として日頃から企業を観察している筆者らのような経営学者の立場からすると、問題の多くが、企業経営のミクロレベルにあることを強く感じる。企業の再生なくしては日本経済の再生はない、とさえ思う。20年前の米国と似ている、というのはこの点である。

　本書は『一橋ビジネスレビュー』誌での連載をベースとしているが、筆者らがそもそも連載を執筆したのは、日本経済の不況の原因が企業経営にある、という上記の認識によっている。特に「戦略的思考」という点で、多くの日本企業がバランスの悪い経営をしているように見えたことが、執筆の動機の1つであった。

　筆者らは、研究上、製造業の技術者や技能者の人々に話を聞くことが多い。非常に優秀な人たちである。顧客に喜ばれるために、他社よりもよいものを安く提供するために、必死に働いている。「よいもの」を作るという点で自信を持っている企業はいまだに多い。ところが、利益にならない。なぜか。よいものを安く作るという能力を蓄積することは、優れた経営戦略を実現する条件の1つに過ぎないからである。本書の第6章での言葉で言うなら、戦略の「内」へのバイアスである。戦略的思考にはバランスが必要である。

　1980年代に米国が学んだことも、一面では、ここでいう戦略のバランスの問題であったといえる。この時期、米国では、マクロ政策の転換が進められる一方で、企業経営のあり方を徹底的に洗いなおす作業が行われていた。1989年に出版された *Made in America* はその代表例である。同書は、マサチューセッツ工科大学（MIT）の学者が、文系理系を問わず結集して、米国の経済力と企業経営のあり方を総点検したものである。そこで、米国経済の問題として指摘されていたのが、短期的視野に基づく経営、開発・生産における技術力の欠如、人的資源の軽視、協調体制の

欠如といった項目であった。第3章で紹介したように、コア・コンピタンス経営という概念も、米国流の経営に対する同様の批判を基盤として提唱されたものであった。

　つまり、短期的な利益確保に奔走するあまり、儲かる事業を見つけては投資し、儲からない事業からはさっさと撤退するという事業の切り貼りを続ける一方で、企業内部の経営資源の地道な蓄積を怠ってきたことが経済低迷の原因である、という反省が行われたのが、1980年代以降の米国であったのである。本書の言葉で言うなら、当時の米国企業は「外」に注目した戦略へのバイアスが強かった。

　それに対して、戦略の焦点を「外」から「内」へと徐々にバランスをとってきたのが、1980年代後半から1990年代であった。そのために、米国企業は国内外から優れた経営手法を学んできた。今となっては皮肉なことでもあるが、見習うべき手本として当時注目されていたのは、日本企業だったのである。1980年代から1990年代を通じて米国企業の訪問を受け入れた経験のある企業も、少なくないはずである。

　企業経営に問題があるという点では、20年前の米国と現在の日本は似ている。ただし、問題の方向が異なる。20年前の米国は行き過ぎた「外」。現在の日本は行き過ぎた「内」。これが本書の元となった連載を執筆する段階での認識であった。日本企業は「内」から「外」へバランスをとる必要がある。そのためには、経営戦略の全体像を提示しなければならない。本書が行ったことは、この作業であった。

2．戦略的課題の位置づけ

　このように述べると、「外」に注目した戦略的思考の欠如だけ

終章――
日本企業の問題と戦略の重要性

が日本企業の問題であるかのように誤解されるかもしれない。しかし、筆者らは決してそのようには思っていない。それは問題の一部だと思っている。

以下では、日本企業もしくは日本の産業が抱える問題の中で、戦略の問題がどのように位置づけられるのかを簡単に見ていきたい。表8-1はその位置づけを示したものである。

日本の産業が問題を抱えているという場合、それは大きく3つのケースに分けられそうである。第1は、競争がないゆえに、結果として競争力が生み出されないというケースである。規制産業を想定すればよい。現在まさに問題となっている銀行業の他、証券、建設・土木、公益事業、大学なども、この領域に当てはまるであろう。この場合には、競争を促進することが、すべての問題を一挙に解決してしまうわけではないけれども、有力な手段となる。

たとえば、筆者らが所属する国立大学は、近々独立行政法人と

表8-1　産業が抱える問題の分類

- 競争がないために競争力がない【タイプ1】
- 競争があるけれど競争力がない
  - ▼ モノやサービスを作る内的な能力は優れているけれど、それを利益に結びつける戦略に欠けている。【タイプ2】⇒本書で扱った戦略の問題
  - ▼ モノやサービスを作る能力における優位性を失っている【タイプ3】
    - ■ 従来の能力が環境変化に適合しない
    - ■ 従来の能力自体を失っている

なる。同時に、外部者による業績の評価の導入など、各大学に対する競争圧力が高まることが、国公私立を問わず予想される。さらに少子化が進む中で、限られたパイを奪い合うために、大学間の競争も激化している。また、ターゲットとする学生を20歳前後から広げる施策も、様々に展開されている。このように競合が激化する状況は、内部で働く我々個人の立場からすると必ずしも好ましくない。ポジショニング・アプローチ的に言うなら、あまり「おいしくない」産業となるからである。

　しかし、このような競争圧力によって、研究や教育の質が向上して、個々の大学や教育産業自体の競争力はたぶん向上するであろう。何しろスイスのビジネススクールであるIMDの国際競争力調査によれば、主要49カ国中、日本の大学教育は最下位であるという。反論もあるだろうし、何らかの弊害もあるだろうが、それでもこれまでの漫然とした世界と比べると、競争の激化は、当事者にとってはともかく、社会的なメリットは少なくないと思われる。

　以上のようなケースに対して、競争があるのに競争力を失っている場合には、2つのタイプがありそうである。1つめは、優れた製品やサービスを創造し、それを効率よく生産する能力には優れているけれども、その能力を経済的利益にうまく転換できない場合である。これらの場合の多くは、戦略の欠如に起因する。

　本書は、このようなケースを主として想定して、書かれたものである。家電商品、半導体デバイス、化学材料、工作機械などの産業で、モノづくりという意味ではまだまだ優れているのに、なかなか利益が出ない企業がある。デジタルカメラやプラズマテレビなど、技術的な先端領域で日本企業が世界的に市場を占有している産業は、今でも存在する。しかし、問題は、そうした領域であっても、長い間ほとんど誰も利益を出せないような状況がしば

終章 日本企業の問題と戦略の重要性

しば見受けられることである。「いいものを安く作れば、儲かるわけではない」という、先に議論した問題に陥っているわけである。

競争があるのに競争力を失っている2つめのタイプは、そもそもモノやサービスをつくり出す能力自体が劣っているケースである。1980年代、日本企業はその効率的なモノづくりの能力で世界を先導していた。ところが1990年代に入って、その相対的優位性は、いくつかの産業領域で失われていった。他国の企業が日本企業から学んだことが1つの理由ではある。

それ以外に、先に議論したデジタル化の問題も関わっている。商品がデジタル化されてくると、モノづくりの微妙な摺り合わせの重要性が相対的に低下する。パソコンのように、デジタル信号でつなぎ合わせられた要素部品の集合体として製品が構成されるようになると、生産における製品全体としての統合の必要性が減少する。いわゆるモジュール化である。機械装置のように構成要素であるモジュールの間で精緻な摺り合わせをすることなく、既定のインターフェイスに沿ってそれらを単純に組み合わせることで、十分機能する製品ができてしまうからである。こうなると、日本企業がこれまで得意としてきたような最終製品のモノづくりの強みは、顧客に価値をもたらさなくなってしまう。

このように、モジュール化が進むと、自社内に全て取り込んで統合的にモノづくりをするよりは、組織の境界を越えて多様なプレーヤーと協働することの効果が、相対的に高まってくる。このあたりで、従来の日本企業のモノづくりのあり方が、技術変化に適合しなくなっている可能性がある。

しかし、さらに深刻な問題があるとすれば、それは、1980年代までは日本企業の強みといわれてきたモノづくりのよさ自体が失われているかもしれないことである。

たとえば、中馬（2002）は、半導体産業の調査を通じて、その可能性を示している。生産現場とエンジニアとの密接な関係、現場の労働者のスキルアップや動機づけの仕組みなど、かつて日本企業の強さの源泉といわれた要因が、今や日本の大手企業ではなく、台湾企業やその日本子会社、欧米企業で見られるという、皮肉なことが起きつつあるのである。
　こうした現状を見る限り、「内」や「外」へのバイアスが戦略論を適用する際に問題になるのと同様に、日本企業の問題を解決しようとする場合にも、戦略の問題だけに偏って考えるのは危険である。ここでもバランスが必要となる。競争の問題、戦略の問題、モノやサービスを生み出す基本的能力の問題、これらをバランスよく考慮することが、日本企業が直面する問題を考える上で大きな意味を持つのである。

補論
企業の「一般戦略」

　ここでは補論として「市場シェアが大きいこと」がどのような意味合いを持つかという点を中心に見ていきたい。
　この問題を別個に取り上げる理由は、大きく2つある。その1つは理論的な側面にある。市場シェアの大きさが持つ意味は、かつて主流であった戦略論、とりわけ第6章で示した「分析型戦略論」と総称される領域で、中心的に議論されてきた。その一方で、この議論は、本書の中心的な枠組みである4つのアプローチで横断的に扱われていた問題でもある。たとえば、後述する「経験曲線効果」はポジショニング・アプローチ的な戦略上の強い示唆を与える半面、その背後では、後の資源アプローチや学習アプローチに関わる論理も内包されている。あるいは、ポジショニング・アプローチの代表格であるマイケル・ポーター氏は、経験曲線効果から示唆される市場シェアを絶対視する見解を批判してきた。
　つまり、ここで取り上げる問題は、本論の枠組みでは必ずしもきれいに分類されるわけではない。また、戦略論の教科書や大学の講義では、頻繁に触れられてきた問題であり、簡単に無視できるものでもない。そこで、補論として、この問題の理論的な側面を独立的に議論する。
　もう1つの理由として、実際の現象との関係がある。かつて盛んに研究されていた市場シェアの問題は、日本企業にとって過去

の話ではない。特に、「選択と集中」という言葉で、戦略が語られることが最近多い。このような考え方をとる場合に、市場シェアの問題はしばしば結びついている。単に理論的に議論された昔の問題なのではなく、日本企業が直面する現実の世界と深く関わっているのである。

1. 市場シェア至上の戦略

経営戦略の理論では、個々の企業が接する状況を超えて、一般的に適用可能な論理を探っている。とりわけ「分析型戦略論」では、普遍的に成立する戦略上の法則を追究しようとしてきた。そこで提案される戦略は、個々の企業に固有なのではなく、汎用性があることを前提にしていることから、「一般戦略（generic strategy）」と呼ばれている（Porter, 1980）。

それでは、事業戦略で考えた場合に、有効な一般戦略としては、どのようなものが考えられるだろうか。まずは次のエクササイズで考えてみよう。

Exercise 9-1
事業戦略として、市場シェアを追求する戦略だけが有効な一般戦略と考えてよいだろうか。業界内で1位とか2位とかの高いシェアを得ることができない限り、有効な戦略とはならないのだろうか。

この問いを考えてもらったのは、この種の考え方が最近しばしば取り上げられるからである。日本では、「選択と集中」というキャッチフレーズの下で、事業の絞込みが行われているが、その選択基準として、市場シェアの高低が問題とされている。当該産業で市場シェアが高い事業だけを中核事業として扱い、その他の事業は周辺的な扱いとして、場合によっては撤退する、といった考え方である。

　たとえば、キューピーでは、2000年にマヨネーズやドレッシングなど主力5分野に事業を絞り込むことを決めている。[1] 同社で事業を選択する際の最大の基準は、シェア1位かそれ以下かということにある。「2位以下では流通への影響力や価格面で主導権を握れない」というのが、その背景にある発想とされる。

　その一方で、市場シェアが小さくても、うまく事業を展開している企業もある。たとえば、どこの街でも、マクドナルドやすかいらーくグループのような相対的に高い市場シェアを有する企業だけが、飲食店を営んでいるわけではない。個人経営でも、うまく経営している飲食店は、数多く存在する。

　このように考えると、市場シェアは高いに越したことはないのかもしれないが、どの程度重要なのかは、意外と難しい問題だということがわかる。

　じつは事業戦略に関するこの種の問題は、米国を中心にかつて展開された議論とよく似ている。そのような議論自体は日本でも広く紹介されてきた。ただし、多くの日本企業において同種の問題が真剣に検討されるようになったのは、ごく最近のことである。

　最近になり市場シェアの問題が、経営戦略の重要な問題として認識されるようになった背景には、日本企業を取り巻く環境が厳しくなってきたことがある。厳しい事業環境に先行してさらされた米国企業では、有望な事業だけに集中して経営資源を投下しな

補論

ければならなかった。それに対し、かつての日本企業の多くは、成長期にあったこともあり、米国企業より事業の取捨選択に真剣に取り組む必要は小さかった。総花的な資源展開をしていても、事業単体でも、企業全体でも、行き詰まることはそうそうなかったのだ。

いわば米国よりも20〜30年遅れでやってきた厳しい環境の下で、これまで展開されてきた事業戦略に関する議論が、日本企業でも深刻な問題として浮かび上がってきたのである。

注1)『日経産業新聞』2002年1月16日。

● 至上命題としての市場シェア獲得

今で言う「一般戦略」が理論的に検討され始めたのは、経営戦略論の創成期である1960年代のことである。米国の大手経営コンサルティング会社であるボストン・コンサルティング・グループ（BCG）による、戦略分析枠組みの開発が、その契機だった。

当時のBCGが開発した分析枠組みは、「製品ポートフォリオ・マネジメント（PPM）」である。PPMの概略は第7章で説明したとおりだが、ここで重要なことは、PPMの背景にある発想が市場シェア至上主義とでもいえるものだった点にある。トップシェアを獲得しなければ、その業界で望ましい地位につくことはできないし、4位以下の低いシェアに甘んじていれば、最終的には生き残ることさえ許されないというのが、そこでの基本的な考え方である。

この発想だけを取り出すと、少なからぬ日本企業で最近考えられていることと大差ないように思える。ただし、市場シェアを獲得すべき理由まで遡ると、当時の考え方と日本企業で考えられていることとは、少々異なってくる。

BCGにおいて市場シェア獲得が至上命題とされる際のバックボーンは、「経験曲線効果（experience curve effect）」という現象である。経験曲線効果の厳密な定義は、「累積生産量が2倍になるごとに、製品の単位当たり実質直接原価が一定の比率で低下する」である。簡単に言えば、この現象は生産（ないし販売）の経験を積み重ねるにつれて、製品1個当たりの生産（販売）コストがより低下していくという現象を指す（経験曲線効果の詳しい内容については、コラムを参照）。

　個人が何か新しいことを始めるとき、最初は苦労したりするけれども、慣れてくると、面白いようにできるようになったり、理解がどんどん深まっていったりする。大雑把に言えば、このような個人の経験と同様のことが企業組織全体で生じる結果としてコストが低下するのが、経験曲線効果である。

　経験曲線効果の存在が市場シェアの拡大を至上とする戦略につながるのは、シェアの拡大によって、経験曲線効果によるコスト優位を確立できると考えるからである。他社よりも大きな市場シェアを継続的に獲得すると、他社よりも多くの経験（累積生産量で代理）を蓄積できる。他社よりも多くの経験を積むと、製品当たりのコストが安くなる。そのコスト低下分を価格に反映すれば、より経験が少ない他社は追随することができない。あるいは、攻撃的な価格政策をとらない場合には、他社よりもコスト的に有利な立場にあるので、他社よりも高い利益を確保できる。

　まとめると、「より高い市場シェア→より大きな経験（より大きな累積生産量）→より低い製品コスト→高い収益性」という流れが、経験曲線効果の背景にある基本的な論理である。

　このような考え方に従えば、産業内で絶対的な優位に立つことができるのは、シェア1位の企業でしかない。だから、可能な限りのシェアを確保することが、至上命題となる。また、シェアを

補論

確保することで得られる優位性は、コストが基本となる。

経験曲線効果を戦略的に活用した代表例としては、1900年代から1920年代にかけてのフォード自動車が挙げられる（Abernathy and Wayne, 1974）。米国における大量生産方式を確立したとされるフォードは、T型（Model T）の生産において、原料調達や生産管理などあらゆる面での徹底した低コスト化と、それを反映した低価格・政策を推し進めていった。T型フォードは爆発的なヒット商品となり、今日の自動車の大衆化の礎を築くことになる。

創業者であるヘンリー・フォード氏は、当時はまだ発見されていない経験曲線効果を知識として持っていたわけではないけれども、その発想は経験曲線効果から示唆される戦略と一致する。圧倒的なコスト優位に基づく販売・価格戦略でシェアを獲得し、そのシェアによってさらなるコスト優位を獲得し、価格に反映させる。この循環の結果、このT型フォードの発売開始の翌年である1909年には、10％程度に留まっていた市場シェアは、1913年には40％近くまで上昇し、最盛期である1920年頃には50％を突破した。ちなみに、まったくの単一車種としての販売台数で、T型フォードを上回る乗用車は、未だに出現していない。

BCGの創業者であるブルース・ヘンダーソン氏は「3と4のルール（the rule of three and four）」を提唱して、経験曲線効果から示唆される状況を明示した。この説によれば、産業が成熟して安定期を迎えると、競争力を持った企業は「3社」しか残ることができない。また、最終的に残った企業の中で、首位企業の市場シェアは2位企業の2倍、2位企業のシェアは3位企業の2倍となる、つまり首位企業のシェアが3位企業の「4倍」となると、シェアが均衡点に達するとされる。

さすがに「3と4のルール」とまで言い切ることには、その当

時から議論があった。しかし、最近の日本企業での「シェア1位ないし2位の事業に集中する」などといった考え方は、経験曲線効果に依拠しないにせよ、結果として類似した戦略をとろうとしているのである。

経験曲線効果

本文中にある「累積生産量が2倍になるごとに、製品の単位当たり実質直接原価が一定の比率で低下する」という経験曲線効果の定義はわかりにくいので、少し説明をしておこう。

「累積生産量」とは、生産開始からある時点までに生産された当該製品の総数である。たとえば、1年目に100個、2年目に300個、3年目に500個生産していれば、丸3年経過した時点での累積生産量は900個（＝100＋300＋500）である。また、「実質原価」というのは、インフレ分を調整した上での実質的なコストである。

つまり、経験曲線効果が意味するのは、生産量の蓄積は経済変動分を除いた真のコストの低下と一定の関係を持つという関係である。

この関係を数式で表すと、次のような関係になる。

$$C_t = C_0 \left(\frac{P_t}{P_0}\right)^{-a}$$

　C_0、C_t：0時点とt時点での単位当たりコスト
　P_0、P_t：0時点とt時点での累積生産量
　　a：定数。ただし、産業ごとに異なる

ここで、0時点での累積生産量と単位当たりコスト、t時点での累積生産量、定数aがわかっていると、t時点での単位当たりコストが予測できることになる。

経験曲線効果の度合いは、累積生産量が2倍になるごとに、単位当たりコストが前と比べてどの程度低下するかで表現されることが多い。たとえば、累積生産量が2倍になるごとに、15％ずつコストが低下するような場合には、コストは前の期の85％であるから、「85％曲線」と言われる。同様に、20％ずつ低下する場合は、「80％曲線」、30％ずつ低下する場合は、「70％曲線」である。

定数aは、この曲線の傾きによって規定される。85％曲線、80％曲線、70％曲線の場合の定数は、それぞれ0.234、0.415、0.515となる。この値は式から導出で

補論

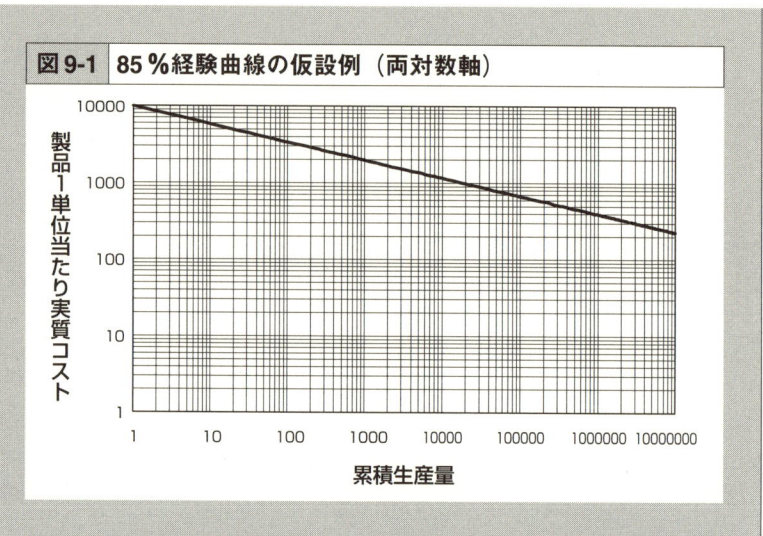

図9-1　85％経験曲線の仮設例（両対数軸）

縦軸：製品1単位当たり実質コスト
横軸：累積生産量

きるので、関心がある読者は計算してみてほしい。ちなみに、米国のマグネシウム加工業では90％曲線、英国のプラスチック製品では75％曲線、集積回路（IC）では70％曲線であることが、BCGによって報告されている。

また、この関数が指数関数であるために、両対数をとると、t時点での累積生産量と単位当たりコストの間の関係は直線で示すことができる。図9-1は85％曲線の仮設例であるが、ここでは対数軸をとっているために、経験曲線は直線で示される。

数式的に表現すると難しいように見えるけれども、経験曲線効果が意味するのは、「たくさん作っていくほど、製品のコストは下がる」という単純なことである。

ただし、第2章でも触れた「規模の経済」と経験曲線効果は、規模とコストの関係に言及している点では似ているものの、概念的には異なる。規模の経済はある一時点での規模の大小に着目しているのに対して、経験曲線効果は累積性を問題にしている。部分的には重複する点はあるものの、時間の概念が入っていることは経験曲線効果の独自性の1つである。そのために、「経験」という時間軸を伴う名称がこの現象につけられている。

経験曲線効果は1960年代にBCGで編み出された一方で、類似した現象はそれ以前から指摘されていた。既に第2次世界大戦中に、累積生産量が2倍になるごとに、直接労働時間が20％ずつ低下するという現象が、航空機製造工場において発見されている。「学習（習熟）曲線（learning curve）」と呼ばれるこの現象は、経験曲線効果と類似しているが、経験曲線効果よりも説明される範囲が狭い。

> ここで注意してほしいのは、本文中の記述からも推察されるように、経験曲線効果から示唆される戦略の論理は、現象自体よりははるかにルーズだという点である。経験曲線効果の持つ戦略上の意義を過剰評価したきらいがある。今では考えられないほどの「市場シェア至上主義」への当時の大きな支持は、経験曲線効果の厳密性に引きずられて、そこから導き出されたインプリケーションまでも厳密であるかのように曲解してしまったことが、背景にあったように思われる。

2. 3つの一般戦略

　経験曲線効果から示唆される一般戦略は、コスト優位のための市場シェア獲得である。しかし、実際には、産業内に4社以上の有力企業が存在する産業もあれば、高いシェアを持たなくても、高い収益率を上げる企業も存在する。このような現象は、単に産業が成熟する前の過渡期だとか、例外的な事例に過ぎないのだろうか。

　この問題に対して、マイケル・ポーター氏は、経験曲線効果から示唆されるコスト優位の戦略以外にも、有効な戦略はあるとした（Porter, 1980; 1985）。シェア拡大によるコスト優位の戦略は有効な戦略の1つではあるけれども、唯一の戦略ではなく、コスト以外にも同業他社に対する競争優位の有力な源泉は存在するというのが、そこでの主張である。

　ポーター氏によれば、有効な一般戦略は3つにまとめられる（図9-2）。第1に「コストリーダーシップ戦略（cost leadership）」である。この戦略は同業他社に対して低コストであることを競争優位の源泉とする戦略である。この考え方は経験曲線効果から示唆される戦略と符合する。[2]

　たとえば、日本マクドナルドが近年とってきた戦略は、典型的なコストリーダーシップ戦略である。同社は、主力製品であるハ

補論

ンバーガーで値下げを繰り返した。規模やオペレーションで劣るハンバーガー業界の他社は、マクドナルドの低価格戦略に真正面から対抗することは難しく、業績を悪化させる企業が相次いだ。また、ハンバーガー業界のみならず外食産業でも最大手である同社の低価格戦略は、ハンバーガー業界にとどまらず、他の外食・中食業界にも大きな影響を与えた。一時期、コンビニエンスストアのおにぎりが値下げされたのは、マクドナルドの行動と無縁ではない。

　第2の有効な一般戦略は「差別化戦略（differentiation）」である。改めて言えば、製品差別化とは、ブランドイメージや技術などで、他社製品とは異なると顧客から評価されることである。この場合の優位性の源泉は、コストではなく、その独自性にある。たとえば、多くの人はソニーの製品を品質やイメージなどで競合

図9-2　3つの一般戦略

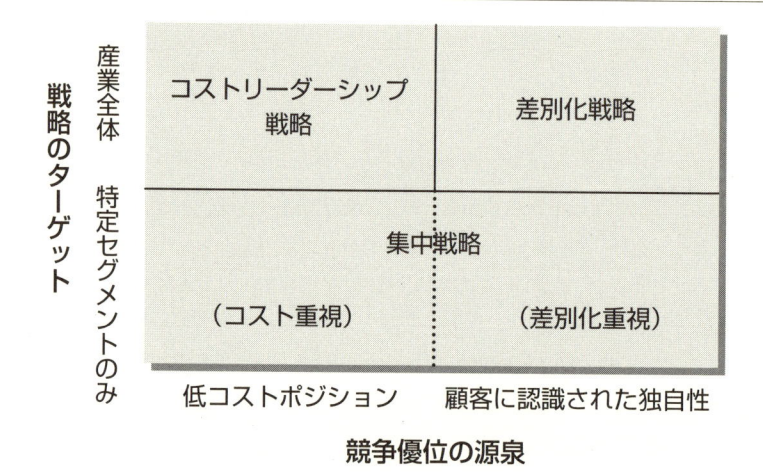

		競争優位の源泉	
		低コストポジション	顧客に認識された独自性
戦略のターゲット	産業全体	コストリーダーシップ戦略	差別化戦略
	特定セグメントのみ	集中戦略（コスト重視）	集中戦略（差別化重視）

(出所) Porter (1980), p.39.

他社とは異なるものとしてとらえる傾向がある。ソニーがコスト面で他社よりも劣位にあるとは必ずしもいえないが、ソニーの競争優位の源泉は低コストに基づく価格面ではなく、機能面やデザインやイメージでの独自性に置かれている。

　第3の有効な一般戦略は「集中戦略（focusing）」である。集中戦略では、競争優位の源泉をコストないし差別化に置くのだが、先の2つとの違いは地域や製品ラインなどで特定の市場セグメントに集中して展開していることにある。産業全体で競合するのではなく、ある特定セグメントに集中することによって、絶対的な規模として劣っていても、より大きな企業と互角ないし優位に競争を進めることができる。コンビニエンスストアで言えば、北海道のセイコーマートや中部地方のサークルKのような、特定地域に集中的に出店している企業は、集中戦略をとっていることになる。

　以上をまとめると、市場セグメントの範囲という区分もあるにせよ、図9-2からもわかるように、有効な一般戦略での競争優位の源泉は、ここでは「コスト」と「差別化」の2つに絞られている。第2章で説明した「5つの要因」との関係で言えば、この2つの戦略はそれぞれ異なった形で、防御的なポジションを確保できるために、産業平均よりも高い収益性が確保できるとされる。

　この2つが有効な戦略である理由は、図9-3の式から、より単純に説明できる。製品の単位当たり利益を上げる方法としては、コストを下げるか、価格を上げるかの2つが考えられる。コストリーダーシップ戦略とは、コストを下げることによって、利益を上げようとする戦略である。これに対して、差別化戦略は基本的には価格を上げることで利益を上げようとする戦略である。いずれか一方がうまくいけば、他社よりも高い収益性が確保できる。だから、低コスト化も有効な戦略である一方で、差別化も同様に

補論

有効な戦略といえるのである。

　さらに、ポーター氏は、競争優位の源泉として、低コスト化か差別化（あるいは集中）のいずれか1つだけをとるべきであり、複数の戦略を追ってはならないとした。低コストも差別化もという戦略は「中途半端な戦略（stuck in the middle）」として、極力避けるべきものとされる。

　この点を概念的に図式化したのが、図9-4である。この図では、横軸に市場シェア、縦軸に投資収益率（利益率）をとった場合に、「U型」の関係が想定されている。経験曲線効果で想定されている直線的関係と比べてもらうと、ポーター氏が異なる発想に立っていることがよくわかる。経験曲線効果のみに基づいて示唆される戦略では、シェアは高ければ高いほど望ましいことになる。それに対して、この「U型曲線」では、中途半端なシェアを持って、低コスト化も差別化も図ろうとすると、シェアが低くても差別化できた場合よりも、収益性は悪化すると考える。

　この図はデータに基づいて描かれたのではなく、また差別化の

図9-3　コストリーダーシップ戦略と差別化戦略

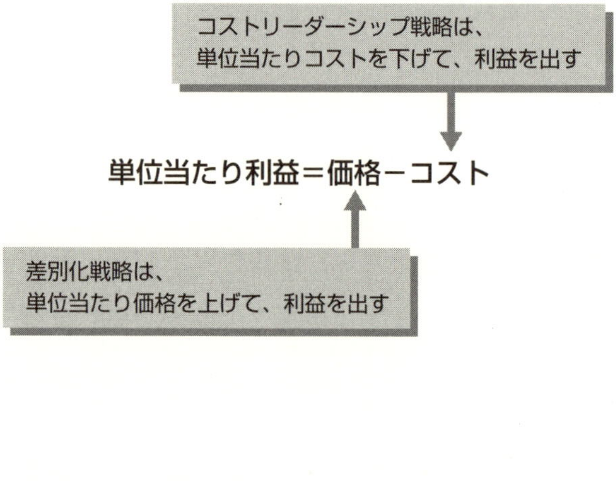

コストリーダーシップ戦略は、
単位当たりコストを下げて、利益を出す

↓

単位当たり利益＝価格－コスト

↑

差別化戦略は、
単位当たり価格を上げて、利益を出す

容易さなどが異なるために、どの産業でも同様に当てはまるとも考えられていない。あくまでも概念的な図である。それでも、この図からは、ポーター氏の基本的な主張が浮かび上がってくる。経験曲線効果に依拠しているかどうかは別にして、低コスト化と差別化の二兎を追うのは「ダメな戦略」なのである。

> 注2) ただ、コスト優位は市場シェアとしばしば結びついている一方で、曖昧ながらも、シェア獲得が低コスト化の絶対的な条件とは、ポーター氏は考えていなかったようでもある（1980, p.36）。

3.「二兎を追う」戦略の可能性

以上の議論によれば、低コスト化と差別化のいずれか一方を競争優位の源泉とすべきとなる。もちろんポーター氏も、差別化戦略をとれば、コスト削減のための努力はまったく不要であるとか、

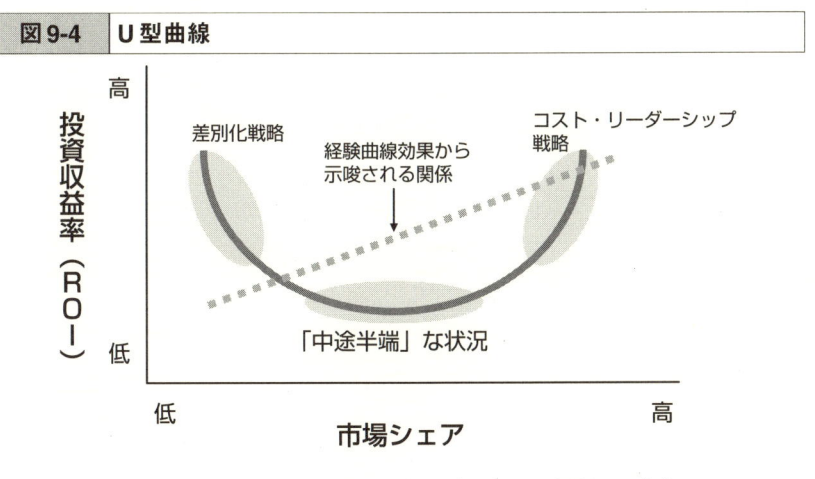

図9-4　U型曲線

縦軸：投資収益率（ROI）　高／低
横軸：市場シェア　低／高

差別化戦略
経験曲線効果から示唆される関係
コスト・リーダーシップ戦略
「中途半端」な状況

（注）Porter（1980), p.43に一部追加して作成。

補論

コスト・リーダーシップ戦略をとれば品質はどうでもよいと言っているわけではない。しかし、競争上の力点はいずれか一方に限定すべきであるというのが、ポーター氏の主張である。

この点は、納得できそうでもあるが、私たちが目にする現象とは必ずしも一致しないとも言える。

たとえば、自動車産業において高収益を上げているトヨタ自動車を考えてみる。トヨタは「かんばん方式」に代表されるように、高度な生産管理のノウハウを蓄積している。実際に、各種の調査によれば、トヨタは世界的に見ても最も効率的に乗用車を生産している企業とされる。その一方で、トヨタの車は安いから売れているわけでは、必ずしもない。ヴィッツやカローラのような大衆車を販売する一方で、米国では「レクサス」という別ブランドで、高級車とされるメルセデスベンツやBMWに対抗する車種（日本でのセルシオやウィンダムなどにあたる）を販売して成功を収めている。また、低価格車から高級車にいたるまで、トヨタの車はむしろ平均よりも品質が高いと一般に考えられている。

このように、トヨタは禁じ手であるはずの「二兎」を追っているようでありながら、優れた業績を上げている。トヨタのような企業は例外に過ぎないのだろうか。それとも、一般的に適応可能な戦略なのだろうか。

このような問いについては、これまでにも国内外で議論が展開されてきた。そこでの基本的な結論は、「二兎は追える」というものである。

この問いに関わる米国での代表的な研究としては、「PIMS研究」が挙げられる。PIMSとは、"Profit Impact of Market Strategy（市場戦略が利益にもたらす影響）"の略である。そこでは、利益に影響を与える様々な要因と収益性との関係が、数量データを基に明らかにされてきた。この研究には、米国内外の

| 図9-5 | PIMS研究に基づく市場シェア／製品品質と投資収益率の関係 |

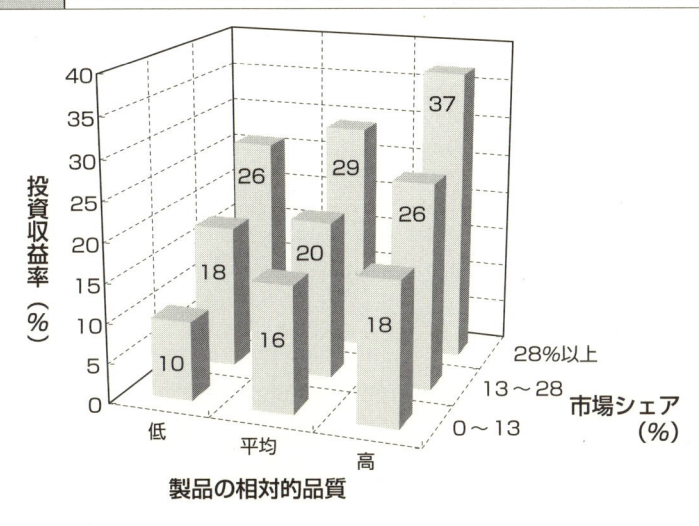

(出所) Buzzell and Gale (1987), p.87.

450社以上が参加し、類例のない大規模かつ詳細なデータが収集されている。

PIMS研究の主眼の1つは、経験曲線効果以来問題とされてきた、市場シェアと収益性の関係をデータから明らかにすることにあった。図9-5には、PIMS研究における、投資収益率（ROI）と市場シェアと相対的品質の3つの変数間の関係がグラフで示されている。ちなみに、相対的品質とは、競合企業と比較した際の製品やサービスの質のことであり、製品差別化戦略で基本的に意図されるものである。[3]

この図からは、市場シェアと相対的品質の双方が高い事業の収益性が最も高く、それぞれの項目が低下するにつれて収益性が悪化して、双方が低い事業の収益性が最も悪くなるということを読

補論

みとることができる。つまり、投資収益率は市場シェアと相対的品質の双方から別々に影響を受けている。ポーター氏の概念的な想定とは逆に、市場シェアを重視することと差別化を追求することは、同時に達成することが望ましいことになる。

さらに、PIMS研究からは、市場シェアに関わる2つの点も明らかにされている。1つは、市場シェアはコスト優位だけではなく、第2章で記した産業構造分析に代表されるような市場支配力の問題といった複数の要因が複合して、優位性をもたらすとされる。考えてみれば当たり前のことではあるが、市場シェアは初期段階の想定とは異なり、経験曲線効果による低コスト化だけに寄与するわけではない。

もう1つは、相対的品質と市場シェアとの関係である。市場シェアと相対的品質との間には、相対的品質が市場シェアを規定するという因果関係も、長期的には成立しうる。品質が高いと、顧客に評価されて、結果として市場シェアが上昇するということである。したがって、PIMS研究では、市場シェア自体も重要であると考えるものの、収益性に影響をもたらす様々な要因の中で最も重視されるのは、相対的品質とされるのである。

注3) 実際のところは、差別化戦略でカギとなる「品質」が何を意味するのかを特定することは難しい。たとえば、自動車を考えた場合に、英国のジャガーとトヨタのカローラのどちらが「相対的品質」において高いかは一概に言えない。ジャガーは「高品質」かもしれないが、価格も高いことも考えると、価格対性能・品質比が高いとは必ずしも言えない。他方、カローラの価格はそれほど高くないかもしれないが、価格に対する性能や品質は一般に高いとされる。このような曖昧さを排除するために、数量データに基づく分析を志向するPIMS研究では、ポーター氏の研究とは市場のとらえ方から異なっている。ポーター氏の研究では、もともとジャガーのようなタイプの戦略を「差別化戦略」と呼んでいる一方で、PIMS研究では、「対象市場 (Served Market)」という概念を用いて、ジャガーとカローラではそもそも市場が異なると考える。

4.「二兎を追う戦略」と日本企業

　PIMS研究の分析結果から示唆されることは、よく考えてみれば、日本企業にとっては当たり前のことでもあった。もし経験曲線効果が当初想定されたようなコスト優位をもたらすのであれば、GMやフォードやUSスチールのような企業に、後発である日本企業が追いつくことは至難の業であったに違いない。また、トヨタや新日鉄をはじめとする日本企業が、コスト削減に集中して品質の問題を軽視したとすれば、米国市場への参入で成功を収めることは難しかっただろう。実際に、トヨタや日産が輸出を開始した時点で最も悩まされたのは、品質や性能の問題だったのである。

　さらに日本での議論に目を移すと、PIMS研究とは異なる側面からも、低コスト化と製品差別化がトレードオフにならないことが、新宅純二郎氏によって指摘されている（新宅、1986; 1994）。かつての水晶発振式腕時計や電卓に見られるように、技術革新が進んでいる状況では、当初高級品の差別化のために用いられる新技術は、時間の経過と共に普及品に採用されていく。そのために、低コスト戦略のために普及品にターゲットを絞り込んだ企業は、技術開発と市場からの情報獲得という点で、優位の構築どころか不利な立場に置かれてしまう。

　かつて技術革新が急激な速度で進んだ腕時計産業や電卓産業において、転換段階で成功を収めたのは、セイコーやカシオ計算機をはじめとする日本企業である。他方、テキサス・インスツルメンツのような米国企業は、腕時計や電卓において、経験曲線効果を意図的に使った「合理的戦略」をとったがゆえに、競争から脱落してしまったとされる（土屋、1994）。

補論

● 「二兎を追う戦略」の限界

　その一方で、低コスト化と製品差別化という「二兎を追う戦略」は、残念ながら万能であるとは言い難い。

　その典型例は、日本の繊維産業に見ることができる。製糸から紡織・染色、アパレルにいたる日本の繊維産業は、合成繊維の一部を除いて、国際競争力できわめて脆弱なポジションに転落してしまった。

　伊丹敬之氏らの調査（伊丹他、2001）によれば、繊維産業の弱さの原因の１つは、「二兎を追う戦略」をとり、それが中途半端にしか機能しなかったことにあるとされる。繊維産業の最終製品であるアパレル市場は、付加価値の高さの順で「差別化市場」、「差別化定番市場」、「価格志向定番市場」の３つに分類される。「差別化市場」とはハイファッションの高付加価値市場、「価格志向定番市場」とはファッション性の低い実用衣料であり、ある程度の付加価値を持つ中間の市場が「差別化定番市場」である。

　「差別化定番市場」を狙ってきた日本企業は、繊維産業に限ったことではない。自動車にせよ、家電製品にせよ、腕時計にせよ、鉄鋼にせよ、競争力を有してきた多くの日本企業が狙ってきたのは、この種の市場である。量的に限られているハイエンドの差別化市場を狙ってきたわけでも、安いだけが取り柄の大量生産品を作ってきたわけでもない。技術的な優位性を背景に、標準よりも「ちょっと上」で市場規模も確保できるような市場において競争力を有し、それが産業全体での国際競争力の源泉となってきた。

　考えてみれば、「二兎を追う戦略」とは、このような中間市場を狙う戦略である。「二兎を追う」ためには、差別化といっても、ハイエンドの市場を狙うことではなく、標準的な大量生産品とは異なるという意味での差別化が事業として成立しなければならない。ハイエンド市場では、そもそも量的には期待できないために、

もう1つの競争力の源泉であるコスト削減を大幅に進めることはできず、製品差別化と低コスト化が両立し得ないからである。
　類似した戦略をとりながらも、他の産業とは異なり、繊維産業ではうまく機能しない理由について、伊丹氏らは次の2点に求める。1つは「価格志向定番市場」と「差別化定番市場」との境界が曖昧で、前者の動向に後者が影響を受けやすいことであり、もう1つは、繊維産業では模倣可能性が比較的高く、重要度も相対的に低い技術的な差別化を図ろうとしてきたことである。
　このような繊維産業の状況は、これまで成功してきた日本の他の産業にとって、他人事ではない。たとえば、セイコーの不振に見られるように、腕時計産業では、最近になり類似の現象が生じている。携帯電話の普及により、若年層を中心として腕時計の需要が低下してきていることもある一方で、腕時計市場は、ハイエンド市場では欧州の有力ブランドが強い競争力を有し、低価格市場では香港をはじめとする中進国（地域）の追い上げを受け、日本企業が得意としてきたその中間市場が侵食されているとされる。
　先述の新宅氏の研究に見られるように、日本の腕時計メーカーは高い技術と相対的に低いコストを武器として、市場を席巻してきた。しかし、ムーブメント（駆動部品）の外販という自らとった行動も相まって、技術自体は大きな差別化の要因とはならなくなっている。その結果として、「差別化定番市場」という市場の存立基盤自体が、揺らぎはじめているのである。
　他の産業でも、繊維産業や腕時計産業に類似する現象が生じる可能性はある。その契機となり得る要因としては、中国をはじめとするアジア諸国の経済発展がある。このようなアジア諸国からの追撃への対抗策として、日本企業には、差別化による生き残りを目指そうという動きがある。ただし、この戦略が有効に機能す

るためには、「差別化定番市場」を低価格市場とは異質なものとして成立させる構造を維持しなければならないし、そこでの優位性を確保しなければならない。

　日本企業にとって、「二兎を追う戦略」の妥当性はそれほど変わるわけではないだろう。しかし、そのための差別化の手段がこれまでの延長線上にあるとは限らない。これまでのように「ちょっと高品質」を可能にする技術にあるのか、それとも大規模な技術革新にあるのか、あるいはデザインのように新たな能力によって可能となるのか。そこでの選択によって、各企業がたどる軌跡は、大きく変わる可能性がある。

＊＊＊＊＊

　以上の議論をまとめると、次のようになる。経験曲線効果は現象としては確かに存在しているけれども、市場シェアは唯一の目標になるわけでもない。また、市場シェアは目標となるだけでなく、企業活動の結果の問題でもある。当初の議論を修正するために打ち出された、市場シェアを基本とする低コスト化戦略と差別化戦略についても、決してトレードオフではない。さらに、双方が両立することを実践的に示してきたのは、他ならぬ日本企業なのである。

　少なからぬ日本企業が今進めている、市場シェアによる事業の選択は、悪いことばかりでは必ずしもない。無分別な投資がこれ以上不可能なのであれば、何らかの基準を設けて事業を選別することは避けられないからである。

　だが、事業を選択する基準として「なぜ」市場シェアを自社が採用するのか、という問いに対して、独自の明確な答えが用意されていなければ、かつて米国で展開された経験曲線効果に基づく

事業の選択と、何ら変わりはない。重大な意思決定の基準が借り物に過ぎない場合に、大きな代償を支払わなければならない可能性があることは、過去の米国での経験が示唆するところである。

参考文献

Abernathy, W. J. and K. Wayne (1974) "Limits of the Learning Curve," *Harvard Business Review*, September-October, pp.109-119.

Ansoff, H. I. (1965) *Corporate Strategy*. McGraw-Hill（広田寿亮訳『企業戦略論』産業能率大学出版部, 1969年）.

青島矢一（2001）「ビジネスケース：ベネッセコーポレーション」『一橋ビジネスレビュー』49巻2号, pp.136-159.

―――・福島英史（1997）『カシオ計算機：QV-10』一橋大学イノベーション研究センターケース，CASE#97-01.

―――・武石彰（2001）「アーキテクチャという考え方」藤本隆宏・武石彰・青島矢一編『ビジネス・アーキテクチャ』有斐閣，pp.27-70.

Barney, J. B. (1986) "Strategic Factor Markets: Expectations, Luck and Business Strategy," *Management Science*, Vol.62, p.777-795.

――― (1996) *Gaining and Sustaining Competitive Advantage*. Addison-Wesley.

畢滔滔（2000）「日本の小売市場における商業集積間の競争」一橋大学大学院商学研究科博士論文.

Brandenburger, A. M. and B. J. Nalebuff（1996）*Co-opetition*. Currency and Doubleday（嶋津祐一他訳『コーペティション経営』日本経済新聞社, 1997年）.

Buzzell, D. R. and B. T. Gale（1987）*The PIMS Principles*. Free Press（和田充夫他訳『新PIMSの戦略原則』ダイヤモンド社, 1988年）.

―――, ――― and R. G. M Sultan (1974) "Market Share: A Key to Profitability," *Harvard Business Review*, January-February, pp.97-106.

Chaffee, E. E. (1985) "Three Models of Strategy," *Academy of Management Review*, Vol.10, pp.89-98.

Christensen, C. M. (1997) *The Innovator's Dilemma.* Harvard Business School Press（伊豆原弓訳『イノベーションのジレンマ』翔泳社, 2000 年）.

中馬宏之（2002）「UMS ジャパンの強さを分析：半導体版『トヨタ生産方式』を実践か？」『日経マイクロデバイス』12 月号, pp.64-71.

Dell, M. (1999) *Direct from Dell.* HarperCollins Publishers（國領二郎監訳『デルの革命』日本経済新聞社, 1999 年）.

Foster, R. N. (1986) *Innovation: The Attacker's Advantage.* Summit Books（大前研一訳『イノベーション』TBS ブリタニカ, 1987 年）.

藤井由紀子（2001）「ビジネスケース：エア・ドゥ」『一橋ビジネスレビュー』48 巻 4 号, pp.176-191.

藤本隆宏（1997）『生産システムの進化論』有斐閣.

藤原雅俊（2002）「ビジネスケース：セイコーエプソン」『一橋ビジネスレビュー』50 巻 2 号, pp.148-163.

ゴーン, C. (2001)『ルネッサンス：再生への挑戦』ダイヤモンド社.

Grant, R. M. (1998) *Contemporary Strategy Analysis (3rd edition).* Blackwell Publishers.

――― (2002) "Corporate Strategy: Managing Scope and Strategy Content," in A. Pettigrew, H. Thomas and R. Whittington (eds.), *Handbook of Strategy and Management.* Sage Publications, pp.72-97.

Hamel, G. and C. K. Prahalad (1989) "Strategic Intent," *Harvard Business Review,* Vol.67, No.3, pp.139-148.

――― and ――― (1992) "Corporate Imagination and Expeditionary Marketing," *European Management Review,* Winter, pp.4-11

――― and ――― (1994) *Competing for the Future.* Harvard Business School Press（一條和生訳『コア・コンピタンス経営』日本経済新聞社, 1995 年）.

Hanson, N. (1969) *Perception and Discovery: An Introduction to Scientific Inquiry.* Freeman, Cooper and Company.

原田勉（2000）『ケースで読む競争逆転の経営戦略』東洋経済新報社.

Hax, A. C. and N. S. Majluf (1984) *Strategic Management: An Integrative Perspective.* Prentice-Hall.

Hayes, R. H. (1985) "Strategic Plannning: Forward in Reverse?" *Harvard Business Review,* November-December, pp.111-119.

一橋大学イノベーション研究センター編（2001）『イノベーション・マネジ

メント入門』日本経済新聞社.
石井淳蔵・奥村昭博・加護野忠男・野中郁次郎（1985）『経営戦略論』有斐閣.
Itami, H. (1987) *Mobilizing Invisible Assets*. Harvard University Press.
伊丹敬之（1984）『新・経営戦略の論理』日本経済新聞社.
─── （1988）「見える手による競争：部品供給体制の効率性」伊丹敬之他『競争と革新：自動車産業の企業成長』東洋経済新報社, pp.144-172.
─── （2000）『経営の未来を見誤るな』日本経済新聞社.
─── ・伊丹研究室（2001）『日本の繊維産業：なぜ、これほど弱くなってしまったのか』NTT出版.
─── ・一橋MBA戦略ワークショップ（2002）『企業戦略白書Ⅰ』東洋経済新報社.
加護野忠男（1988）『組織認識論』千倉書房.
─── （1988）『企業のパラダイム変革』講談社現代新書.
─── （1999）『〈競争優位〉のシステム』PHP新書.
─── ・野中郁次郎・榊原清則・奥村昭博（1983）『日米企業の経営比較』日本経済新聞社.
菊地誠（1992）『日本の半導体40年』中公新書.
楠木建・青島矢一・武石彰・國領二郎・佐々木繁範・村上敬亮（2001）「ITのインパクトと企業戦略」『一橋ビジネスレビュー』48巻4号, pp.50-74.
Levitt, B. and J. G. March (1988) "Organizational Learning," *Annual Review of Sociology*, Vol.14, pp.319-340.
Mason, R. O. and I. I. Mitroff (1981) *Challenging Strategic Plannning Assumptions*. John Wiley & Sons.
Mintzberg, H., B. Ahlstrand and J. Lampel (1998) *Strategy Safari*. Free Press（齋藤嘉則監訳『戦略サファリ』東洋経済新報社, 1999年）.
─── and J. A. Waters (1985) "Of Strategies, Deliberate and Emergent," *Strategic Management Journal*, Vol.6, pp.257-272.
Nishiguchi, T. (1994) *Strategic Industrial Sourcing*. Oxford University Press.
野中郁次郎（1985）『企業進化論』日本経済新聞社.
─── （1990）『知識創造の経営』日本経済新聞社.
沼上幹（2000a）『行為の経営学』白桃書房.
沼上幹（2000b）「20世紀の経営学：『科学』化からの脱却」『一橋ビジネスレビュー』48巻3号, pp.22-37.

──────・淺羽茂・新宅純二郎・網倉久永（1993）「対話としての競争：電卓産業における競争行動の再解釈」『組織科学』第26巻第2号，pp.64-79.

小川進（2000）『イノベーションの発生論理』千倉書房.

小倉昌男（1999）『小倉昌男経営学』日経BP社.

奥村昭博（1989）『経営戦略』日経文庫.

Pascale, R. T. (1984) "Perspective on Strategy: The Real Story behind Honda's Success," *California Management Review*, Spring, pp.47-72.

Porter, M. (1980) *Competitive Strategy*. Free Press（土岐坤他訳『競争の戦略』ダイヤモンド社，1982年）.

────── (1985) *Competitive Advantage*. Free Press（土岐坤他訳『競争優位の戦略』ダイヤモンド社，1985年）.

Prahalad, C. K. and G. Hamel (1990) "The Core Competence of the Corporation," *Harvard Business Review*, Vol.68, No.3, pp.79-91.

Quinn, J. B. (1978) "Strategic Change: Logical Incrementalism," *Sloan Management Review*, Fall, pp.7-21.

Rumelt, R. P. (1974) *Strategy, Structure, and Economic Performance*. Harvard University Press.

────── (1984) "Towards Strategic Theory of the Firm," in R. Lamb (ed.), *Competitive Strategic Management*. Prentice-Hall.

榊原清則（1988）「生産システムにおける革新」伊丹敬之他『競争と革新：自動車産業の企業成長』東洋経済新報社，pp.79-106.

────── (1992)『企業ドメインの戦略論』中公新書.

──────・大滝精一・沼上幹（1989）『事業創造のダイナミズム』白桃書房.

Schoeffler, S., R. D. Buzzell and D. F. Heany (1974) "Impact of Strategic Planning on Profit Performance," *Harvard Business Review*, March-April, pp.137-145.

Schwenk, C. R. (1988) *The Essence of Strategic Decision Making*. Lexington Books.

新宅純二郎（1986）「技術革新にもとづく競争戦略の展開」『ダイヤモンド・ハーバード・ビジネス』11巻4号，pp.81-93

────── (1994)『日本企業の競争戦略』有斐閣.

Skinner, W. (1974) "The Focused Factory," *Harvard Business Review*, May-June, pp.113-121.

Slater, R. (1999) *Saving Big Blue.* McGraw-Hill(宮本喜一訳『IBMを甦らせた男ガースナー』日経BP社,2000年).

Smircich, L. and C. Stubbart(1985) "Strategic Management in an Enacted World," *Academy of Management Review*, Vol.10, pp.724-736.

武石彰・青島矢一(2002)「ビジネスケース：シマノ」『一橋ビジネスレビュー』50巻1号, pp.158-177.

土屋守章(1994)『現代経営学入門』新世社.

Wernerfelt, B. (1984) "A Resource-based View of the Firm," *Strategic Management Journal*, Vol.18, pp.171-180.

米山茂美・加藤俊彦(2002)「インクジェット技術の事業化プロセス：技術の多義性と応用展開の柔軟性」米倉誠一郎編『企業の発展』八千代出版, pp.95-120.

吉原英樹・佐久間昭光・伊丹敬之・加護野忠男(1981)『日本企業の多角化戦略』日本経済新聞社.

索引

あ

暗黙の認識	136
異議申立法	175
5つの競争圧力	51,54
一般戦略	92,254
移動障壁	83
Win-Win	33
「内」と「外」	9,19
「内」に注目する戦略論	9,29
「内」の能力	10
内−プロセス	27
「内」へのバイアス	209,246
内−要因	27
S-C-Pモデル	47
SBU(戦略事業単位)経営	90

か

買い手の交渉力	52
外部環境	27,45
学習アプローチ	10,27,34
学習(習熟)曲線	260
学習の場の選択	155
学習の罠	172
価値相関図	119
価値の創造と配分	113,122,126
金のなる木	221,243
完全競争	56
かんばん方式	101,169
関連多角化	228
企業の将来像	17
企業パラダイム	173
規模の経済	60
狭義の競合関係	51,52
狭義の相乗効果	231
供給業者の交渉力	52
競争戦略→事業戦略	
競争優位をもたらす経営資源	96
協調	117
協調関係	117
クロスライセンス	132
経営資源	28,96,230
経営資源の多重利用	231
経営資源保有のパラドックス	103,186
経営戦略の定義	16
経営戦略論の分類軸	16
経験曲線(効果)	241,257,259
ゲーム・アプローチ	10,27,31,113,189,218
ゲームの構造	126,137
ゲームの範囲	131
ゲームの理論	33,113
ゲームのルール	136
健全な赤字事業	109
コア・コンピタンス(経営)	30,85,95,210,247
広義の競合関係	51

279

索引

顧客価値との一貫性	105
コストリーダーシップ（戦略）	261
固定的資源	29

さ

財務シナジー	218,220
最優遇条項（MFC）	136
差別化戦略	262
産業構造（分析）	46,119
産業組織論	47
3と4のルール	258
参入障壁	60
時間軸の重要性	201,204
事業先にありき	97
事業システム	101
事業戦略	214
事業ドメイン	108,109,158
事業の強度	242
事業の魅力度	242
資源アプローチ	10,27,28,85,185,218
資源先にありき	97,188
資源シナジー	218,225
資源のダイナミックシナジー	218
資源ベースの戦略論	29,86,88
事後的進化能力	169
市場成長率	241
実験	155,160
シナジー	217,226,232
集中戦略	262
集中度	58
焦点化された工場	94
障壁	46
情報化の進展	194
情報創造	91
情報的経営資源	230
新規参入の脅威	52,59
スイッチングコスト	63
成長－シェア・マトリックス →製品ポートフォリオ・マネジメント	
製品ポートフォリオ・マネジメント	92,221,241
製品ライフサイクル	242
政府の規制	65
ゼロサムゲーム	128
全社戦略	214
戦術	18,121
選択と集中	255
戦略空間の拡がり	201
戦略グループ	82
戦略策定プロセス	96
戦略事業計画グリッド	224
戦略事業単位	222
戦略次元	82
戦略シナジー	218,224
戦略スキーマ	173
戦略的意図	31
戦略的行動	33
戦略的思考	246
戦略の欠如	249
戦略論の４つのアプローチ	26
相対市場シェア	221,241
創発戦略	153
相補効果	230
「外」に注目する戦略論	29
「外」の構造	10
外－プロセス	27
外－要因	27

た

代替的な製品・サービスの脅威	52
ダイナミック・シナジー	170,229,232
多角化	215,227
他者の反応	115
多重利用	231
探索的マーケティング	37
知識経営	85
知識創造	91
知的財産権	132
中途半端な戦略	

(stuck in the middle) 92, 263
敵と味方 120, 127
撤退障壁 57
独自能力 30, 85
独占状態 56
トレードオフ 91, 110, 210, 269

な

日常の理論 15
二兎を追う戦略 265

は

ハーフィンダール指数 59
パイの配分 133, 141
花形 221, 244
「場」の選択 35, 155
反省 35, 155, 166
PPM
　→製品ポートフォリオ・マネジメント
非関連多角化 228
PIMS 研究 266
部分的垂直統合 74, 157
プラスサムゲーム 128
プレーヤー 123, 126
「プロセス」に注目する戦略論 10

分析型戦略論 150
弁証法的探究 175
補完関係 138
補完的企業 119
ポジショニング・アプローチ
　............................ 10, 27, 183, 218
本質的サービス 126

ま

負け犬 221, 243, 244
見えざる資産 30, 34, 91, 95, 148, 231
明示的ルール 136
問題児 221

や

U 型曲線 265
「要因」と「プロセス」 10, 19, 22
「要因」に注目する戦略論 10

ら

利益をめぐる競合関係 52
累積生産量 257, 259
ルーティン 173

281

著者紹介

青島矢一
1965年　静岡県に生まれる.
1987年　一橋大学商学部卒業.
1996年　米国マサチューセッツ工科大学（MIT）スローン経営大学院博士課程修了.
一橋大学産業経営研究所専任講師を経て，現在，一橋大学イノベーション研究センター助教授.

加藤俊彦
1967年　愛知県に生まれる.
1990年　一橋大学商学部卒業.
1997年　一橋大学大学院商学研究科博士課程修了.
東京都立大学経済学部専任講師，助教授を経て，現在，一橋大学大学院商学研究科助教授.

競争戦略論

2003年3月20日　発行

著　者　青島矢一／加藤俊彦
発行者　高橋　宏
〒103-8345
発行所　東京都中央区日本橋本石町1-2-1　東洋経済新報社
電話 編集03(3246)5661・販売03(3246)5467振替00130-5-6518
印刷・製本　凸版印刷

本書の全部または一部の複写・複製・転訳載および磁気または光記録媒体への入力等を禁じます．これからの許諾については小社までご照会ください．
Ⓒ2003 〈検印省略〉落丁・乱丁本はお取替えいたします．
Printed in Japan　ISBN 4-492-52135-6　http://www.toyokeizai.co.jp/

Hitotsubashi Business Review Books　一橋ビジネスレビュー
　　　　　　　　　　　　　　　　　　　　　Hitotsubashi Business Review

[
Business Case Book
ビジネス・ケースブック1
]

『一橋ビジネスレビュー』[編]

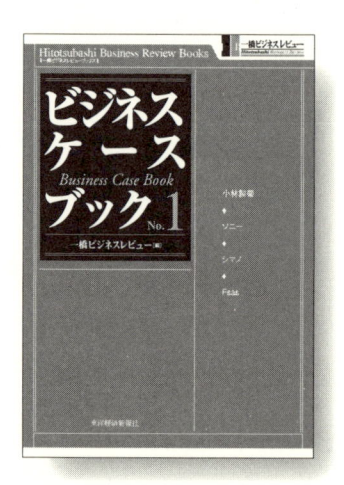

定価（本体2000円＋税）

一橋ビジネスレビューブックス
「読んで学ぶ」ケースブック

ケースを教える人のための教材「ティーチング・ノート」の公開

東洋経済新報社

Hitotsubashi
MBA
Program
Kunitachi

Strategic Analysis

企業戦略白書 I
日本企業の戦略分析：2001

伊丹敬之＋一橋MBA戦略ワークショップ［著］

定価（本体2200円＋税）

一橋MBAコースによる戦略分析プロジェクト
失敗する戦略をなぜとってしまったのか

【主な分析対象】　過去10年の日本企業／家電／自動車／半導体／液晶／中国／韓国／マブチモーター／信越化学工業／シャープ／携帯電話（NTTドコモ／ノキア／エリクソン）／新市場創造（ルイ・ヴィトン／P＆G）

東洋経済新報社

Strategic Management
戦略経営論

G・サローナー＋A・シェパード＋J・ポドルニー〈著〉

石倉洋子〈訳〉
（一橋大学大学院国際企業戦略研究科教授）

定価（本体4800円＋税）

スタンフォード大学ビジネス・スクール教授陣の
10年におよぶ「講義ノート」を集大成。

アカデミックにして実務的、最新にして古典
―― 斬新なアプローチを用いた希代の書、ついに完訳 ――

東洋経済新報社